बाल गंगाधर तिलक

बाल गंगाधर तिलक

विशेष सिंह देओ

RATHORE

First published in India in 2020 by
Rathore Publishers & Distributors

ISBN: 978-93-867205-7-3

Rathore Publishers & Distributors
Basement-260, Shaktikand-III,
Indirapuram, Ghaziabad, U.P.-201010
Mobile: 09958828738

E-mail: rathorepublishers@gmail.com

Printed and Bound in
Delhi

₹ 545/-

प्रस्तावना

उग्र राष्ट्रवाद के जन्मदाता एवं भारत में राष्ट्रीय आन्दोलन को एक नई दिशा देने वाले महान् नेता थे-बालगंगाधर तिलक, जिन्हें श्रद्धा से लोकमान्य कहकर पुकारा जाता है। उन्होंने राष्ट्रीय आन्दोलन को, जो मात्र उदारवादियों तक सीमित था, जनता तक पहुँचा दिया। वह जहाँ कहीं भी जाते थे, उनका राजकीय स्वागत और सम्मान किया जाता था। उनके द्वारा अभूतपूर्व बलिदानों ने उन्हें पहले महाराष्ट्र का और बाद में सम्पूर्ण भारत का छत्र रहित सम्राट बना दिया था।

तिलक के उग्र विचारों ने कांग्रेस के सदस्यों को बहुत प्रभावित किया। इसका परिणाम यह हुआ कि जब 1907 ई. में सूरत में कांग्रेस का अधिवेशन हुआ, तो कांग्रेस दो दलों में विभाजित हो गई (1) नरम दल और (2) गरम दल। नरम दल का नेतृत्व गोखले ने किया, जबकि लोकमान्य तिलक, लाला लाजपतराय और विपिनचन्द्र पाल आदि नेताओं ने गरम दल बनाकर उसका नेतृत्व किया। 1908 ई. में किसी क्रान्तिकारी ने बम फेंक कर मिसेज केनेडी की हत्या कर दी। तिलक ने अपने समाचार-पत्र में इस हत्या को उचित ठहराया।

तिलक सच्चे अर्थों में भारतीय उग्र राष्ट्रवाद के जनक थे जिन्होंने भारतीय राजनीति को एक नई दिशा प्रदान करके काँग्रेस को एक जन-आन्दोलन में परिणत कर दिया। तिलक ने जनता के सामने, नेताओं के सामने एक रचनात्मक कार्यक्रम विकसित किया और स्वतन्त्र भारत की भूमिका की और इन चिरस्मरणीय शब्दों में संकेत किया–"एशिया तथा संसार की शान्ति के लिए यह नितान्त आवश्यक है कि भारत को आत्म-शासन प्रदान करके पूर्व में स्वतन्त्रता का गढ़ बना दिया जाए।" तिलक उग्रराष्ट्रवादी थे, लेकिन उन्होंने हिंसा और रक्तपात को कभी प्रोत्साहन नहीं दिया।

तिलक एक महान् सामाजिक सुधारक भी थे तथा समाज में धीरे-धीरे सुधार लाने के समर्थक थे। उनका मानना था कि समाज में सुधार कानून के माध्यम से नहीं आ सकते, बल्कि जनता कि इच्छा से ही आ सकते हैं एवं जनता में यह इच्छा तभी उत्पन्न हो सकती है, जबकि उसमें इस सम्बन्ध में चेतना उत्पन्न की

जाए। जनता की इच्छा से लाए गए ये सुधार स्थायी होंगे, जबकि कानून द्वारा लाए गए सुधार अस्थायी। अतः सरकार द्वारा कानून बनाकर समाज में सुधार करने के प्रयासों का तिलक ने सदैव डटकर विरोध किया। सरकार ने 1891 ई. में विवाह सहमति वय विधेयक पारित किया, जिसके अनुसार ऐसी लड़की, जिसका बचपन में विवाह कर दिया गया हो, वयस्क होने पर इस विवाह को अपनी इच्छा से तोड़ सकती थी। तिलक ने इसे हिन्दुओं के सामाजिक जीवन में सरकार का अनुचित हस्तक्षेप बताते हुए डटकर विरोध किया।

—लेखक

अनुक्रम

1

जीवन वृत्त

उग्र राष्ट्रवाद के जन्मदाता एवं भारत में राष्ट्रीय आन्दोलन को एक नई दिशा देने वाले महान् नेता थे-बालगंगाधर तिलक, जिन्हें श्रद्धा से लोकमान्य कहकर पुकारा जाता है। उन्होंने राष्ट्रीय आन्दोलन को, जो मात्र उदारवादियों तक सीमित था, जनता तक पहुँचा दिया। डॉ. आर.सी. मजूमदार ने लिखा है कि, अपने परिश्रम तथा अथक् प्रयत्नों के परिणामस्वरूप बाल गंगाधर तिलक लोकमान्य कहलाए जाने लगे और उनकी एक देवता के समान पूजा होने लगी। वह जहाँ कहीं भी जाते थे, उनका राजकीय स्वागत और सम्मान किया जाता था। उनके द्वारा अभूतपूर्व बलिदानों ने उन्हें पहले महाराष्ट्र का और बाद में सम्पूर्ण भारत का छत्र रहित सम्राट बना दिया था।

संक्षिप्त जीवन परिचय

बाल गंगाधर तिलक का जन्म 23 जुलाई, 1856 ई. को महाराष्ट्र के रत्नागिरि में एक चितवाहन ब्राह्मण परिवार में हुआ था, जो पेशवाओं से सम्बन्धित था। उनके पिता गंगाधर पन्त आरम्भ में एक अध्यापक थे, किन्तु उन्नति करते-करते सहायक निरीक्षक के पद तक पहुँच गए थे। उनकी माता पार्वती बाई एक धार्मिक प्रवृत्ति की महिला थी। इनके बचपन का नाम बलवन्तराय था, किन्तु इनके माता-पिता स्नेह से इन्हें बाल कहकर पुकारते थे एवं इसी नाम से आगे चलकर वे प्रसिद्ध हुए। जब वे 10 वर्ष के थे, तभी उनकी माता की मृत्यु हो गई।

तिलक एक प्रतिभावान विद्यार्थी थे, जिन्होंने कई बार अपनी प्रतिभा का परिचय दिया। एक बार अध्यापक ने उनसे किसी प्रश्न का उत्तर पूछा, तो तिलक ने कहा कि इसका उत्तर मेरे मस्तिष्क में है। वस्तुतः बुद्धिमत्ता एवं विलक्षणता में उन्हें नेपोलियन के समकक्ष मानना ही उचित होगा। उन्होंने पूना में एक विद्यालय में

प्रारम्भिक शिक्षा प्राप्त की। इनके रूढ़िवादी पिता ने 1871 ई. में 15 वर्ष की आयु में इनका विवाह तापीबाई नामक कन्या से करवा दिया। शिक्षा से तिलक का प्रेम इस हद तक था कि उन्होंने दहेज में भी पुस्तकें ही लीं। एक वर्ष बाद उनके पिता की मृत्यु हो गई। 1876 ई. में प्रथम श्रेणी में उन्होंने बी.ए. पास की। कानून की डिग्री के सम्बन्ध में पूछे जाने पर उन्होंने कहा कि, मैं अपना जीवन देश के जन-जागरण में लगाना चाहता हूँ और मेरा विचार है कि इस काम के लिए साहित्य अथवा विज्ञान की किसी उपाधि की अपेक्षा कानून का ज्ञान अधिक उपयोगी होगा। मैं एक ऐसे जीवन की कल्पना नहीं कर सकता, जिसमें मुझे ब्रिटिश शासकों से संघर्ष न करना पड़े।

शिक्षा समाप्त होने के बाद तिलक ने एक शिक्षक के रूप में अपने सार्वजनिक जीवन की शुरुआत की। उन्होंने 1 जनवरी, 1880 ई. को अपने मित्र विष्णु शास्त्री

की मदद से एक प्राइवेट स्कूल की स्थापना की, जिसका नाम न्यू इंग्लिश स्कूल रखा गया। वे एक महान् पत्रकार भी थे। उन्होंने अपने मित्र चिपलूणकर आगरकर एवं नाम जोशी की मदद से मराठी भाषा में केसरी तथा अंग्रेजी भाषा में मराठा नामक समाचार-पत्रों का प्रकाशन प्रारम्भ किया। इन समाचार-पत्रों में विविध लेखों से सरकार की नीतियों की कटु आलोचना की जाती थी एवं जनता में चेतना उत्पन्न करने का प्रयास किया जाता था।

महाराष्ट्र में शिक्षा के विकास के उद्देश्य से तिलक ने 1884 ई. में पूना में एक सार्वजनिक सम्मेलन आयोजित किया। उन्होंने शिक्षा की प्राप्ति हेतु दक्षिणी शिक्षा समाज नामक संस्था की स्थापना की। इस संस्था के प्रयत्नों से 2 जनवरी, 1885 ई. को एक कॉलेज की नींव रखी गई, जो फरग्यूसन कॉलेज के नाम से विख्यात हुआ। इससे शिक्षा का बहुत विकास हुआ।

तिलक 1889 ई. में सर्वप्रथम एक जन-प्रतिनिधि के रूप में कांग्रेस के अधिवेशन में भाग लिया। वे कांग्रेस के काम करने के उदार तथा नम्र तरीकों से सहमत नहीं हुए तथा उन्होंने इसमें परिवर्तन की माँग की। उन्होंने 1893 ई. में गणपति उत्सव तथा 1895 ई. में शिवाजी उत्सव मनाना शुरू किया, ताकि जनता में राष्ट्रीयता की भावना उत्पन्न की जा सके। उन्होंने 1897 ई. में अकाल के समय तथा प्लेग के समय जनता की बहुत सेवा की। उनके द्वार सरकार नीतियों की कड़ी आलोचना करने के कारण सरकार ने उन पर राजद्रोह का आरोप लगाते हुए 1897 ई. में 18 माह का कारवास दिया।

तिलक ने 1905 में किए गए बंगाल विभाजन का जमकर विरोध किया। वे 1906 ई. के कांग्रेस के अधिवेशन में सम्मिलित हुए तथा उन्होंने अपनी स्वराज्य की मांग को रखा। उन्होंने उदारवाद का विरोध किया, जिसके फलस्वरूप कांग्रेस नरम तथा गरम इन दो दलों में विभक्त हो गई। 1908 ई. में एक लेख में उन्होंने सरकार की नीतियों की कटु आलोचना की, अतः एक बार पुनः ब्रिटिश सरकार ने उन पर राजद्रोह का आरोप लगाते हुए 6 वर्ष कारावास दिया। उन्हें मांडले की जेल में रखा गया। जेल में उन्होंने दो पुस्तकें लिखीं-(1) आर्किटक होम इन द वेदाज एवं (2) गीता रहस्य।

1916 ई. में तिलक तथा श्रीमती एनी बेसेण्ट ने मिलकर होमरूप आन्दोलन चलाया, जिसका लक्ष्य भारत के लिए स्वराज्य प्राप्त करना था। वे 1920 ई. तक इस आन्दोलन का नेतृत्व करते रहे। 20 जुलाई, 1920 ई. में बम्बई में उनका देहान्त हो गया था। निश्चित रूप से यह भारतीय राष्ट्रीयता की घातक एवं अपूर्णोय क्षति थी।

पूर्वज

महाराष्ट्र के चितपावन ब्राह्मण वंश का एक गौरवशाली इतिहास रहा है। शिवाजी के बाद महाराष्ट्र राज्य के अधिकारी बने पेशवा इसी वंश की सन्तान थे। महान् क्रान्तिकारी चाफेकर बन्धु वीर सावरकर, गोपालकृष्ण गोखले आदि इतिहास पुरुषों के साथ ही प्रस्तुत पुस्तक के चरितनायक बाल गंगाधर तिलक ने भी इसी वंश में जन्म लिया। इस वंश के नामकरण के विषय में एक जनश्रुति प्रसिद्ध है कि बेन (इजराइल) के एक धर्मोपदेशक भारत आ रहे थे, तो उनका जलयान दुर्घटनाग्रस्त हो गया और उनका मृत शरीर कोंकण के तट पर आ लगा। मृत शरीर को अन्त्येष्टि के लिए चिता पर रखा गया, तो वह जीवित हो गया। पुनः चौतन्य संचार हो जाने से उस व्यक्ति का वंश चितपावन कहा गया।

इसी वंश में सन् 1776 में केशव राव नामक एक व्यक्ति का जन्म हुआ। यह पेशवाओं के शासन का समय था। अपने जीवनकाल में केशव राव रत्नागिरी जिले में दपोली तहसील के अन्तर्गत अपने जन्म स्थान चिलख गाँव के खोत (पटवारी) बने। उनके दो पुत्र थे, रामचन्द्र और काशीनाथ। बड़े पुत्र रामचन्द्र का जन्म 1802 ई. में हुआ था। सन् 1820 में रामचन्द्र के घर एक पुत्र का जन्म हुआ, जिसका नाम गंगाधर पड़ा।

प्रारम्भिक शिक्षा मराठी में प्राप्त करने के बाद गंगाधर को अंग्रेजी स्कूल में पढ़ने के लिए पूना भेजा गया। अभी वह केवल 17 वर्ष के ही थे कि 1837 ई. में उनकी मां का स्वर्गवास हो गया। इससे दुःखी होकर उनके पिता रामचन्द्र संन्यासी बनने के लिए चित्रकूट चले गए। उस समय संन्यासी बनने के लिए राजकीय आज्ञा लेनी पड़ती थी। उन्होंने ऐसा करना उचित नहीं समझा और घर लौट आए। बाद में वह फिर काशी जाकर संन्यासी बन गए और वहीं सन् 1872 में उनका देहान्त हो गया।

शिक्षा समाप्ति के बाद गंगाधर पन्त पांच रुपये मासिक वेतन पर अध्यापक बन गए। उस समय तक एक रुपये का डेढ़ मन गेहूं मिलता था और आठ आने का नमक पूरे वर्ष भर चल जाता था। वह अपने इस वेतन से दो चार विद्यार्थीओं को अपने पर ही भोजन कराते थे। कुछ दिनों बाद उनका वेतन दस रुपये हो गया और फिर पन्द्रह रुपये हो जाने पर वह स्थानान्तरित होकर चिपलूण आ गए। इसके बाद उनका स्थानान्तरण रत्नागिरि हो गया और पच्चीस रुपये मासिक वेतन मिलने लगा। यहाँ उनकी मित्रता श्री रामकृष्ण गोपाल भण्डारकर से हुई। शिक्षा कम होने पर भी उन्होंने प्रारम्भिक कक्षाओं के लिए गणित और व्याकरण की कुछ पुस्तकें भी

लिखीं। अध्यापन के साथ ही वह साहूकारी का कार्य भी करने लगे। रत्नागिरि में क्राफोर्ड की आरा मशीन थी। इसके लिए भी उन्होंने कुछ रुपये कर्ज दिए थे। क्राफोर्ड ने उनके एक हजार रुपये हड़प भी लिए।

कई वर्षों तक शिक्षण कार्य करने के बाद 1866 में वह पूना और थाना में सहायक उप शिक्षा अधिकारी बने। अपने चिपलूण के अध्यापकीय जीवन में ही उनका विवाह हो गया था। उनकी पत्नी का नाम पार्वतीबाई था। वह एक धर्मपरायण मराठा ब्राह्मण थे। धर्म के नियमों का अत्यन्त कठोरता से पालन करते थे। इसीलिए उनका शरीर अत्यन्त कृश था। संस्कृत के ज्ञाता होने के कारण लोग उन्हें गंगाधर शास्त्री कहते थे।

जन्म और शिक्षा

समय ने करवट बदली। 23 जुलाई, सन् 1856 को गंगाधर की पत्नी ने एक पुत्र को जन्म दिया। बालक की किलकारी से घर में एक नई रोशनी जगमग हो गई थी। इस रोशनी को देखकर ऐसा लग रहा था जैसे भारत में तेजी से बढ़ रहे अंग्रेजों के अत्याचार अब शीघ्र ही समाप्त हो जाएंगे।

बालक का लालन-पालन होता रहा। दिन महीनों में और महीने सालों में बदलते रहे। इसी बीच बालक स्कूल जाने लायक हो गया। गंगाधर पंत ने बालक का दाखिला रत्नागिरी की एक पाठशाला में करवा दिया। वे बालक को प्यार से बाल गंगाधर कहकर बुलाते थे। गंगाधर के पिता उसे रोज भारत के गुलाम होने की बातें बताते थे। यह सुनकर गंगाधर गंभीर हो जाता था। जब वह स्कूल जाता तो वहीं बातें स्कूल के बच्चों को भी बताता। उन बच्चों को यह नहीं मालूम था कि उनका प्यारा भारत गुलाम है। इसलिए वे गंगाधर की बातें सुनकर आश्चर्यचकित हो जाते थे।

एक दिन गंगाधर स्कूल से घर, तो उसने अपने पिता के चरण स्पर्श किए। पिता ने उसे आशीर्वाद देकर कहा—

''बेटा! रत्नागिरी से मेरा तबादला पुणे कर दिया गया है। इसलिए तुम अब पुणे में रहकर अपनी पढ़ाई करोगे।''

''पिताजी! मेरे यहाँ के सभी साथी यहाँ छूट जाएंगे। मुझे इनकी बड़ी याद आएगी। इनके बिना मैं कैसे रह पाऊंगा।'' गंगाधर ने अपने पिता से कहा।

''पुत्र! जो जहाँ रहता है, वह वहीं अपने साथी बना लेता है। तुम्हें चिंता करने की आवश्यकता नहीं है। तुम पुणे के जिस विद्यालय में पढ़ोगे, वहाँ तुम्हारे कई साथी बन जाएंगे। फिर शायद तुम इन्हें भूल जाओ।'' पिता ने अपने पुत्र को समझाया।

पिता की बातों से उसे तसल्ली नहीं हुई, क्योंकि वह अपने इन साथियों के साथ मिलकर अंग्रेजों को अपने देश से बाहर खदेड़ना चाहता था। यह बात उसके दिलो-दिमाग में घर कर गई थी। इस बात को बिना किसी को बताए वह अपने मन में विचार-विमर्श करने लगा। वह चुपचाप अपने पिताजी के साथ पुणे चला आया, किंतु यहां आकर उसे उदासी ने घेर लिया।

गंगाधर को अपने पुराने साथियों की बड़ी याद आती थी। ऐसे में वह मन मारकर रह जाता था, किंतु कुछ दिनों बाद धीरे-धीरे उसकी उदासी दूर होने लगी। अब वह मन लगाकर पढ़ाई करने लगा। उसके नए दोस्त बन गए। वह अपने नए-नए दोस्तों के साथ भावी जीवन के सपने बुनने लगा।

उसी समय गंगाधर पर ईश्वर ने एक ऐसा वज्राघात किया, जिससे उसका दिल दहल गया। जिस माँ ने उसे पाल-पोसकर इतना बड़ा किया था, जो मां उसे लोरियां गा-गाकर सुलाती थी, आज वहीं मां इस मायारूपी दुनिया से चल बसी। गंगाधर को इससे बड़ा आघात पहुंचा।

बाद में गंगाधर की चाची ने उसे माँ का प्यार दिया। जैसे-जैसे उसे चाची का प्यार मिलता रहा, वैसे-वैसे वह अपनी माँ की यादों को भूलता रहा। अब वह पुणे के अपने नए दोस्तों से देश के हालात पर चर्चा करता। उसके स्कूल के अध्यापक भी कभी-कभी देश के हालातों पर टीका-टिप्पणी कर दिया करते थे। उनका कहना था कि अंग्रेजों के अत्याचार कितने भी बढ़ जाएं, उन्हें एक न एक दिन भारत छोड़कर जाना ही पड़ेगा।

जो देश द्रोही थे, वे भारत के कभी आजाद न होने की बात करते थे। वे देश की कमजोरियां अंग्रेजों के सामने उजागर करते थे। इससे अंग्रेजों का हौसला और बढ़ जाता था।

देश द्रोही लोग क्रांति की बात करने वाले नौजवानों से बहुत चिढ़ते थे। उस समय गंगाधर 15 वर्ष का हो गया था। उन दिनों बाल-विवाह करने की परंपरा थी। अतः गंगाधर के पिता ने भी पुत्र के विवाह को लेकर जल्दबाजी दिखाई। इतनी छोटी आयु में गंगाधर को यह भी नहीं मालूम था कि विवाह का अर्थ क्या है? लेकिन पिता की बीमारी की हालत को देखकर उसने उनके फैसले पर सहमति दे दी।

विवाह

गंगाधर का विवाह गांव की एक भोली-भाली तापी नामक कन्या से हुआ था। तापी की उम्र मात्र दस वर्ष की थी। अभी वह बचपन की दहलीज को पार नहीं कर

पाई थी कि तभी उस बालिका को वधू बना दिया गया। विदाई के समय वह इतना भी नहीं समझ पाई कि उसे सजाया-संवारा क्यों जा रहा है? उसका विवाह हिन्दू समाज के रीति-रिवाजों से संपन्न हुआ था, क्योंकि दोनों परिवार ब्राह्मण जाति से ताल्लुक रखते थे। जब वह डोली में बैठी तो उसके चेहरे पर एक अजीब सी चमक दिखाई पड़ी। न जाने क्या सोचकर वह खिल-खिलाकर हंसने लगी। किंतु जब उसने अपने माता-पिता को आंसू बहाते देखा तो उसके कोमल हृदय को भी ठेस लगी और उसकी आँखों में भी आंसू आ गए।

तापी नादान होने के कारण यह नहीं समझ पाई कि उसके मां-बाप क्यों रो रहे हैं? उसे इतना अनुमान अवश्य था कि गंगाधर के साथ एक ऐसे रिश्ते में बँध गई है, जिसे कभी भुलाया नहीं जा सकता। वह सुन्दर कपड़ों में सजी-धजी एक खूबसूरत गुड़िया की तरह लग रही थी। उसके पिता उसके मेहंदी लगे हाथों को चूमकर वहां से हट चुके थे। उसकी माँ और दादी का रो-रोकर बुरा हाल हो रहा था। तभी कहार उसकी डोली उठाकर वहां से आगे बढ़ गए।

तापी के साथ एक अधेड़ उम्र की स्त्री भी उसकी डोली में आई थी। जब बाल गंगाधर तापी के पास गए तो उनसे कुछ कहना चाहा पर वह मारे शर्म के कुछ न बोल सकी। गंगाधर को अब यह मालूम हो गया था कि उनका विवाह हुआ है। उन्हें तापी के साथ रहना बहुत अच्छा लगता था। उसके चेहरे को देखकर उन्हें ऐसा लगता, जैसे आसमान में पूर्णमासी का चांद खिल गया हो। उन्हें कभी अपने स्कूल के लड़के-लड़कियों से बात करने में शर्म नहीं आई। पर आज वे तापी से बात करने में शर्म महसूस कर रहे थे।

तापी जब अपनी माँ की याद में रोने लगती, तो गंगाधर का कलेजा कांप उठता था। लेकिन उनके दिल में यह प्रश्न उठने लगता था कि तापी को मेरे पिताजी उसके घर से यहां क्यों लाए हैं? परंतु वे उसे अपने से दूर करने को तैयार नहीं थे, क्योंकि उन्हें तापी से आत्मिक लगाव हो गया था। तीन दिन वह उनके घर रही। उसके बाद वह अपनी माँ के घर चली गई।

तापी, गंगाधर से यह वादा कर चुकी थी कि अब वह पढ़-लिखकर उनके घर आएगी। उसके जाने के बाद गंगाधर मन लगाकर अपनी पढ़ाई करने लगे। तापी ने अपनी माँ से पढ़ाई की बात कही। उसके मां ने बेटी की भावनाओं की कद्र करते हुए उसे शिक्षा दिलाना आरंभ कर दिया।

तापी माँ के साथ रहने-रहते सब कुछ भूल गई। यहां तक कि उसे अपनी शादी की बात भी याद नहीं रही। पर उसके दिल में एक अजीब सा एहसास हमेशा उठता

रहता था। लेकिन कभी वह इसका अर्थ नहीं समझ पाई। जब वह अपनी सहेलियों के साथ खेलती थी तो कभी-कभी कोई सहेली उसकी शादी की बात छेड़ देती थी, फिर उसे अपने विवाह का स्मरण हो आता था।

समय अपनी रफ्तार से चलता रहा। तापी किशोरावस्था में प्रवेश कर रही थी। उधर, गंगाधर की अंतःचेतना उन्हें ऐसी दिशा की ओर ले जाने के लिए प्रेरित कर रही थी, जिससे सामाजिक और राष्ट्रीय समस्याओं का निराकरण हो सके। उन्हें देश की सामाजिक स्थिति का पता चल चुका था। शिक्षा का अभाव, गरीबी, कुप्रथाओं का बोलबाला आदि जैसी कई समस्याएं समाज के सामने चुनौती बनकर खड़ी थीं, जबकि अंग्रेजी हुकूमत राष्ट्र की सबसे बड़ी समस्या थी। इन समस्याओं से गंगाधर अपने देश को मुक्त कराना चाहते थे। अतः वे उनसे निपटने के लिए अपनी तैयारी में जुट गए।

सार्वजनिक सेवा

तिलक जी ने स्कूल के भार से स्वयं को मुक्त करने के बाद अपना अधिकांश समय सार्वजनिक सेवा में लगाने का निश्चय किया। अब उन्हें थोड़ी फुरसत मिली थी। इसी समय लड़कियों के विवाह के लिए सहमति की आयु बढ़ाने का विधेयक वाइसराय की परिषद के सामने लाया जा रहा था। तिलक पूरे उत्साह से इस विवाद में कूद पड़े, इसलिए नहीं कि वे समाज-सुधार के सिद्धांतों के विरोधी थे, बल्कि इसलिए कि वे इस क्षेत्र में जोर-जबरदस्ती करने के विरुद्ध थे। सहमति की आयु का विधेयक, चाहे इसके उद्देश्य कितने ही प्रशंसनीय क्यों न रहे हों, वास्तव में हिन्दू समाज में सरकारी हस्तक्षेप से सुधार लाने का प्रयास था। अतः समाज-सुधार के कुछ कट्टर समर्थक इसके विरुद्ध थे। इस विषय में तिलक के दृष्टिकोण से पूना का समाज दो भागों, कट्टरपंथी और सुधारवादियों में बँट गया। दोनों के बीच की खाई नए मतभेदों एवं नए झगड़ों के कारण बढ़ती गई।

विद्यालय की स्थापना

उसी समय इन्हीं विचारों के एक बुजुर्ग व्यक्ति विष्णु कृष्ण चिपलूनकर उनसे मिले- जो विष्णु शास्त्री के नाम से जाने जाते थे। उन्होंने उन्हीं दिनों सरकारी नौकरी से इस्तीफा दे दिया था, क्योंकि अपने अफसरों से उनकी नहीं बनती थी। वे इस निश्चय के साथ पूना आए थे कि वहाँ एक प्राइवेट हाई स्कूल चलाएँगे। वे मराठी के सर्वोत्तम गद्य-लेखक के रूप में प्रसिद्ध हो चुके थे। तिलक और आगरकर ने उनकी

योजना को जानने के बाद उनके साथ विचार-विमर्श किया। बाद में इन तीनों के साथ एक और व्यक्ति शामिल हो गया- एम.बी. नामजोशी, जो असाधारण बुद्धि और ऊर्जा से परिपूर्ण थे। चिपलूनकर और तिलक ने नामजोशी की सहायता से 2 जनवरी, सन् 1880 ई. को पूना में न्यू इंग्लिश स्कूल शुरू किया। वी.एस. आप्टे ने जून में और आगरकर वर्ष के अंत में एम.ए. करने के बाद उस स्कूल में शामिल हो गए। इन पाँच आदमियों ने अपनी गतिविधियों को स्कूल तक ही सीमित नहीं रखा।

प्लेग की बीमारी

तिलक ने प्लेग की बीमारी के दौरान देशवासियों की जो सेवा की, उसे भी नहीं भुलाया जा सकता। जैसे ही पूना में प्लेग के लक्षण प्रकट हुए उन्होंने हिन्दू प्लेग अस्पताल शुरू किया और कई दिनों तक इसके लिए धन जुटाने का कार्य किया। जहाँ पूना के अधिकांश नेता नगर छोड़कर भाग गए थे, तिलक वहीं रहे। उन्होंने लोगों को दिलासा-भरोसा दिलाया। वे खोजी दलों के साथ स्वयंसेवक के रूप में गए, अस्पताल का प्रबंध किया, पृथक्करण शिविर में निःशुल्क रसोई की व्यवस्था की और जनता के सामने आ रही कठिनाइयों के बारे में श्री रेंड तथा महामहिम गवर्नर को बताते रहे। अपने समाचार पत्रों में उन्होंने प्लेग की समाप्ति के लिए सरकार द्वारा उठाए गए विभिन्न कदमों का समर्थन दृढ़ता के साथ किया, इसी के साथ उन्होंने सलाह दी कि इन उपायों को सहानुभूतिपूर्ण और मैत्रीपूर्ण ढंग से लागू किया जाए। उन्होंने जनता को सलाह दी कि वह अनावश्यक विरोध न करे।

समाचार पत्र का प्रकाशन

तिलक ने दो साप्ताहिक समाचार पत्रों, मराठी में केसरी और अंग्रेजी में द मराठा, के माध्यम से लोगों की राजनीतिक चेतना को जगाने का काम शुरू किया। इन समाचार पत्रों के जरिये ब्रिटिश शासन तथा उदार राष्ट्रवादियों की, जो पश्चिमी तर्ज पर सामाजिक सुधारों एवं संवैधानिक तरीके से राजनीतिक सुधारों का पक्ष लेते थे, कटु आलोचना के लिए वह विख्यात हो गए। उनका मानना था कि सामाजिक सुधार में जनशक्ति खर्च करने से वह स्वाधीनता के राजनीतिक संघर्ष में पूरी तरह नहीं लग पाएगी।

उन पत्रों ने देसी पत्रकारिता के क्षेत्र में शीघ्र ही अपना विशेष स्थान बना लिया। विष्णु शास्त्री चिपलूनकर ने इन दोनों समाचार पत्रों के लिए दो मुद्रणालय भी स्थापित किए। छपाई के लिए आर्य भूषण और ललित कला को प्रोत्साहन देने

के वास्ते चित्रशाला दी गई। इन गतिविधियों में कुछ समय के लिए पाँचों व्यक्ति पूरी तरह व्यस्त हो गए। उन्होंने इन कार्यों को आगे बढ़ाया। न्यू इंग्लिश स्कूल ने शीघ्र ही स्कूलों में पहला स्थान प्राप्त कर लिया। मराठा और केसरी भी डेक्कन के प्रमुख समाचार पत्र बन गए।

देश प्रेमियों के इस दल को शीघ्र ही अग्नि परीक्षा में होकर गुजरना पड़ा। केसरी और मराठा में प्रकाशित कुछ लेखों में कोल्हापुर के तत्कालीन महाराजा शिवाजी राव के साथ किए गए व्यवहार की कठोर आलोचना की गई थी। राज्य के तत्कालीन प्रशासक श्री एम. डब्ल्यू. बर्वे ने इस पर मराठा और केसरी के संपादक के रूप में क्रमशः तिलक और श्री आगरकर के विरुद्ध मानहानि का मुकदमा चला दिया। कुछ समय बाद इन लोगों की कठिनाइयाँ और बढ़ गईं क्योंकि जब यह मामला विचाराधीन था, तभी श्री वी.के. चिपलूनकर का देहांत हो गया। उसके बाद तिलक और आगरकर को दोषी पाया गया। उन्हें चार-चार महीने की साधारण कैद की सजा सुना दी गई।

डेक्कन एजुकेशन सोसायटी का गठन

कोल्हापुर संबंधी मुकदमे से स्कूल और दोनों समाचार पत्रों की लोकप्रियता में और वृद्धि हुई। सभी ओर से लोगों ने स्वेच्छा से सहायता प्रदान की। श्री चिपलूनकर की मृत्यु के बाद तिलक काफी समय तक इस छोटे दल के मार्गदर्शक और श्री नामजोशी सक्रिय सदस्य रहे। सन् 1884 ई. के उत्तरार्द्ध में उन्होंने स्वयं को कानूनी अस्तित्व देने का निश्चय किया। उन्होंने इस उद्देश्य के लिए डेक्कन एजुकेशन सोसाइटी, पूना का गठन किया और वे इस सोसाइयटी के पहले आजीवन सदस्य बने। शीघ्र ही स्वर्गीय प्रोफेसर वी.वी. केलकर, प्रोफेसर धराप और प्रोफेसर एम.एस. गोले भी आजीवन सदस्य बन गए। बाद में प्रोफेसर गोखले, प्रोफेसर भाने और प्रोफेसर पाटणकर भी आजीवन सदस्य बने।

फर्ग्यूसन कॉलेज की स्थापना

सन 1885 ई. में डेक्कन एजुकेशन सोसायटी के तत्वावधान में फर्ग्यूसन कॉलेज की स्थापना की गई और सभी आजीवन सदस्यों ने इस कॉलेज में 20 वर्ष तक प्रोफेसर के रूप में काम करने की स्वीकृति दी। सोसायटी की संस्थाएँ शीघ्र ही समृद्ध हो गईं। उन्होंने गद्रेवाड़ा और कबूतरखाना खेल का मैदान खरीद लिया। सर जेम्स फर्गुसन की सरकार के वायदे के अनुसार बाद में लॉर्ड रे ने सोसायटी को नानावाड़ा सौंप दिया। सोसायटी ने चतुरश्रृंगी के समीप कॉलेज के लिए एक भव्य

इमारत का निर्माण किया। तथापि, स्कूल और कॉलेज के साथ तिलक का संबंध सन् 1890 ई. में समाप्त हो गया। वे कारण जिनकी वजह से ये संबंध समाप्त हुए, अनेक और अलग-अलग थे। वास्तव में विघटन की प्रक्रिया काफी पहले शुरू हो गई थी। विष्णु शास्त्री के जीवन काल में ही चित्रशाला एक स्वतंत्र प्रतिष्ठान हो गया था।

तिलक और आगरकर के बीच मतभेद

सन 1888 ई. के दौरान तिलक और आगरकर के बीच सामाजिक और धार्मिक प्रश्नों पर मतभेद शुरू हो गए थे। इनके कारण श्री आगरकर ने केसरी के सम्पादक पद से इस्तीफा दे दिया और अपने पत्र सुधारक का प्रकाशन शुरू किया। इसी समय यह स्पष्ट हो गया कि स्कूल और कॉलेज तथा समाचार पत्रों के हित एक से नहीं हैं। अतः उनका विभाजन कर दिया गया, जिसके अनुसार आर्य भूषण प्रेस और दो समाचार पत्र तिलक, प्रो. केलकर और एच.एन. गोखले की संपत्ति बन गए। प्रो. केलकर दोनों पत्रों के प्रभारी संपादक बना दिए गए।

आजीवन सदस्यों का आचरण

यह स्थिति सन् 1890 ई. तक रही और अनिश्चितकाल तक चलती रहती, अगर नए मतभेदों के कारण संबंधों की दरार अधिक नहीं बढ़ती। ये मतभेद मुख्य रूप से उन सिद्धांतों के बारे में थे, जिनसे आजीवन सदस्यों का आचरण और स्कूल का प्रबंध नियंत्रित होता था। यह स्थिति सन् 1889 ई. में प्रो. गोखले के सार्वजनिक सभा का सदस्य बनने से पैदा हुई। तिलक शुरू से ही इस मत के थे कि आजीवन सदस्यों को जेसुइट पादरियों की तरह सादा जीवन बिताना चाहिए और अपना संपूर्ण समय तथा ऊर्जा अध्यापन-कार्य में लगानी चाहिए। उनके अधिकतर सहयोगी इस बात से सहमत नहीं थे।

सोसायटी से त्यागपत्र

तिलक के विचारों से उनके अधिकतर सहयोगियों के सहमत न होने के कारण तिलक ने नवंबर, सन् 1890 ई. में अपना त्यागपत्र भेज कर सोसायटी से अपने सभी संबंध समाप्त कर लिये। प्रोफेसर के रूप में तिलक अत्यंत लोकप्रिय थे। वे गणित के स्थायी प्रोफेसर थे और बीच-बीच में संस्कृत तथा विज्ञान के प्रोफेसर के रूप में भी कार्य करते थे। मौलिकता और एक-एक बात का ध्यान रखना उनका आदर्श वाक्य था और वे जो भी विषय पढ़ाते थे उसमें उनके छात्रों को कभी भी शिकायत

करने का अवसर नहीं मिलता था। गणितज्ञ के रूप में उनका जवाब नहीं था और वे अपने छात्रों को अक्सर डेक्कन कॉलेज के प्रो. छत्रे की याद दिलाते थे, जो तिलक के गुरु भी थे।

कॉलेज से इस्तीफा देने के बाद तिलक ने कानून की कक्षा शुरू की। यह बंबई प्रेसीडेंसी में अपने ढंग का पहला शैक्षणिक संस्थान था जो छात्रों को हाईकोर्ट और वकालत की परीक्षा के लिए तैयार करता था। उन्होंने केसरी का भार भी अपने ऊपर ले लिया।

मराठा का संपादन

प्रो. केलकर वर्ष के अंत तक मराठा के संपादक बने रहे, परंतु शीघ्र ही उन्हें प्रो. केलकर को समाचार पत्र के साथ अपना संबंध पूरी तरह समाप्त कर देना पड़ा। तब तिलक दोनों पत्रों के संपादक बन बए। एक वर्ष इन दोनों के बीच प्रेस और समाचार पत्रों का विभाजन हो गया। तिलक केसरी और मराठा समाचार पत्रों के एकमात्र मालिक और संपादक हो गए। प्रो. केलकर और श्री गोखले आर्य भूषण प्रेस के मालिक रहे। दोनों समाचार पत्रों को अपने जन्म के बाद इस तरह अनेक उतार-चढ़ावों से गुजरना पड़ा। तिलक द्वारा केसरी को संभालने के बाद उसकी ग्राहक संख्या में तेजी से वृद्धि हुई। तब इसकी ग्राहक संख्या देश के किसी भी अन्य समाचार पत्र की ग्राहक संख्या से बहुत अधिक थी।

तिलक और मुकदमा

बापट केस

तिलक सन् 1894 ई. में एक महत्त्वपूर्ण मामले में व्यस्त हो गए। इस मामले के साथ उनके एक मित्र और बड़ौदा रियासत, दोनों के व्यापक हित जुड़े थे। यह प्रसिद्ध 'बापट केस' था। राव साहब डब्ल्यू. एस. बापट, जो बंदोबस्त विभाग के अध्यक्ष थे, पर भ्रष्टाचार के अनेक आरोपों पर मुकदमा चलाने के लिए विशेष आयोग नियुक्त किया गया था। यह केस बंदोबस्त विभाग के विरुद्ध एक षडयंत्र का नतीजा था। यह षडयंत्र वास्तव में ब्रिटिश 'पॉलिटिकल' विभाग का कारनामा था। श्री बापट के मुकदमे की कुछ विशेषताएँ थीं। यह मुकदमा महाराज के पीठ-पीछे चलाया जा रहा था। वे यूरोप के दौरे पर थे। महाराजा के शत्रुओं को आशा थी कि मुकदमे के दौरान कुछ ऐसी बातें प्रकट की जाएँगी जिनसे महाराज की प्रशासन क्षमता पर चोट पहुँचेगी। लोग केवल बंदोबस्त विभाग से ही नाराज नहीं थे, बल्कि वे कई उच्च

अधिकारियों से भी नाराज थे। यह स्पष्ट था कि श्री बापट को बलि का बकरा बनाया जा रहा था। उन्हें न केवल अपने अपराधों की, बल्कि दूसरों के अपराधों की भी सजा दी जानी थी। अभियोजन पक्ष की ओर से माननीय पी.एम. मेहता और बाद में बैरिस्टर श्री ब्रेन्सन और बचाव पक्ष के लिए श्री एम.सी. आप्टे और श्री डी.ए. खरे वकील थे। लेकिन बचाव का अधिकांश भार तिलक पर था। अभियोजन पक्ष के गवाहों से की गई जिरह और बचाव पक्ष के लिए दिए गए उनके अकाट्य तर्क उनकी मेहनत और योग्यता के जीते-जागते प्रमाण हैं।

पाँच अधिवेशन

तिलक की गतिविधियाँ समकालीन राजनीति में थमी नहीं। अब वे राष्ट्रीय कांग्रेस की डेक्कन स्थायी समिति के सचिव नहीं रहे थे, लेकिन बंबई प्रांतीय सम्मेलन के सचिव के रूप में उन्होंने उसके पाँच अधिवेशन आयोजित किए। पाँचवाँ अधिवेशन श्री पी.एम. मेहता की अध्यक्षता में सन् 1892 ई. में आयोजित किया गया और पूरी तरह सफल रहा।

राजद्रोह का मुकदमा

तिलक ने संकट की घड़ी में जनता को भाग्य के भरोसे छोड़ देने के लिए पूना के नेताओं की आलोचना की। तिलक की गतिविधियों ने जल्दी ही उन्हें ब्रिटिश सरकार के साथ टकराव की स्थिति में ला खड़ा किया। लेकिन उनकी सार्वजनिक सेवाऐं उन्हें मुकदमे और उत्पीड़न से नहीं बचा सकीं। सन् 1897 ई. में उन पर पहली बार राजद्रोह का मुकदमा चलाया गया। सरकार ने उन पर राजद्रोह का आरोप लगाकर उन्हें जेल भेज दिया इस मुकदमे और सजा के कारण उन्हें लोकमान्य की उपाधि मिली। भारत के वाइसरॉय लॉर्ड कर्जन ने जब सन् 1905 ई. में बंगाल का विभाजन किया, तो तिलक ने बंगालियों द्वारा इस विभाजन को रद्द करने की मांग का जोरदार समर्थन किया और ब्रिटिश वस्तुओं के बहिष्कार की वकालत की, जो जल्दी ही एक देशव्यापी आंदोलन बन गया। अगले वर्ष उन्होंने सत्याग्रह के कार्यक्रम की रूपरेखा बनाई, जिसे नए दल का सिद्धांत कहा जाता था। उन्हें उम्मीद थी कि इससे ब्रिटिश शासन का सम्मोहनकारी प्रभाव खत्म होगा और लोग स्वतंत्रता प्राप्ति हेतु बलिदान के लिए तैयार होंगे। तिलक द्वारा शुरू की गई राजनीतिक गतिविधियों, विदेशी वस्तुओं का बहिष्कार और सत्याग्रह को बाद में मोहनदास करमचंद गाँधी ने अंग्रेजों के साथ अहिंसक असहयोग आंदोलन में अपनाया।

तिलक को जमानत

श्री रेंड और लेफ्टिनेंट आयर्सृट की हत्या कुछ अज्ञात लोगों द्वारा 22 जून को कर दी गई। इससे बंबई और पूना में, विशेष रूप से एंग्लो इंडियन समुदाय में जबरदस्त उत्तेजना फैली। 26 जुलाई को बंबई सरकार ने तिलक पर मुकदमा चलाने की मंजूरी प्रदान की और 27 जुलाई को पूर्वी भाषाओं के अनुवादक श्री बेग ने बंबई के चीफ प्रेसीडेंसी मजिस्ट्रेट श्री जे. सेंडर्स स्लेटर के सामने सूचना रखी। 27 जुलाई की रात में तिलक को बंबई में गिरफ्तार कर लिया गया और दूसरे दिन उन्हें मजिस्ट्रेट के सामने पेश किया गया। इसके फौरन बाद मजिस्ट्रेट के सामने जमानत की अर्जी दाखिल की गई। सरकार ने दृढ़ता और सफलता के साथ इसका विरोध किया।

29 तारीख को इसी तरह की एक अर्जी उच्च न्यायालय में दाखिल की गई, जिसे फिर से आवेदन करने की अनुमति के साथ अस्वीकार कर दिया गया। 2 अगस्त को यह केस हाई कोर्ट सेशन के सुपर्द कर दिया गया और अध्यक्ष न्यायाधीश, न्यायमूर्ति बदरुद्दीन तैयबजी के सामने जमानत की अर्जी फिर दाखिल की थी। जमानत की अर्जी का प्रबल विरोध एडवोकेट जनरल ने किया लेकिन न्यायाधीश ने तिलक को जमानत दे दी।

मुकदमें की सुनवाई

यह मुकदमा उचित समय पर, 8 सितंबर को सुनवाई के लिए आया। सुनवाई एक सप्ताह तक चली। कलकत्ता बार के श्री प्यू और उनकी सहायता के लिए श्री गार्थ बचाव पक्ष में तिलक की ओर से और एडवोकेट जनरल श्री बेसिल लाग अभियोजन पक्ष की ओर से थे। न्यायमूर्ति स्ट्रैची ने मुकदमें की सुनवाई की। जूरी के सदस्य थे पाँच यूरोपीय ईसाई, एक यूरोपीय यहूदी, दो हिन्दू और एक पारसी। जूरी के छह यूरोपीय सदस्यों ने आरोपी को दोषी ठहराया, जबकि तीन देशी सदस्यों ने उन्हें निर्दोष माना। न्यायाधीश ने बहुमत के निर्णय को स्वीकार कर लिया और तिलक को अठारह महीने की कारागार की सजा सुनाई। जब जूरी के सदस्य अपने निर्णय पर विचार करने के लिए चले गए थे, अभियुक्त की ओर से न्यायाधीश को आवेदन दिया गया कि कानून के कुछ प्रश्न पूरी बैंच के विचारार्थ सुरक्षित कर दिए जाएँ। इस आवेदन को स्वीकार नहीं किया गया। बाद में एडवोकेट जनरल को दिया गया इसी तरह का एक प्रार्थनापत्र नामंजूर कर दिया गया। 17 सितंबर, सन् 1897 ई. को उच्च न्यायालय से यह प्रमाणपत्र जारी करने का अनुरोध किया गया कि यह

केस प्रिवी काउंसिल में अपील करने योग्य है। इस आवेदन की सुनवाई मुख्य न्यायाधीश सर चार्ल्स फैरन, न्यायमूर्ति कैंडी और न्यायमूर्ति स्ट्रैची ने की और उसे अस्वीकार कर दिया।

न्याय की अपील

प्रिवी काउंसिल में न्याय की अपील की गई। माननीय श्री एसक्विथ ने, जो बाद में इंग्लैंड के प्रधानमंत्री हुए, 19 नवंबर, 1897 को तिलक की अपील पर बहस की। लॉर्ड हेल्सबरी, लॉर्ड चांसलर जो उस समय इंग्लैंड के कैबिनेट मंत्री थे, लीक से हटकर काउंसिल की बैठक की अध्यक्षता करने गए। सभी को पता था कि कैबिनेट के एक अन्य मंत्री ने इस मुकदमें को चलाने की मंजूरी दी थी। श्री एसक्विथ ने अपनी बहस में इस बात पर बहुत जोर दिया कि न्यायमूर्ति स्ट्रैची ने जूरी को गलत निर्देश दिए थे। लेकिन प्रिवी काउंसिल ने समूची गवाही के सार और विवरण पर विचार करने के बाद फैसले में परिवर्तन करने लायक कोई बात नहीं पाई। परिणामस्वरूप अपील करने की अनुमति देने का प्रार्थनापत्र नामंजूर कर दिया गया।

इस प्रकार तिलक के लिए न्याय पाने के सभी रास्ते बंद को गए। लेकिन इन घटनाओं का गहरा असर ब्रिटेन की जनता पर पड़ा। प्रो0 मैक्समूलर और सर विलियम हंटर ने अपनी विशाल ह्रदयता के साथ, जो उनके चरित्र का अभिन्न पहलू था, महारानी को एक प्रतिवेदन भेजने का आयोजन किया। इस पर महत्त्वपूर्ण व्यक्तियों के हस्ताक्षर थे। इस प्रतिवेदन में अनुरोध किया गया था कि तिलक के प्रति इस आधार पर दया प्रदर्शित की जाएँ कि वे एक विद्वान हैं और उनकी रिहाई के पक्ष में बहुत कुछ कहा जा सकता है। अन्य बातों के साथ इस प्रार्थनापत्र का असर हुआ और बातचीत के बाद तिलक कुछ औपचारिक शर्तें मानने के लिए तैयार हो गए और उन्हें मंगलवार 6 सितंबर, 1898 को बंबई के महामहिम गर्वनर के आदेशों पर छोड़ दिया गया।

रिहाई के बाद

तिलक कारावास में अत्यधिक दुर्बल हो गए थे। अपना स्वास्थ्य सुधारने के लिए उन्होंने पहले कुछ दिन सिंहगढ़ सेनीटोरियम में बिताए, दिसंबर में मद्रास में भारतीय राष्ट्रीय कांग्रेस में शामिल होने के बाद उन्होंने श्रीलंका का दौरा किया। अपने आंदोलन को जहाँ छोड़ा था, वहीं से उसे फिर शुरू करने और आगे बढ़ाने में अगले दो वर्ष उन्होंने लगाए। उनके बहुत से काम उनके जेल जाने के कारण रुक गए थे।

रायगढ़ किले में सन् 1900 ई. में एक विशाल 'शिवाजी महोत्सव' आयोजित किया गया। शिवाजी की स्मृति को स्थायी बनाने के लिए एक स्मारक बनाने की दिशा में भी कुछ काम आगे बढ़ा। लेकिन किसी भी अन्य कार्य से अधिक महत्तवपूर्ण उनका वेदों की प्राचीनता-संबंधी कार्य था।

द आर्कटिक होम इन दि वेदाज

'ओरिऑन' पर पुस्तक के प्रकाशन के बाद उन्हें यह कार्य करने की जरूरत गहराई से महसूस हो रही थी। अपनी नई पुस्तक, द आर्कटिक होम इन दि वेदाज की प्रस्तावना में उन्होंने लिखा कि पिछले दस वर्षों के दौरान मेरा काफी समय उन प्रमाणों की खोज में लगा है, जो वेदों पर छाए कुहरे को उठा देंगे और तब उन पर गहरी दृष्टि डाली जा सकेगी। इसके बाद उन्होंने 'ओरिऑन' में व्यक्त विचारधारा को आगे बढ़ाते हुए काम शुरू किया। मनुष्य जाति के आदिकालीन इतिहास से संबंधित भूविज्ञान और पुरातत्त्व की नवीनतम खोजों के अध्ययन के बाद वह एक अलग तरह की खोज की ओर धीरे-धीरे बढ़े और अंततः इस नतीजे पर पहुँचे कि वैदिक ऋषियों के पूर्वज हिमानी युग में उत्तर ध्रुवीय क्षेत्र में रहते थे। जेल में अपने जबरन अवकाश का उपयोग उन्होंने ऋग्वेद के संपूर्ण संस्करण जिसे उनके पास प्रोफेसर मैक्समूलर ने भेजा था, की सहायता से अपने इन सिद्धान्तों को विकसित करने में किया।

नई पुस्तक का प्रकाशन

नई पुस्तक की पहली पांडुलिपि सिंहगढ़ में सन् 1898 ई. के अंत में लिखी गई, लेकिन तिलक ने जानबूझकर इसका प्रकाशन देर से किया। वे इस विषय में भारत के संस्कृत विद्वानों से विचार-विमर्श करना चाहते थे, क्योंकि खोज अनेक दिशाओं में मुड़ रही थी। पुस्तक मार्च, सन् 1903 ई. में प्रकाशित की गई। सर्वत्र इसका स्वागत हुआ। उसके बारे में केवल एक विद्वान बोस्टन विश्वविद्यालय के अध्यक्ष और 'पेराडाइज फाउंड' के लेखक डॉ. एफ. डब्ल्यू. वारेन के विचारों को यहाँ उद्धृत किया जा रहा है, जो सितंबर सन् 1905 ई. की ओपन कोर्ट मैगजीन, शिकागो में प्रकाशित हुए थे।

डॉ. एफ. डब्ल्यू. वारेन के तिलक के प्रति विचार

''यहाँ केवल यह कहना पर्याप्त है कि वर्तमान लेखक ने अपनी राय के समर्थन में जो प्रमाण दिए हैं, वे इसके पहले किसी भारतीय या ईरानी विद्वान

द्वारा किसी परिकल्पना को सिद्ध करने के लिए दिए गए प्रमाणों से अधिक निर्णायक हैं। विषय की विवेचना करते हुए शुरू से लेकर आखिर तक पूरी स्पष्टवादिता और ऐतिहासिक एवं वैज्ञानिक खोज के तौर-तरीकों का पूरा सम्मान किया गया है। शुरू में मैं यह सोचता था कि इसके सच होने की संभावना बहुत कम है लेकिन इसके पक्ष में जो प्रमाण एकत्र किए गए उनके कारण मुझे इसे स्वीकार करना पड़ा।

बीस वर्ष पहले मानव जाति के मूल स्थान संबंधी शोध करते समय मैंने सभी वैदिक और अवेस्ता-संबंधी रचनाएँ उस समय तक उपलब्ध उनके अनुवाद पढ़े और मैं उसी नतीजे पर पहुँचा जिस पर तिलक पहुँचे हैं। मेरे तर्क में प्राचीन ईरानियों के पौराणिक भूगोल और ब्रह्मांड के कुछ बिंदुओं पर नई रोशनी डाली गई थी। मेरे इस कार्य को ईरानी विषयों के आचार्य प्रोफेसर स्पीगेल ने स्वीकार किया। मैंने ठहरे हुए जल और अन्य वैदिक मिथकों की भी नई व्याख्या की। अतः मेरे लिए यह विशेष रूप से प्रसन्नता का विषय था कि तिलक भी लगभग उन्हीं मुख्य निष्कर्षों पर और अनेक गौण निष्कर्षों पर पहुँचे, जिन पर मैं पहुँचा था। उल्लेखनीय है कि तिलक अपनी खोज के लिए इन ग्रंथों के अनुवाद पर नहीं बल्कि उनके मूलपाठ पर निर्भर थे। सुदूर देश में रहने वाले इस व्यक्ति को मैं सार्वजनिक रूप से धन्यवाद देना चाहता हूँ, जिसने इस क्षेत्र में मेरे कार्य की सराहना करने की उदारता प्रदर्शित की। इस क्षेत्र में उनका काम ठोस, मोहक और अधिक आधिकारिक है। जो कोई भी मनोयोग के साथ इस पुस्तक को और जॉन ओ. नील की पुस्तक, दि नाइट आफ गाड्स को पढ़ेगा, वह कभी भी यह सवाल नहीं पूछेगा कि आर्यों का आदि देश कहाँ था।"

ताई महाराज का मुकदमा

जब तिलक की नई पुस्तक जनता के लिए जारी हुई, तब बंबई सरकार के सुझाव पर वे एक और मुकदमें ताई महाराज केस में फँसे हुए थे। इस केस ने सन् 1901 ई. से तिलक का सारा समय ले लिया था। इसके कारण उन्हें न केवल यंत्रणादायक शारीरिक कष्ट, बल्कि मानसिक उत्पीड़न भी भोगना पड़ा और हजारों रुपये की हानि भी उठानी पड़ी।

इस मुकदमे की संक्षिप्त कहानी इस प्रकार है पूना के एक प्रथम श्रेणी के सरदार श्री बाबा महाराज ने तिलक को अपने एस्टेट के चार ट्रस्टियों में से मुख्य ट्रस्टी बना रखा था। राजद्रोह के मुकदमे में उच्च न्यायालय द्वारा तिलक को जमानत

पर छोड़े जाने के कुछ दिन बाद, 7 अगस्त सन् 1897 ई. को बाबा महाराज का स्वर्गवास हो गया। दुर्भाग्य कभी अकेले नहीं आता। विचित्र संयोग यह हुआ कि जिस दिन अपनी रिहाई के बाद तिलक बंबई से लौटे, मृत्यु शैय्या पर लेटे महाराज ने उन्हें बुलवाया और इस बात पर जोर दिया कि वे उनकी वसीयत के निष्पादक बनें। तिलक इस भारी जिम्मेदारी को लेने के लिए तैयार हो गए। उन्हें आशा थी कि उनके ऐसा करने से महाराज के परिवार को ऋणमुक्त किया जा सकेगा और ऋणमुक्त एस्टेट उत्तराधिकारी को सौंपा जा सकेगा। उसके बाद तिलक ने यह काम हाथ में लेने पर पाया कि दो मामलों की ओर तत्काल ध्यान देना आवश्यक है। पहला था ऋणों की समाप्ति और खर्च में कमी तथा दूसरा था ताई महाराज के लिए गोद लेने की व्यवस्था। क्योंकि उस समय फैल रहे प्लेग के कारण शाहर में मानव जीवन खतरे में था, और ताई महाराज एकमात्र ऐसी महिला थीं जो अपने पति के लिए लड़का गोद ले सकती थीं। ऋणों की समाप्ति का अर्थ था खर्चों में कमी और बचत। ताई महाराज को यह पसंद न था। विधवा युवती तिलक के नेक इरादों से परिचित थीं। उन्होंने शुरू में 'एस्टेट' के नाममात्र के प्रतिनिधि के रूप में अपनी स्थिति को सहर्ष स्वीकार किया। इस्टेट का वास्तविक और प्रभावी स्वामित्व तो उनके पति द्वारा वसीयत में नियुक्त ट्रस्टियों के पास था। लेकिन ताई महाराज शीघ्र ही अपने प्रिय प्रभारी के प्रभाव में आ गईं। उसने उन्हें सिखाया कि वे 'एस्टेट' की न्यायपूर्ण अधिकारी हैं और एक बालक को गोद लेकर उन्हें उनके अधिकारों से वंचित किया जा रहा है। कुछ लुटेरे भी वहाँ थे, जो उक्त विधवा को मधुर बातों से बरगलाकर उनके अत्यंत प्रिय हो गए थे। वे भविष्य में एक पेंशनर और एस्टेट पर आश्रित के रूप में उनकी भावी हालत के कमजोर पहलुओं का बढ़ा-चढ़ा कर वर्णन करते थे। उनका यह भी कहना था कि अगर वे दृढ़ इच्छाशक्ति दिखाएं तो हमेशा के लिए आजाद हो सकती हैं, उस लड़के के साथ ऐसी व्यवस्था कर सकती है कि वह हमेशा आज्ञाकारी बालक की तरह आचरण करे और जायदाद का प्रबंध इस प्रकार से करें कि भविष्य में उनका और उनके प्रिय एवं सक्रिय सलाहाकारों का कल्याण होता रहे गरीबी में जी रहे अनेक लड़के इस हालत में भी ऐसी जायदाद के लिए गोद लिये जाने लिए तैयार हो जाएँगे।

उनके भाई इस तरह की स्थिति में अत्यधिक प्रसन्न होंगे क्योंकि उनके पूर्वजों की संपत्ति का कम से कम एक वारिस कम हो जाएगा। इस अभागी महिला के मामले में भी ऐसा ही हुआ। खर्च में कमी से वह चिंतित हुई और नागपुरकर और कोल्हापुर के पंडित महाराज के नेतृत्व में सिद्धांतहीन (बेईमान) पार्टी के

षड़यंत्र का शिकार बन गईं। इन लोगों ने यह सांठ-गांठ रची कि ताई महाराज पंडित के भाई बाला महाराज को गोद ले लें। लेकिन न तो ताई महाराज को और न नागपुरकर को यह हिम्मत थी कि वे खुलकर ट्रस्टियों को विरोध करें। ताई महाराज को इस बात का पक्का विश्वास था कि ट्रस्टी कोई ऐसा काम नहीं करेंगे जिससे उनको निजी लाभ होगा और या उनके पति द्वारा चलाए गए भलाई के कार्यों में बाधा पहुँचे। इतना स्पष्ट है कि 18 जून, सन् 1901 ई. तक उनके बीच कोई मतभेद नहीं था। इसी दिन ये सब लोग औरंगाबाद के लिए रवाना हुए, जहाँ अंततः महाराज परिवार की बबरे शाखा के एक लड़के को ताई महाराज ने गोद लिया।

औरंगाबाद से लौटने के बाद ताई महाराज बुरे सलाहकारों के प्रभाव में आ गईं। इन लोगों ने उन्हें इस बात के लिए तैयार कर लिया कि वे अपने पति की वसीयत के प्रमाणपत्र को खारिज करवा दें यह इस आशा में किया गया कि वे स्वतंत्र और अपनी मनमर्जी की मालकिन हो जाएँगी। यह आवेदन पूना जिला के जज श्री एस्टन को 29 जुलाई, सन् 1901 ई. को दिया गया।

इस आवेदन पर कार्रवाई उस तारीख से 3 अप्रैल, 1902 तक चली। इस अवधि में अदालत की कुछ 344 बैठकें हुई इनमें से 14 में तिलक से जिरह की गई। यह कार्य श्री एस्टन और ताई महाराज के वकीलों ने मिलकर किया। इस कार्रवाई में देखने योग्य मुख्य बात यह है कि यद्यपि इसमें औरंगाबाद में दत्तक-ग्रहण कोइ मुद्दा नहीं था, श्री एस्टन ने उसे निर्णय करने के लिए मुख्य मुद्दा बना दिया। तिलक द्वारा चुनौती दिए जाने और विरोध प्रकट किए जाने के बावजूद श्री एस्टन ने गवाही संबंधी कानून और प्रासंगिकता के आधार पर ताई महाराज की ओर से ढेरों दस्तावेजी और मौखिक गवाही बाद में शामिल कर दीं। वास्तव में केवल यह मुद्दा उठाया गया था कि क्या तिलक और अन्य लोगों को जारी किया गया वसीयत का प्रमाणपत्र बेकार और निष्प्रभावी हो गया है। क्या वसीयत को कार्यान्वित करने वाले लोग ट्रस्ट में रहने के अयोग्य हो गए है, जिसके कारण ट्रस्ट में नए लोगों की नियुक्ति आवश्यक हो गई है। श्री एस्टन ने इन प्रश्नों का उत्तर हाँ में दिया। वह इस नतीजे पर पहुँचे कि औरंगाबाद का दत्तक ग्रहण सिद्ध नहीं हुआ है। उन्होंने वसीयत का प्रमाणपत्र रद्द कर दिया और यह आदेश दिया कि मुकदमे का खर्च तिलक और श्री खापर्डे को उठाना पड़ेगा। फैसला लम्बा था। इसके 90 प्रतिशत भाग में औरंगाबाद का दत्तक-ग्रहण और पूना में ताई महाराज के साथ कथित दुर्व्यवहार आदि नितांत अप्रासंगिक तथ्यों की चर्चा है।

यह बात ध्यान देने योग्य है कि तिलक ने इन्हें 'अप्रासंगिक' कह कर इनका विरोध किया था और उन्होंने इनसे संबंधित कागज का एक टुकड़ा तक गवाही के लिए पेश नहीं किया सिवाय उन उत्तरों के जो उन्हें मजबूरी में देने पड़े। इस बारे में उन्होंने अपने वकील को निर्देश दिया था कि वह इस विषय में उनके साथ कठोरता से प्रश्न पूछे।

एस्टन की वकालत

यह स्पष्ट है कि इस तरह श्री एस्टन के सामने इन मामलों का केवल एक तरफा विवरण था तथापि, उन्हें निर्णय लेने में कोई हिचकिचाहट नहीं हुई और उन्होंने ऐसी आलोचना की मानो उनके सामने तिलक के पक्ष की भी सभी गवाही थी। मध्य युग में स्पेन में धार्मिक अपराधों के लिए दण्ड देने वाले न्यायालय की तरह श्री एस्टन काम कर रहे थे और स्वयं तिलक के विरुद्ध शैतान के वकील की तरह आचरण कर रहे थे।

अपनी जाँच के परिणामस्वरूप श्री एस्टन ने पाया कि न केवल तिलक को जारी वसीयत का प्रमाणपत्र रद्द किया जाना चाहिए, बल्कि उनके द्वारा किए गए अनेक अपराधों के लिए उन पर मुकदमा भी चलाया जाना चाहिए। श्री एस्टन ने अपनी अदालत की अनुचित, गैर-कानूनी और कष्टदायी कार्रवाई की चरम परिणति में तिलक को सिटी मजिस्ट्रेट के सुपुर्द कर दिया।

सात आपराधिक आरोप

तिलक के विरुद्ध तैयार सात आपराधिक आरोप इस प्रकार थे–

1. नागपुरकर के विरुद्ध अमानत में खयानत की झूठी शिकायत करना।
2. औरंगाबाद यात्रा के हिसाब-किताब में घटा-बढ़ा करके झूठी गवाही तैयार करना।

उपर्युक्त के संबंध में जालसाजी–

1. ऐसी गवाही जिसके बारे में पता है कि वह झूठी या जाली है दत्तक-ग्रेहण पर ताई महाराज के पृष्ठांकन को सत्यापित करने के लिए सच्ची बताकर इस्तेमाल करना या उसे भ्रष्ट तरीके से इस्तेमाल करना।
2. उक्त दत्तक-ग्रहणपत्र को बेईमानी में सच्चा और सही मानना।
3. ताई महाराज के दस्तखतों के उपरांत दत्तक पुत्र संबंध दस्तावेज का इस्तेमाल कपटपूर्वक सही दस्तावेज के रूप में करना।

4. जानबूझ कर दस वाक्यों में झूठी गवाही देना, जिन्हें तीन उप-शीर्षकों के अंतर्गत विभक्त किया गया थ।
5. औरंगाबाद में दत्तक-ग्रहण की घटना।
6. पूना की हवेली में ताई महाराज को बंद रखना।
7. उसी हवेली में बाबा महाराज के विरुद्ध बलप्रयोग।

इन आरोपों पर तिलक को अदालत के सुपुर्द करने से श्री एस्टन संतुष्ट नहीं हुए। उन्होंने सरकार को सुझाव दिया कि इस मामले से उत्पन्न कुछ अन्य सहायक आरोपों जैसे की पुलिस को गलत सूचना देना, धोखाधड़ी करना, गैर-कानूनी सभा करना आदि की जाँच कराई जाएँ।

उच्च न्यायालय में अपील

उच्च न्यायालय में बार-बार अपील की गई। अगर उच्च न्यायालय समय पर एक समस्या का न्यायपूर्ण समाधान कर देता तो उसे बाद में मुकदमों से नहीं निपटना पड़ता, लेकिन उच्च न्यायालय ने वसीयत के प्रमाणपत्र को निरस्त करने के श्री एस्टन के निर्णय को पलट दिया मगर तिलक के विरुद्ध आपराधिक कार्यवाहियों को जारी रहने दिया। जहाँ तक झूठी शिकायत का आरोप था, श्री बीमैन ने तिलक के विरुद्ध मुकदमे की मंजूरी को अनुचित पाया। लेकिन एक लम्बे मुकदमे के बाद स्पेशल मजिस्ट्रेट श्री क्लेमेंट ने तिलक को शपथ लेकर झूठी गवाही देने का दोषी पाया और उन्हें अठारह महीने की कठोर कैद की सजा सुनाई। तथापि, मजिस्ट्रेट ने यह स्वीकार किया कि तिलक स्वार्थी उद्देश्यों से प्रेरित नहीं थे, लेकिन उसकी नजर में वे एक उन्मत्त व्यक्ति थे और उनका दिमाग दुराग्रह और सत्ता के प्यार के कब्जे में था। लेकिन विपत्ति के बादल छंट गए। सेशन जज श्री लूकस ने शीघ्र ही एक अपील में सजा को घटा कर छह महीने कर दिया और तिलक के प्रयोजनों और इरादों को पूरी तौर पर उचित ठहराया। सजा के लिए श्री लूकस का निर्णय अस्थिर और समर्थन योग्य नहीं था और 4 मार्च, सन् 1904 ई. को उच्च न्यायालय ने उसे निरस्त कर दिया। शपथ लेकर झूठी गवाही देने का आरोप सिद्ध नहीं पाया गया, फलतः सरकार ने तिलक के विरुद्ध लगाए गए सभी आरोप वापस ले लिये। इस प्रकार तिलक इस अग्निपरीक्षा से कुंदन बन कर निकले।

सर लॉलेंस जेनकिंस का निर्णय सभी व्यावहारिक प्रयोजनों के लिए गोद लेने के मुकदमे पर निर्णय था। श्री एस्टन का सहारा लेकर ताई महाराज की पार्टी द्वारा तिलक के विरुद्ध जो मामले बनाए गए, वे ताश के किले की भाँति ढह गए। विवाद में बनाए गए तथ्यों के आधार पर तिलक के विरुद्ध शपथ ले कर झूठी गवाही देने का आरोप लगाया गया था। लेकिन जब मुकदमा उच्च न्यायालय में आगे बढ़ा तो षडयंत्रकारियों ने पाया कि तिलक के लिए बनाए गए गड्डे में वे स्वयं गिर गए हैं। इस केस ने 1901 से 1904 तक तिलक का पूरा समय लिया। इन कार्यवाहियों के लिए अदालत की 160 बैठकें हुईं। अदालत की बैठकों के दौरान अक्सर तिलक को व्यक्तिगत रूप से उपस्थित होना पड़ा। मुकदमे को संगीन बनाने वाली बात यह थी कि तिलक पर मुकदमा चलाकर बंबई सरकार अप्रत्यक्ष रूप से उनके विरुद्ध अपनी शत्रुता पूरी कर रही थी। वे दत्तक-ग्रहण के आधार पर ताई महाराज की लड़ाई लड़

रहे थे। यह सरकारी शत्रुता और एक औरत के अपने निजी हित का अमंगलकारी संयोग था।

हम यह नहीं जानते कि वास्तविकता क्या थी। क्या ताई महाराज सरकार के हाथों में कठपुतली थी या सरकार उसके हाथों में कठपुतली थी। संभावना यह है कि इनमें से प्रत्येक ने दूसरे का कठपुतली की तरह इस्तेमाल किया और एक सीमा तक अपना भी कठपुतली की तरह इस्तेमाल होने दिया। इस प्रसंग में दुख की बात यह है कि सरकार अपनी गरिमा को भूल गई और उसने स्वयं को एक अशिक्षित, स्वार्थी और विवेकरहित औरत के स्तर पर खड़ा कर दिया। इस सबके परिणामस्वरूप इस मुकदमे में जनता की दिलचस्पी बहुत अधिक बढ़ गई थी, यद्यपि दिलचस्पी का मुख्य केंद्र तिलक बने रहें।

इस पूरे दौर में तिलक अपना मानसिक संतुलन बनाए रख कर बिना किसी बाधा आदि के वे किस प्रकार अपना सामान्य काम-काज कर सके। उन्होंने कैसे प्रसन्नता का भाव बनाए रखा और अपने कानूनी सलाहकारों के लिए बौद्धिक प्रेरणा के स्रोत बने। गहरी चिंताओं, जिसे उनके ज्येष्ठ पुत्र की मौत ने और उग्र कर दिया था। किस प्रकार वे अपने मस्तिष्क को मुक्त और अलग-थलग रख सकें ताकि अपने प्रिय साहित्यिक अध्ययन के कार्य को जारी रख सकें तथा अपनी पुस्तक 'दि आर्कटिक होम इन वेदाज' को प्रकाशित कर सके- ये सभी शोध के विषय हैं।

घटना-प्रधान जीवन

तिलक का जीवन घटना-प्रधान रहा है। वे मौलिक विचारों के व्यक्ति थे। वह संघर्षशील और परिश्रमशील थे। वे आसानी से कुछ भी ठुकरा सकते थे। वह तब विशेष प्रसन्नता का अनुभव करते थे, जब उन्हें कठिन चुनौतियों का सामना करना पड़ता था। उनके अधिकांश कार्य परोपकार की भावना से भरे होते थे। उनकी एकमात्र इच्छा थी लोगों की भलाई के लिए कार्य करना और यह बात स्वीकार की जाती है कि वे अपनी इस इच्छा को काफी हद तक पूरी करने में सफल रहे थे। उनमें योग्यता, अध्यवसाय, उद्यमशीलता और देशप्रेम का ऐसा अनूठा संगम था कि अंग्रेज सरकार उनसे हमेशा चौकस रहती थी। तिलक के अनेक मित्र उनके प्रति शक्तिशाली ब्रिटिश सरकार के रवैये को संभवतः यह कह कर स्वीकार करेंगे कि यह उनके वास्तविक मूल्यों का जीता-जागता प्रमाणपत्र है।

मृत्यु

सन 1919 ई. में कांग्रेस की अमृतसर बैठक में हिस्सा लेने के लिए स्वदेश लौटने के समय तक तिलक इतने नरम हो गए थे कि उन्होंने मॉन्टेग्यू- चेम्सफोर्ड सुधारों के जरिये स्थापित लेजिस्लेटिव काउंसिल (विधायी परिषदों) के चुनाव के बहिष्कार की गाँधी की नीति का विरोध नहीं किया। इसके बजाय तिलक ने क्षेत्रीय सरकारों में कुछ हद तक भारतीयों की भागीदारी की शुरुआत करने वाले सुधारों को लागू करने के लिए प्रतिनिधियों को सलाह दी कि वे उनके 'प्रत्युत्तरपूर्ण सहयोग की नीति का पालन करें। लेकिन नए सुधारों को निर्णायक दिशा देने से पहले ही 1 अगस्त, सन् 1920 ई. में बंबई में तिलक की मृत्यु हो गई। श्रद्धांजलि देते हुए महात्मा गाँधी ने तिलक को आधुनिक भारत का निर्माता और नेहरू जी ने भारतीय क्रांति के जनक की उपाधि दी।

2

तिलक एवं राष्ट्रीय आन्दोलन

लोकमान्य तिलक एक महान राष्ट्रवादी, लोकप्रिय राजनेता तथा स्वतंत्रता संग्राम सेनानी थे, भारतीय चिंतन के आधार पर भारतीय गौरव को वापस लाना चाहते थे, वे भारत के ऐसे परिवार में पैदा हुए जिन्हें आधुनिक शिक्षा की सुबिधा उपलब्ध थी, वे पहले भारतीय स्वतंत्रता सेनानी थे जिन्होंने पूर्ण स्वराज्य की माग की और घोषणा किया कि स्वराज्य हमारा जन्म सिद्ध अधिकार है हम उसे लेकर रहेंगे। यह नारा भारतीय जनता व देश भक्तों का प्रेरक पुंज बन ही नहीं गया बल्कि बहुत प्रसिद्ध हुआ और वे लोकमान्य कहलाने लगे, भारतीय क्षितिज पर उनका नाम सबसे ऊपर था लाल, बाल, पाल ऐसे महापुरुषों के पवित्र हाथों में स्वतंत्रता का नेतृत्व था, देश आजादी हेतु राष्ट्रवाद का आह्वान किया। वे यह जानते थे कि भारतीय राष्ट्रवाद की आत्मा भारत के धर्म में बसती है, इसी कारण उन्होंने धर्म को आधार बनाकर भारत को जगाने हेतु घर-घर में पूजे जाने वाले भगवान गणपति का सार्वजनिक पूजा शुरू किया जिसे आज गणेश उत्सव के नाम से जाना जाता है। यह उत्सव इतना लोकप्रिय हुआ कि भारत खड़ा होने लगा और स्वतंत्रता का सन्देश देने का सबसे कारगर हथियार बन गया, वे हिन्दू राष्ट्र के प्रथम पुरोधा थे, उन्हें हिन्दू राष्ट्र का जनक कहा जाता है।

तिलक जी का ही अनुसरण कर विपिनचन्द्र पाल ने बंगाल में दुर्गा पूजा को सार्वजनिक रूप में खड़ाकर स्वतंत्रता आन्दोलन को तीब्र गति प्रदान की, स्वतंत्रता आन्दोलन में 1908 में खुदीराम बोस बम हमले के समर्थन के कारण लोकमान्य तिलक को आठ वर्ष की सजा हुई जिसको उन्होंने साधना के रूप में स्वीकार किया और जेल में श्रीमदभागवत गीता का भाष्य किया जिसे हम गीता रहस्य के नाम से जानते हैं यह ग्रन्थ इतना प्रसिद्ध हुआ कि क्रांतिकारियों के लिए प्रेरणा श्रोत साबित हुआ।

राष्ट्रीय स्वयंसेवक संघ के संस्थापक डॉ केशव बलिराम हेडगेवार के भी वे प्रेरणा श्रोत थे, जब डाक्टर जी अपनी पढ़ाई पूरी कर नागपुर आते थे तो क्या करना क्या नहीं करना असमंजस में थे? क्योंकि कांग्रेस तुष्टीकरण प्रारंभ कर चुकी थी वे तिलक जी से मिलने हेतु पूना जाते थे तिलक जी डॉक्टर जी को एक सप्ताह अपने साथ रखते थे और उनका अध्ययन कर उन्हें नागपुर जाते समय सिवनेरी के किले होकर जाने के लिए कहा, सिवनेरी का किला जिस स्थान पर शिवा जी महराज का जन्म हुआ था। ऐसे प्रेरणादायक स्थान पर डॉक्टर जी पहुँचे, देखा की जिस शिवा जी महराज ने हिन्दू पद्पाद्शाही के लिए जीवन भर संघर्ष किया उस स्थान पर एक मजार बनी हुई है, एक मस्जिद भी है आखिर ऐसा क्यों --? यह बात डॉक्टर जी के मन को घर कर गयी और उन्होंने सोचा की हिन्दू समाज का संगठन ही भारत को सशक्त बना और स्वतंत्रता दिला सकता है। हिन्दू समाज ही भारत का मूल समाज है बिना हिन्दू के भारत की कल्पना भी बेकार है। हिन्दू समाज ही सास्वत स्वतंत्रता की गारंटी हो सकता है। यदि यह कहा जाय कि डॉक्टर हेडगेवार के भी प्रेरणा श्रोत तिलक जी ही थे तो यह अतिसयोक्ति नहीं होगा और उसी बिचार मंथन

में से राष्ट्रीय स्वयंसेवक संघ की स्थापना होती है, डॉक्टर हेडगेवार जी लोकमान्य तिलक जी को अपना आदर्श मानते थे डॉक्टर जी को लगा की तिलक जी ने हमें इसी कारण इसी काम के लिए यहाँ इस रास्ते से भेजा था और उन्हें मार्ग मिल गया। कुछ लोगों का मत है, लाल, बाल, पाल के विचारों का प्रकटीकरण ही राष्ट्रीय स्वयंसेवक संघ है।

तिलक ने अपने राजनीतिक जीवन का आरम्भ महाराष्ट्र में किया था। वे 1889 ई. में कांग्रेस के सदस्य बने तथा 1920 ई. तक देश की स्वतन्त्रता के लिए संघर्ष करते रहे। उन्होंने अपने भाषणों एवं लेखों के माध्यम से जनता में चेतना उत्पन्न कर राष्ट्रीय आन्दोलन को जन-आन्दोलन के रूप में परिणित कर दिया तथा कांग्रेस को जन-साधरण की संस्था बना दिया।

नरम दल के लिए तिलक के विचार

भारतीय राष्ट्रीय कांग्रेस के नरम दल के लिए तिलक के विचार जरा ज्यादा ही उग्र थे। नरम दल के लोग छोटे सुधारों के लिए सरकार के पास वफादार प्रतिनिधिमंडल भेजने में विश्वास रखते थे। तिलक का लक्ष्य स्वराज था, छोटे- मोटे सुधार नहीं और उन्होंने कांग्रेस को अपने उग्र विचारों को स्वीकार करने के लिए राजी करने का प्रयास किया। इस मामले पर सन् 1907 ई. में कांग्रेस के सूरत अधिवेशन में नरम दल के साथ उनका संघर्ष भी हुआ। राष्ट्रवादी शक्तियों में फूट का लाभ उठाकर सरकार ने तिलक पर राजद्रोह और आतंकवाद फैलाने का आरोप लगाकर उन्हें छह वर्ष के कारावास की सजा दे दी और मांडले, बर्मा, वर्तमान म्यांमार में निर्वासित कर दिया। मांडले जेल में तिलक ने अपनी महान कृति भगवद्गीता - रहस्य का लेखन शुरू किया, जो हिन्दुओं की सबसे पवित्र पुस्तक का मूल टीका है। तिलक ने भगवद्गीता के इस रूढिवादी सार को खारिज कर दिया कि यह पुस्तक संन्यास की शिक्षा देती है, उनके अनुसार, इससे मानवता के प्रति निःस्वार्थ सेवा का संदेश मिलता है।

इंडियन होमरूल लीग की स्थापना

प्रथम विश्वयुद्ध के ठीक पहले सन् 1914 ई. में रिहा होने पर वह पुनः राजनीति में कूद पड़े और स्वराज हमारा जन्मसिद्ध अधिकार है और मैं इसे लेकर रहूँगा - बाल गंगाधर तिलक के नारे के साथ इंडियन होमरूल लीग की स्थापना की। सन् 1916 ई. में वह फिर से कांग्रेस में शामिल हो गए तथा हिंदुओं और मुसलमानों

के बीच हुए ऐतिहासिक लखनऊ समझौते पर हस्ताक्षर किए, जो उनके एवं पाकिस्तान के भावी संस्थापक मुहम्मद अली जिन्ना के बीच हुआ था, इंडियन होमरूल लीग के अध्यक्ष के रूप में तिलक सन् 1918 में इंग्लैंड गए। उन्होंने महसूस किया कि ब्रिटेन की राजनीति में लेबर पार्टी एक उदीयमान शक्ति है, इसलिए उन्होंने उसके नेताओं के साथ घनिष्ठ संबंध कायम किए। उनकी दूरदृष्टि सही साबित हुई। सन् 1947 ई. में लेबर सरकार ने ही भारत की स्वतंत्रता को मंजूरी दी। तिलक पहले व्यक्ति थे, जिन्होंने कहा था कि भारतीयों को विदेशी शासन के साथ सहयोग नहीं करना चाहिए, इस बात से वह बराबर इंकार करते रहे कि उन्होंने हिंसा के प्रयोग को उकसाया।

स्मरणोत्सव आंदोलन

तिलक सन् 1895 ई. में शिवाजी स्मरणोत्सव आंदोलन के साथ जुड़ गए। उस वर्ष 23 अप्रैल के केसरी में प्रकाशित एक लेख से जनता में इतना उत्साह जागृत हुआ कि रायगढ़ में शिवाजी की समाधि के पुनर्निर्माण के लिए थोड़े ही समय में 20,000 रु. एकत्र हो गए। इसमें से अधिकांश पैसा छोटे-छोटे चंदों से प्राप्त हुआ था।

उसी समय से शिवाजी के जन्मदिवस और राज्याभिषेक पर भी समारोह मनाए जाने लगे। जब सन् 1895 ई. के क्रिसमस के दौरान पूना में राष्ट्रीय कांग्रेस का ग्यारहवां अधिवेशन करने का निश्चय किया गया तो पूना की सभी पार्टियों ने सर्वसम्मति से तिलक को स्वागत समिति का सचिव बनाया। इस हैसियत से कांग्रेस अधिवेशन के आयोजन का सभी काम तिलक को करना पड़ा। उन्होंने सितंबर तक कार्य किया। जब इस विषय पर विवाद हो गया कि क्या कांग्रेस के पंडाल में सामाजिक परिषद भी होगी तो पार्टी में जबरदस्त झगड़ा हो गया जिसके कारण तिलक ने स्वयं को इस काम से अलग कर लिया। तथापि, उन्होंने कांग्रेस की गतिविधियों में दिलचस्पी लेना बन्द नहीं किया, बल्कि बाहर रहकर कांग्रेस अधिवेशन को सफल बनाने का पूरा प्रयास किया।

सांस्कृतिक राष्ट्रीयता के जनक

तिलक को अपनी प्राचीन सभ्यता एवं संस्कृति पर गर्व था। उनका विश्वास था कि भारतीयों को अपनी संस्कृति के गौरव से परिचित करवाने पर ही उनमें आत्म-गौरव एवं राष्ट्रीयता की भावना पैदा की जा सकती है। इस सम्बन्ध में उन्होंने

अपने समाचार-पत्र मराठा में लिखा था कि, सच्चा राष्ट्रवाद पुरानी नींव पर ही निर्माण करना चाहता है। जो सुधार पुरतान के प्रति घोर असम्मान की भावना पर आधारित है, उसे सच्चा राष्ट्रवाद रचनात्मक कार्य नहीं समझता। हम अपनी संस्थाओं की ब्रिटिश ढाँचें में नहीं ढालना चाहते, सामाजिक तथा राजनीतिक सुधार के नाम पर हम उनका अराष्ट्रीयकरण नहीं करना चाहते। अतः वे भारतीय संस्कृति के गौरव के आधार पर देशवासियों में राष्ट्र प्रेम उत्पन्न करना चाहते थे। इस उद्देश्य से उन्होंने व्यायाम शालाएँ, अखाड़े गौ-हत्या विरोधी संस्थाएँ स्थापित कीं तथा हिन्दू देवताओं एवं वीरों की पूजा पर बल दिया। इस सम्बन्ध में गणपति तथा शिवाजी उत्सव प्रमुख हैं :

1. गणपति उत्सव–हालांकि यह उत्सव पहले भी महाराष्ट्र में प्रचलित था, किन्तु तिलक ने इसे सामूहिक रूप से मनाने पर बल देकर राष्ट्रीय उत्सव बना दिया। नगरों एवं ग्रामों में व्यायाम हेतु गणपति संस्थाएँ स्थापित की गईं। इस उत्सव में जुलूस निकाले जाते थे, संगीत का कार्यक्रम होता था तथा भाषण दिए जाते थे। इस उत्सव द्वारा तिलक जनता में राष्ट्रीयता की भावना उत्पन्न करना चाहते थे।

2. शिवाजी उत्सव–सारे महाराष्ट्र में शिवाजी का नाम वीरता, एकता, देशभक्त व देश प्रेम तथा श्रद्धा का प्रतीक माना जाता था। अतः जनता को एकता के सूत्र में बाँधने हेतु तिलक ने यह उत्सव मनाना शुरू किया। सर्वप्रथम यह उत्सव 1895 ई. में रायगढ़ में तीन दिन तक मनाया गया। इसके बाद सरकार द्वारा प्रतिबन्ध लगाए जाने के बावजूद यह उत्सव तिलक की अध्यक्षता में मनाया जाता रहा। तिलक ने शिवाजी का उदाहरण देते हुए कहा कि, जिस प्रकार शिवाजी ने स्वतन्त्रता हेतु आजीवन मुगलों से संघर्ष किया था, उसी प्रकार हमें भी अंग्रेजों से संघर्ष करना चाहिए।

एक सभा में उन्होंने कहा था कि, हम स्वराज्य की माँग कर हैं और इसलिए शिवाजी उत्सव मनाना हमारे लिए सबसे अधिक उपयुक्त है। अगर शिवाजी दो सौ साल पहले स्वराज्य स्थापित कर सकते थे, तो हम भी किसी दिन इसे प्राप्त कर सकते हैं। स्वराज्य हमारा जन्मसिद्ध अधिकार है। नरम दल वालों की तुलना शिवाजी के पिता शाहजी से की जा सकती है, जो सदा अपने बेटे को दक्षिण के ताकतवर मुसलमान शासक के खिलाफ हथियार न उठाने की सलाह दिया करते थे। तब शिवाजी ने, जिनकी तुलना आज गरम दल वालों से की जा सकती है, घटनाचक्र की दिशा ही बदल दी। हम स्वयं अपने भाग्य के विधाता हैं और उसे तभी बना सकते हैं, जब हम उसे बनाने का पक्का इरादा कर लें। स्वराज्य हमसे बहुत दूर नहीं है।

यह उसी क्षण हमारे पास आ जाएगा, जिस क्षण हम अपने पाँवों पर खड़ा होना सीख लेंगे। इन सभाओं मं उनका नारा था, स्वराज्य मेरा जन्म-सिद्ध अधिकार है, मैं इसे लेकर रहूँगा।

शिवाजी का उदाहरण देते हुए एक बार तिलक ने युवाओं से कहा था कि, शिवाजी ने अच्छे उद्देश्य से, दूसरों के लाभ के लिए अफजल खाँ की हत्या की थी, उसी प्रकार अगर हमारे मकान में चोर घुस आएँ और उनको भगाने की ताकत न हो, तो हमें निःसंकोच उन्हें बन्द कर जिन्दा जला देना चाहिए। उन्होंने कहा था कि, भाट की तरह गुणगान करने से स्वतन्त्रता नहीं मिल जाएगी। स्वतन्त्रता के लिए शिवाजी की भाँति साहसी कार्य करने पड़ेगे। 1897 ई. में पूना में शिवाजी उत्सव के अवसर पर तिलक ने शिवाजी को राष्ट्र निर्माता बताया। गणपति उत्सव एवं शिवाजी उत्सव के द्वारा शिवाजी जनता में राष्ट्रीयता की भावना उत्पन्न करने में सफल रहे।

वेलेन्टाइन शिरोल ने तिलक को साम्प्रदायिक व्यक्ति के रूप में सिद्ध करने की चेष्टा की। उसने कहा था कि, तिलक हिन्दू राष्ट्रवादी विचारधारा के होने के कारण मुस्लिम विरोधी थे, परन्तु उसके ये आरोप सत्य से परे हैं। सच्चाई तो यह है कि तिलक के हृदय में मुसलमानों के प्रति कोई द्वेषभाव नहीं था। वे स्वतन्त्रता के सामान्य लक्ष्य के लिए मुसलमानों से भी राष्ट्रीय सहयोग की अपेक्षा करते थे। अतः तिलक पर धार्मिक सहिष्णुता का आरोप लगाना अनुचित एवं निराधार है। तिलक की राष्ट्रवादी भावनाओं की प्रशंसा स्वयं जिन्ना, डॉ अन्सारी एवं हसन इमाम ने की थी।

अकाल का प्रभाव

सन 1896 ई. में बंबई प्रेसीडेंसी को भंयकर अकाल का सामना करना पड़ा। तिलक पूरी तरह राहत-कार्यों में जुट गए। उन्होंने अकाल- संहिता (फैमीन कोड) लागू करने का आग्रह बंबई सरकार से किया। अकाल का प्रभाव कम करने के लिए उन्होंने सरकार को अनेक सुझाव भी दिए। अगर उन सुझावों को स्वीकार कर लिया जाता तो लोगों की तकलीफें काफी कम हो जातीं। पूना में उन्होंने समय से सस्ते अनाज की दुकानें खोलकर अकाल के कारण होने वाले दंगों को रोका। जब उन्होंने शोलापुर और अहमदनगर के बुनकरों की तकलीफों के बारे में सुना तो वे स्वयं मौके पर गए और उन्होंने स्थानीय नेताओं के साथ विचार-विमर्श करके एक योजना बनाई। इसके अंतर्गत स्थानीय समितियों को सरकार के साथ सहयोग करके इस वर्ग के लोगों को उपयुक्त राहत प्रदान करने को कहा गया। यह योजना वैसी ही थी, जैसी

उत्तर पश्चिम प्रांत के उपरा-ज्यपाल ने स्वीकार की थी। दुर्भाग्यवश इस विषय पर बंबई सरकार के असहानुभूतिपूर्ण आचरण के कारण यह योजना स्वीकार नहीं की गई और यही नहीं, बंबई सरकार ने इस तरह की योजनाओं को मंजूरी देने की व्यवस्था में संशोधन कर दिया। सरकार की नाराजगी का कारण यह था कि पूना सार्वजनिक सभा, जिसके प्रमुख नेता तिलक थे, ने जनता को उन रियासतों से परिचित कराया था, जिसे कानून के अंतर्गत वे पाने के अधिकारी थे। इसके अलावा, सभा ने सरकार अधिकारियों को अच्छा नहीं लगा। सभा ने सरकार को अनेक प्रतिवेदन भेजे, लेकिन उनका या तो संक्षिप्त और रूखा जवाब मिला या कोई जवाब मिला ही नहीं और अंततः इस पर पूरे तौर पर पाबंदी लगा दी गई। यह सब अप्रत्यक्ष रूप से तिलक पर दबाव बनाने के लिए किया गया था, लेकिन वे निर्भर होकर अधिकाधिक कार्य करते रहे।

दक्षिण भारत में अकाल एवं प्लेग निवारण में योगदान

1896-97 ई. में दक्षिणी भारत में भयंकर दुर्भिक पड़ा। सरकार की उदासीनता से लाखों लोग मर गए। राहत कार्य के स्थान पर सरकार ने भूमि कर बढ़ा दिया। तिलक ने अपने समाचार-पत्रों में सरकार की इन नीतियों की कटु आलोचना करते हुए अकाल पीड़ितों की हर तरह से सेवा की। उन्होंने किसानों को सरकार से असहयोग करने व भूमिकर न चुकाने के लिए प्रेरित किया। अतः किसान तिलक के भक्त बन गए। श्री तहमनकर ने लिखा है कि, तिलक के इन प्रयासों से न केवल दक्षिण के किसानों के हृदय को ही जीत लिया, बल्कि उनके दृष्टिकोण को भी बदल दिया। वे कायरता को त्यागकर वीर एवं देशभक्त बन गए।

1897 ई. में महाराष्ट्र में प्लेग फैला, जिसमें लाखों लोग मारे गए। तिलक ने इस समय प्लेग के रोगियों की अभूतपूर्व सेवा की। उन्होंने अपने समाचार-पत्रों में सरकार की प्लेग नीति की तीव्र निन्दा की। उन्होंने लिखा कि सैनिक एवं अधिकारी कीटाणुओं की जाँच के बहाने भारतीयों के घरों में घुसकर उनके घरों तथा मन्दिरों को अपवित्र कर रहे हैं एवं उनकी स्त्रियों की इज्जत पर भी हमला कर रहे हैं। रामगोपाल ने लिखा है कि, रेण्ड के पीछे-पीछे पुलिस और सेना चलती थी और वे बीमार वाले मकानों को गिरा देते थे तथा मकानों के निवासियों को जबरदस्ती कैम्पों में भेज दिया जाता था। बहुत से स्थानों पर प्लेग के किटाणुओं को नष्ट करने के लिए बिस्तर एवं कपड़े जला दिए गए। यदि इसी तरह वस्त्रहीन किए गए लोगों को किटाणु रहित कपड़े दिए जाते, तो यह सहन कर लिया जाता, किन्तु ऐसा नहीं किया गया। इसी

तरह जिन्दगी की जरूरी चींजे नष्ट कर दी गईं तथा उनके स्वामियों को रोने-बिलखने के लिए बेघर छोड़ दिया गया। रेण्ड मकान के हर हिस्से में, यहाँ तक कि रसोई में और मन्दिर में भी घुस जाता था। यह देखने के लिए ताले बेधड़क तोड़ दिए जाते थे कि मकान के अन्दर प्लेग का कोई रोगी तो नहीं छिपाया गया है। शस्त्रहीन हिन्दुस्तानी पुलिस और रिवाल्वरधारी यूरोपियन सैनिक स्त्रियों के कमरे में घुस जाते थे। खुले हुए कमानों से घरेलू चीजें उठा ली जाती थीं, जो कभी लौटाई नहीं जाती थीं। झौंपडों को जला दिया जाता। कुछ सैनिक दुकानदारों की तिजोरियाँ तोड़ डालते थे। कुछ सैनिक यह समझते थे कि सिलाई की मशीनें किसी भी तरह कीटाणु रहित नहीं की जा सकती, अतः उन्हें जला ही दिया जाना चाहिए। सारा काम इस ढंग का था कि जैसे दुश्मन द्वारा जीते गए किसी शहर को फूंका जा रहा हो।

तिलक ने अपने समाचार-पत्र केसरी में इसकी निन्दा करते हुए लिखा था कि, सरकार द्वारा नियुक्ति किए गए इन अधिकारियों की प्लेग ग्रस्त लोगों से तनिक भी सहानुभूति नहीं है। वे उनकी सेवा करने के स्थान पर उनका अपमान करते हैं, जिससे लोग प्लेग की अपेक्षा इन सरकारी अधिकारियों से अधिक डरते हैं। विचारों से प्रेरित होकर दामोदर एवं बालकृष्ण चपेलकर नामक दो युवकों ने 1897 ई. में मि. रेण्ड एवं मि. आयर्सृट इन दो प्लेग कमिश्नरों की हत्या कर दी। सराकर ने इस घटना के लिए तिलक पर राजद्रोह का अभियोग लगाते हुए उन्हें 18 माह का कठोर कारवास का दण्ड किया। इस बात की सर्वत्र निन्दा की गई।

मद्रास टाइम्स ने लिखा था कि, तिलक को सजा होने की खबर एक राष्ट्रीय दुर्घटना के रूप में आई है। बहुत समय तक इसे भुलना कठिन है और यह निश्चित रूप से नहीं कहा जा सकता कि यह घटना इस देश के भारतीयों और एंग्लो-इण्डियन समुदायों के मौजूदा सम्बन्धों को दृढ़ करने में सहायक होगी। हिन्दू में लिखा था कि, श्री तिलक की सजा से भारतीय जनता और भारत में ही मौजूद उसके दुश्मनों के बीच बड़ी शरारत भीर निन्दनीय मुखालफत की शुरूआत होती है, क्योंकि वे दुश्मन बड़े ताकतवर हैं। वे शासकों के पास आजादी से पहुँचे सकते हैं और उन्हें इंग्लैण्ड के टोरी अखबारों की सेवाएँ प्राप्त है। वे निःसन्देह खुशियाँ मना रहे होंगे। दो महीने पहले जब मुकदमे की शुरूआत हुई थी, तह बमने इस बात पर खेद प्रकट किया था कि मुकदमा ऐसे समय शुरू किया गया है, जब अंग्रेजों की भानवा भारतीयों के विरूद्ध है। हमने कहा था कि यह असम्भव है कि ऐसी भावना होते हुए अंग्रेज भारतीय अखबारों द्वारा की जाने वाली ब्रिटिश सरकार की आलोचनाओं पर निष्पक्ष या नरम फैसला कर सके। हाल ही की सजाओं में हमारे भय को उचित सिद्ध कर

दिया है। सुरेन्द्रनाथ बनर्जी ने टिप्पणी करते हुए कहा था कि, श्री तिलक के लिए मेरा हृदय सहानुभूति से भरा हुआ है। मेरा मन जेलखाने में उनके साथ है। सारा राष्ट्र आज आँसू बहा रहा है। भारतीय पत्र जगत् की ओर से मैं निःसंकोच कह सकता हूँ कि हम तिलक को सर्वथा निर्दोष समझते हैं। इसके विपरित साम्प्रदायिक प्रवृत्ति के रासत् गरोफ्तर ने लिखा था कि, हमें अपने पाठकों को यह सूचित करते हुए खुशी होती है कि सबसे बड़े राजद्रोह फैलाने वाले तिलक को उचित दण्ड मिल गया। अगले 18 माह के लिए उसे बन्द कर दिया गया है, पर कैद का समय थोड़ा होने पर भी यह उसके बात पर विचार करने के लिए काफी है कि शिवाजी के शब्दों की नकाब डालकर अब जबकि यह स्पष्ट हो गया है कि कानून की भुजाएँ उस नकाब को फाड़ डालने में समर्थ है, फिर भी जेल से बाहर आने पर राजद्रोह का प्रचार करना फायदेमंद होगा या नहीं। सरकार की इस दमन नीति का परिणाम बताते हुए आर. सी. दत्त ने लिखा है कि, अंग्रेज शासकों की न्यायप्रियता और समृद्धिदृष्टि में भारतीय जनता का जो विश्वास था, वह ऐसा हिल गया, जैसे कि पहेल कभी नहीं हिला था।

तिलक ने तन-मन-धन से इन प्लेग पीड़ितों की सेवा की तथा इनकी सहायता न करने वाले भारतीयों की आलोचना की। इन कारण तिलक इन प्लेग पीड़ितों में बहुत लोकप्रिय हो गए।

तिलक और कांग्रेस

भारतीय राजनीति में उग्र राष्ट्रवादी भावना का जन्मदाता तिलक को माना जाता है। तिलक के पहले कांग्रेस का प्रभाव शिक्षित लोगों तक ही सीमित था, लेकिन उन्होंने कांग्रेस को एक जन-आन्दोलन के रूप में परिणित कर दिया। उन्हें उदारवादियों के अनुनय-विनय और भिक्षावृत्ति नीति पसन्द नहीं थी। वे अंग्रेजों की ईमानदारी एवं न्यायप्रियता में तनिक भी विश्वास नहीं करते थे। उनका मानना था कि भीख माँगने से कभी स्वतन्त्रता नहीं मिलेगी, अपितु इसे प्राप्त करने के लिए संघर्ष करना पड़ेगा और हर प्रकार का बलिदान देना पड़ेगा। 1896 ई. में तिलक ने कहा था कि, गत् 12 वर्षों से हम चिल्ला रहे हैं कि शासन हमारी बातों को सुने परन्तु सरकार हमारी आवाज को नहीं सुनती, वह बन्दूक की आवाज सुनती है। हमारे ऊपर अविश्वास किया है। अब हमें शक्तिशाली साधनों के आधार पर अपनी बात सुनानी चाहिए।

प्रसिद्ध अमेरिकन विद्वान डॉ. एलशे ने तिलक की राजनीतिक विचारधारा के बारे में लिखा है कि, जब भारत में वास्तविक राजनीतिक जाग्रति आरम्भ हुई, तो

सर्वप्रथम तिलक ने ही स्वराज्य की आवश्यकता और उनके लाभों की ओर जनता का ध्यान आकृष्ट किया था। उन्होंने ही सर्वप्रथम स्वदेशी वस्तुओं के प्रति अनुराग, राष्ट्रीय ढंग की शिक्षा, जनप्रिय संयुक्त राजनीतिक मोर्चे इत्यादि की खोज की, जिनके द्वारा स्वराज्य के लक्ष्य को प्राप्त करने में महत्त्वपूर्ण सहायता मिली। तिलक जी ने ही सर्वप्रथम यह नारा दिया था, स्वतन्त्रता मेरा जन्म-सिद्ध अधिकार है और मैं इसे लेकर ही रहूँगा। धीरे-धीरे कांग्रेस में तिलक जी का प्रभाव बढ़ता गया और वे कांग्रेस के प्रमुख उग्रवादी नेता बन गए। बंगाल विभाजन के समय उन्होंने अपने एक लेख, संकट आ रहा है, में लिखा, नरम दल की नीति अब अधिक समय के लिए उपयोगी नहीं हो सकती। सरकार की नीति चाहे कितनी ही दमनकारी क्यों न हो, हमें साहस से आगे बढ़ना चाहिए तथा तनिक भी पीछे नहीं हटना चाहिए।

तिलक ने स्वराज्य प्राप्ति के लिए संघर्ष का मार्ग दिखाया। उनकी यह प्रमुख देन थी कि उन्होंने भारतीय जनता को अवज्ञा का दर्शन सिखाया। तिलक ने स्वराज्य प्राप्ति के लिए चार सूत्री कार्यक्रम पर अमल करने पर जोर दिया–

1. स्वदेशी अर्थात् भारत में बनी हुई वस्तुओं का प्रयोग करना,
2. विदेशी माल, सरकारी नौकरियों तथा प्रतिष्ठा की उपाधियों का बहिष्कार करना,
3. राष्ट्रीय शिक्षा, एवं
4. निष्क्रिय प्रतिरोध।

तिलक ने बहिष्कार के महत्त्व पर प्रकाश डालते हुए कहा था कि, आप में से बहुत-से हथियारों को पसन्द नहीं करते और न ही हमारे पास हथियार हैं। परन्तु आप आत्म-त्याग द्वारा ब्रिटिश सरकार को अपने ऊपर शासन करने में सहयोग न दें। हमारे पास बहिष्कार का राजनैतिक हथियार है। यदि हम उन्हें राजस्व जमा करने और शान्ति स्थापित करने में सहयोग न दें, हम उन्हें भारत से बाहर, भारतीय जन-जन से लड़ने में सहायता न दें, हम उन्हें न्याय करने में सहायता न दें तो कल से ही आप स्वतन्त्र हैं। तिलक का यही कहना था कि, हमारे पास हथियार नहीं और हमें हथियारों की जरूरत भी नहीं है। बहिष्कार ही हमारा जबर्दस्त राजनीतिक हथियार है। मुट्ठीभर अंग्रेज यह शासन हमारी सहायता से ही करते हैं।

बहिष्कार आन्दोलन की शक्ति स्वीकार करते हुए कलकत्ता एंग्लो-इण्डियन समाचार-पत्र दी इंग्लिशमैन ने लिखा था कि, यह बिल्कुल सत्य है कि कलकत्ता के गोदामों में कपड़ा इतना भरा हुआ है कि वह बेचा नहीं जा सकता।...कई बड़ी से बड़ी यूरोपियन दुकानों को या तो बन्द करना पड़ा है या उनका व्यापार बहुत मन्द

गति पर आ गया है। बहिष्कार के रूप में राज के शत्रुओं ने देश में ब्रिटिश हितों पर कुठाराघात करने का एक अत्यन्त प्रभावशाली अस्त्र पा लिया है। इस आन्दोलन की शक्ति की व्याख्या करते हुए पूना के एक भाषण में तिलक ने कहा था कि, तुम्हें जानना चाहिए कि तुम उस शक्ति के एक महान् तत्त्व हो, जिससे भारत में प्रशासन चलाया जाता है। ब्रिटिश शासन रूप यह शक्तिशाली यंत्र बिना तुम्हारी सहायता से नहीं चलाया चा सकता। अपनी इस दलित तथा उपेक्षित अवस्था में भी तुम्हें अपनी शक्ति की चेतना होनी चाहिए कि यदि तुम चाहो, तो प्रशासन को असम्भव बना दो। तुम्हीं डाक और तार का प्रबन्ध करते हो, तुम्हीं भूमि का बन्दोबस्त करते हो और तुम्हीं कर वसूल करते हो। वास्तव में प्रशासन के लिए सभी काम तुम्हीं करते हो, यद्यपि अधीनता की स्थिति में तुम्हें विचार करना चाहिए कि क्या तुम इस प्रकार के कार्य की अपेक्षा अपने राष्ट्र के लिए कोई और अधिक उपयोगी कार्य नहीं कर सकते।

तिलक ने जनता से यह भी कहा था कि, हमारे उद्देश्य आत्म-निर्भरता है, भिक्षावृत्ति नहीं। हमें अपने राजनीतिक अधिकार प्राप्त करने के लिए संघर्ष करना पड़ेगा।

1906 ई. के कांग्रेस अधिवेशन में तिलक ने भाग लिया। उन्होंने कांग्रेस के समक्ष स्वराज्य की माँग को रखा तथा उसकी नम्र नीति का विरोध किया। वे गोखले के इस मत से सहमत नहीं थे कि जब अंग्रेजों को यह विश्वास हो जाएगा, तब वे स्वयं भारतीयों को सत्ता सौंपकर इंग्लैण्ड चले जाएँगे। उनका मानना था कि स्वतन्त्रता अपने आप नहीं आएगी, अपितु इसे अंग्रेजों से छीनना पड़ेगा।

तिलक के उग्रवादी विचार उदारवादियों को अच्छे नहीं लगे। 1907 के सूरत विच्छेद से पूर्व तिलक ने अपने एक भाषण में राजनीतिक उग्रता का परिचय देते हुए कहा था कि, हमारे उद्देश्य स्वशासन है और इसे यथासम्भव शीघ्र ही प्राप्त करना चाहिए। हमारा राष्ट्र आतंकवादी दमन के लिए नहीं है। आप लोग भीरू और कायर न बने। जब आप स्वदेशी को स्वीकार करते हैं, तो आपको विदेशी का बहिष्कार करना होगा।...हमारा उद्देश्य पुनार्निर्माण है, हमारा स्वराज्य का आदर्श विशिष्ट लक्ष्य है, जिसे जन समुदाय समझे। स्वराज्य में जनता का शासन जनता के लिए होगा। उदार पंथियों डरिए मत। बहिष्कार करना दलित राष्ट्र के लिए एक मात्र साधन है। स्वराज्य और बहिष्कार के उपरान्त हमारा तीसरा आदर्श राष्ट्रीय शिक्षा है, जिसके सम्बन्ध में पिछली कांग्रेस ने प्रस्ताव पास किया था। एक अमेरिकी विद्वान् ने कहा था कि, जब भारत में वास्तविक राजनीतिक जाग्रति आरम्भ हुई, तो सर्वप्रथम तिलक

ने ही स्वराज्य की आवश्यकता और उसके लाभों की ओर जनता का ध्यान आकर्षित किया।

तिलक के उग्र विचारों ने कांग्रेस के सदस्यों को बहुत प्रभावित किया। इसका परिणाम यह हुआ कि जब 1907 ई. में सूरत में कांग्रेस का अधिवेशन हुआ, तो कांग्रेस दो दलों में विभाजित हो गई (1) नरम दल और (2) गरम दल। नरम दल का नेतृत्व गोखल ने किया, जबकि लोकमान्य तिलक, लाला लाजपतराय और विपिनचन्द्र पाल आदि नेताओं ने गरम दल बनाकर उसका नेतृत्व किया। 1908 ई. में किसी क्रान्तिकारी ने बम फेंक कर मिसेज केनेडी की हत्या कर दी। तिलक ने अपने समाचार-पत्र में इस हत्या को उचित ठहराया। परिणामस्वरूप सरकार ने उन पर राजद्रोह का अपराध लगाकर मुकदमा चलाया और 6 वर्ष का कठोर कारावास का दण्ड देकर मांडले बर्मा की जेल में भेज दिया। निर्णय से पहले जज ने उन्हें एक बार बोलने का अवसर दिया, तो उन्होंने कहा कि, मैं केवल यह चाहता हूँ कि जूरी का निर्णय चाहे जो भी हो, मैं अपने आपको निश्चित रूप से निर्दोष मानता हूँ। विभिन्न वस्तुओं के भाग का संचालन करने के लिए उच्चतर शक्तियाँ हैं और ऐसा प्रतीत होता है कि जिस आदर्श का मैं प्रतिनिधित्व करता हूँ, वह ईश्वर इच्छा के अनुसार मेरे स्वतन्त्र रहने की अपेक्षा मेरे कष्टों में अधिक फलीभूत होगा।

तिलक के कारावास के समाचार से देश में अव्यवस्था फैल गई। वेलेन्टाइन शिरोल ने लिखा है कि, पुलिस का अच्छा प्रबन्ध होने पर भी अभियोग के बाद कई बड़े दंगे हुए और कभी-कभी तो इन दंगों ने बड़ा उग्र रूप धारण कर लिया। दंगों की शुरूआत से इस बात का पता चलता है कि केवल उच्चवर्गीय लोगों के ऊपर ही नहीं, वरन् समाज के निम्न वर्गों पर भी तिलक का जबरदस्त प्रभाव था।

तिलक 1908 ई. से 1914 तक मांडले की जेल में रहे। उनकी अनुपस्थिति में सरकार दमन कार्य से उग्रवादी आन्दोलन का दमन करने लगी। जेल में उन्होंने गीता रहस्य व आर्कटिक होम इन द वेदाज नामक ग्रन्थ लिखे। एन.सी. केलकर ने इन सम्बन्ध में लिखा है कि, तिलक अक्सर कहा करते थे कि मेरे मन का सच्चा सम्मान प्रोफेसर बनकर ग्रन्थ लिखने का है। मैं केवल परिस्थितियों के प्रभाव से राजनीति में खिंच गया और सम्पादक बना।

जेल से रिहा होते ही उन्होंने पुनः राष्ट्रीय स्वतन्त्रता संग्राम में भाग लेना प्रारम्भ कर दिया। श्रीमती एनीबेसेण्ट के प्रयासों से कांग्रेस के गरम दल और नरम दल में एकता स्थापित हो चुकी थी। 1916 ई में लखनऊ में कांग्रेस का अधिवेशन बुलाया

गया। तिलक ने भी इस अधिवेशन में भाग लिया। इसमें कांग्रेस ने भारत के लिए स्वायत्त शासन की माँग का प्रस्ताव पारित किया था। 1916 ई. में तिलक ने श्रीमती एनीबेसेण्ट के साथ मिलकर होमरूल आन्दोलन प्रारम्भ किया, जिसका उद्देश्य भारत को स्वतन्त्रता दिलवाना था। तिलक के प्रयासों से 1916 ई. में लखनऊ में कांग्रेस और मुस्लिम लगी के बीच समझौता सम्भव हो सका। उन्होंने नारा दिया, स्वतन्त्रता मेरा जन्म-सिद्ध अधिकार है और मैं इसे लेकर रहूँगा। स्वराज्य के सम्बन्ध में उन्होंने कहा, प्रगति स्वराज्य में ही निहित है। यदि हम स्वराज्य प्राप्त नहीं करते, तो कोई औद्योगिक प्रगति नहीं होगी। यदि हम स्वराज्य प्राप्त नहीं करते, तो किसी भी रूप में राष्ट्र के लिए उपयोगी शिक्षा व्यवस्था की कोई सम्भावना नहीं है। पर्वते ने लिखा है, तिलक के साथ जो विविध सम्भावित सम्बोधन जोड़े जाते हैं, उनमें लोकतान्त्रिक स्वराज्य के प्रतिपादक अवश्य जुड़ जाना चाहिए। सी.वाई. चिन्तामणि ने लिखा है कि, स्वतन्त्रता प्राप्ति उनके जीवन का चरम लक्ष्य था और अपने समकालीन राजनीतिज्ञों में उन्होंने इसके लिए सबसे अधिक कष्ट सहन किए।

कुछ व्यक्ति तिलक को साम्प्रदायिक मानते हैं, किन्तु लखनऊ समझौते में तिलक की भूमिका उन्हें सर्वथा असाम्प्रदायिक एवं सच्चा राष्ट्रीय नेता सिद्ध करता है। डॉ. जकारिया ने लिखा है कि, 1916 ई. का लखनऊ समझौता लोकमान्य तिलक की विवेकपूर्ण सलाह से ही सम्पन्न हुआ था और जिन्ना, डॉ. एम.ए. अन्सारी व हसन इमाने भी तिलक के राष्ट्रीय दृष्टिकोण और समझौते की भावना की भूरी-भूरी प्रशंसा की है। शौक्त अली और हसरत मोहानी तो उन्हें अपना राजनीतिक गुरू मानते थे।

1919 ई. में तिलक के नेतृत्व में कांग्रेस का एक शिष्ट मण्डल इंग्लैण्ड गया। तिलक ने भारत की निर्धनता व पिछड़ेपन के लिए अंग्रेजों को उत्तरदायी ठहराया। उसने प्रभावित होकर लेबर पार्टी ने खजान्ची मि. आर्थर हैंडरस ने कहा कि, हमें भारतीयों की स्वराज्य की माँग से पूर्ण सहानुभूति है। मैं आपको विश्वास दिलाता हूँ कि हमारा दल आपकी तथा भारतीय लोकतन्त्र की सहायता के लिए यथासम्भव सभी प्रयत्न करेगा। इस बारे में डी.वी. तहमनकर ने लिखा है कि, तिलक द्वारा लेबर पार्टी के साथ स्थापित किए गए मैत्रीपूर्ण सम्बन्धों का ही यह परिणाम था कि मि. एटली ने 1947 में भारत को पूर्ण स्वतन्त्रता प्रदान की।

1919 ई. में पेरिस शान्ति सम्मेलन के समय उन्होंने अमेरिकी राष्ट्रपति विल्सन को आत्म-निर्णय के अधिकार के सम्बन्ध में एक पत्र लिखा, जिसमें लिखा था कि, एशिया और संसार की शक्ति के दृष्टिकोण से यह बात नितान्त आवश्यक

है कि भारत को स्वायत्त शासन प्रदान करके पूर्व में उसे स्वतन्त्रता का गढ़ बना लिया जाए। 24 जुलाई, 1920 ई में उनकी मृत्यु हो गई। उनके शब्द थे, देश के लिए जिसने अपने जीवन का बलिदान कर दिया, मेरे हृदय मन्दिर में उसी के लिए स्थान है, जिसके हृदय में माता की सेवा का भाव जाग्रत है, वही माता का सच्चा सपूत है। इस नश्वर शरीर का अब अन्त होना ही चाहता है। हे भारतमाता के नेताओं और सपूतों में अन्त में आप लोगों से यही चाहता हूँ कि मेरे इस कार्य को उत्तरोत्तर बढ़ाना।

तिलक की मृत्यु पर सारा राष्ट्र आँसू बहा रहा था। लाला लाजपतराय ने कहा, भारत में दहाड़ने वाला शेर चला गया। पं. मदनमोहन मालवीय ने कहा, उन्होंने देश के लिए असीम आपत्तियाँ उठाईं, क्योंकि बारत का प्रेम ही उनके हृदय की प्रधान भावना थी। मरते दम तक स्वराज्य ही उनका ध्येय रहा। इस प्रकार तिलक ने भारतीय स्वतन्त्रता आन्दोलन की आधार शिला रखी। उन्होंने भारतीय जनता में राजनीतिक चेतना जाग्रत की। उनके ही प्रयासों के कारण देश के राष्ट्रीय आन्दोलन ने एक जन-आन्दोलन का रूप ले लिया।

क्रांतिकारी प्रवृत्तियाँ

क्रान्तिकारी-आतंकवादी आन्दोलन 19वीं सदी के अन्त में और 20वीं सदी के प्रारम्भ में चला था। यह उग्र राष्ट्रवाद की एक अवस्था थी। क्रांतिकारी आतंकवाद राजनैतिक गतिविधि का एक ऐसा रूप था जिसे राष्ट्रीय युवा वर्ग की अत्यधिक प्रेरित पीढ़ी ने अपनाया था। इस वर्ग को प्रचलित राजनैतिक गतिविधियों में अपनी रचनात्मक शक्तियों को व्यक्त करने का पर्याप्त अवसर नहीं मिला था।

क्रांतिकारी प्रवृत्तियों के प्रमुख कारण

ब्रिटिश सरकार की प्रक्रियावादी दमन की नीति ने युवा वर्ग को निराश कर दिया था, उन्हें यह विश्वास हो गया था कि प्रार्थना तथा तर्कों द्वारा ब्रिटिश शासकों को परिवर्तित करने का प्रयास बेकार था। उन्होंने स्वदेशी आंदोलन में इस आशा और विश्वास से सक्रिय रूप से भाग लिया था कि आंदोलन के उग्र तरीकों जैसे कि बहिष्कार, सत्याग्रह आदि द्वारा राष्ट्रीय आंदोलन को उसके विशिष्ट खाँचे से बाहर निकाला जा सकेगा, उन्हें आशा थी कि इस आंदोलन द्वारा ब्रिटिश सरकार को घुटने टेकने पर मजबूर किया जा सकेगा। स्वदेशी आंदोलन जनता के बहुत बड़े हिस्से को लामबंद करने में केवल आंशिक रूप से ही सफल हो सका और न ही वह बंगाल के विभाजन को वापिस करवा सका। यह असफलता लगभग निश्चित ही थी क्योंकि

इसके द्वारा जनमानस को लामबंद करने का यह पहला प्रयास था और दूसरे इनके तरीके, इनकी वकालत करने वालों और इनको मानने से घबराने वालों, दोनों ही के लिए नए और अपरिचित थे। इसलिए अपनाने वाले कुछ हिचकिचाहट से ही उन्हें अपना रहे थे। इसके कारण युवा वर्ग में अशांति तथा निराशा की भावना आ गई। यह वर्ग महसूस करने लगा कि जन-जागृति के लिए शायद कुछ और अधिक नाटकीय करने की आवश्यकता थी।

आतंकवादी अथवा उग्रवादी द्वारा आन्दोलन में व्याप्त दोषों का अध्ययन करना अथवा इस गतिरोध में से बाहर निकाल सकने के नए रास्ते सुझाने में असफलता के कारण इस भावना को और भी बल मिला। इसका नेतृत्व करने वाले वर्ग के ही एक हिस्से ने जिनमें अरविंद घोष भी शामिल थे, इस प्रवृत्ति का समर्थन किया। जो इससे सहमत नहीं थे वे इसकी खुली आलोचना करने के बजाय चुप रहे, शायद यह सोचकर कि इससे सरकार को फायदा होगा।

क्रान्तिकारी आतंकवाद की विचारधाराओं को प्रेरित करने का एक प्रमुख अंग्रेजी प्रशासन द्वारा स्वदेशी आंदोलन का क्रूर दमन था। उदाहरण के लिए, 27 अप्रैल, 1906 की बरीसाल राजनैतिक कान्फ्रेंस में शरीक शांतिपूर्ण भीड़ पर पुलिस ने अकारण हमला कर दिया जिसके फलस्वरूप राष्ट्रीय अखबार "युगांतर" ने कहा कि "बल को बल से ही रोका जाना चाहिए"। सूरत में 1907 में भारतीय राष्ट्रीय कांग्रेस के गरम दल और नरम दल में विभाजन के बाद सरकार की दमन की क्षमता काफी बढ़ गई क्योंकि गरम दल के दमन से नरम दल सरकार से नाराज नहीं होता। संविधान संशोधन के वायदों के लालच से नरम दल को बहकाकर सरकार ने गरम दल पर पूरी तरह हमला बोल दिया; तिलक को 6 साल के लिए बर्मा में निर्वासित कर दिया गया, अरविंद घोष को क्रांतिकारी षड्यंत्र केस में गिरफ्तार कर लिया गया। इस दौर में राष्ट्रवादी युवा वर्ग की एक पूरी पीढ़ी—विशेषकर बंगाल में, दमन के कारण नाराज़ हो गई; उदार दल के रास्ते की व्यर्थता के बारे में निश्चित रूप से कायल हो गई।

यह युवा पीढ़ी इसलिए वैयक्तिक वीरता की कार्यवाहियों या क्रांतिकारी आतंकवाद की ओर उन्मुख हुई। यह वही रास्ता था जिसे पहले आयरलैंड के राष्ट्रवादियों और रूसी शून्यवादियों ने अपनाया था। हालाँकि वे मानते थे कि साम्राज्यवाद को उखाड़ फेंकने के लिए अंततः जनता द्वारा हथियारबंद बगावत आवश्यक थी, उन्हें इस काम की कठिनाई, विशेषकर सेना की वफादारी को खत्म करने के प्रयत्न में मुश्किलों का भी पूरा अहसास था। इसलिए तुरंत कार्यवाही के

लिए उनके सामने एक ही रास्ता था–ब्रिटिश अधिकारियों, विशेषकर जो बदनाम हों, की हत्या। ऐसा इसलिए किया गया कि अधिकारियों में दशहत फैल जाए; लोगों की उदासीनता तथा डर दूर हो जाए तथा उनकी राष्ट्रीय चेतना जागृत हो जाए।

प्रारंभिक कार्यवाहियाँ

वास्तविक रूप में आतंकवाद की गतिविधि 1907-08 के आस-पास अत्यधिक समृद्ध एवं प्रभावशाली बनी लेकिन इससे पहले की इससे जुड़े कुछ तथ्य सामने आते है, जो निम्नवत हैं–

1. 1897 में पूना के चापेकर दो भाइयों (दामोदर और बालकृष्ण) ने दो ब्रिटिश अफ़सरों की हत्या की थी।
2. महाराष्ट्र में 1904 तक वी.डी. सावरकर तथा उनके भाई गणेश ने **मित्रमेला** और **अभिनव भारत** जैसी गुप्त समितियों का संगठन किया।
3. 1905 के बाद से ही कई अखबारों तथा लोगों ने इस तरह की राजनैतिक गतिविधियों का समर्थन शुरू कर दिया था। 1907 में, बंगाल के लेफ़्टीनेंट गवर्नर पर कातिलाना हमला किया गया, हालाँकि वह असफल हो गया।

परन्तु आतंकवाद की गतिविधि प्रारंभ अप्रैल का, 1908 में स्वीकार किया जाता है। जब खुदीराम बोस तथा प्रफुल्ल चाकी द्वारा उस गाड़ी पर बम फेंका गया जिसमें उनके अनुसार मुज्जफरपुर का बदनाम जिला न्यायाधीश किंगसफोर्ड यात्रा कर रहा था। लेकिन दुर्भाग्यवश उसमें दो अंग्रेज औरतें यात्रा कर रही थीं जिनकी अनजाने में हत्या हो गई। पकड़े जाने के बदले प्रफुल्ल चाकी ने स्वयं को गोली से मार देना बेहतर समझा लेकिन खुदीराम को गिरफ्तार कर लिया गया और बाद में फाँसी पर चढ़ा दिया गया। सरकार ने इस अवसर को अरविंद घोष और उसके भाई बारिन तथा कई अन्यों को एक षड्यंत्र केस में फँसाने के लिए भी इस्तेमाल किया, जिसमें अरविंद स्वयं तो छूट गए लेकिन उनके भाई सहित अन्य कई लोगों को निर्वासन तथा कठोर कारावास जैसी सजाएँ दी गईं।

गुप्त संस्थाओं की स्थापना तथा क्रांतिकारी कार्यवाहियाँ

ब्रिटिश साम्राज्य का जब पतन होने लगा या अन्तिम दौर में भारत के विभिन्न क्षेत्रों में गुप्त संस्थाएं स्थापित होने लगी, बहुत-सी हत्याएँ हुईं तथा हथियार खरीदने के लिए कई "स्वदेशी" डकैतियाँ डाली गईं। क्रांतिकारी गतिविधियों का संचालन "अनुशीलन" और "युगांतर" जैसी संस्थाओं द्वारा किया गया। महाराष्ट्र में पूना, नासिक और बंबई क्रांतिकारियों की गतिविधियों के केंद्र बन गए। मद्रास में "भारत

माता एसोसिएशन'' के वांची अय्यर ने गरम दलीय नेता चिदम्बरम पिल्लई की गिरफ्तारी का विरोध कर रही भीड़ पर गोली चलाने वाले अफसर की हत्या कर दी। लंदन में मदनलाल धींगरा ने इंडिया हाउस के अफसर कर्ज़न वाइली की हत्या कर दी तथा रासबिहारी बोस ने 23 दिसंबर, 1912 को दिल्ली में प्रवेश कर रहे वाइसराय लार्ड हार्डिंग पर कातिलाना हमला किया। श्यामजी कृष्ण वर्मा, लाल हरदयाल, वी. डी. सावरकर, अजीत सिंह और मैडम कामा ने यूरोप में केंद्र स्थापित किए, जहाँ से वे क्रांतिकारी संदेश प्रसारित करते रहे तथा स्वदेश में अपने सहयोगियों की सहायता करते रहे। कुल मिलाकर 1908–1918 के बीच 186 क्रांतिकारी या तो मारे गए या पकड़े गए का प्रभाव धीरे-धीरे कम होता गया।

क्रांतिकारी प्रवृत्ति का दमन

कठोर दमन, क्रूर नियमों और लोकप्रियता के अभाव के कारण क्रांतिकारी आतंकवाद का प्रभाव धीरे-धीरे कम होता गया। इसमें कोई संदेह नहीं कि वैयक्तिक वीरता के कामों के कारण क्रांतिकारियों को कुछ लोकप्रियता, प्रशंसा और हमदर्दी मिली और खुदीराम बोस तथा प्रफुल्ल चाकी जैसे कई क्रांतिकारी लोग प्रसिद्ध हो गए। लेकिन जैसा कि इसकी प्रवृत्ति से ही स्पष्ट था, इस प्रकार की राजनैतिक आन्दोलन के पक्ष में कुछ व्यक्तियों का समर्थन मिल सकता था जन-समुदाय द्वारा नहीं। आम जनता अभी भी ऐसे आंदोलन की प्रतीक्षा में थी जो उनकी कमजोरियों को समझते हुए उनकी शक्ति का उचित उपयोग कर सके।

इंडियन होमरूल लीग और तिलक

बाल गंगाधर तिलक ने 1914-15 को संसदीय कार्यों की व्यावहारिक शिक्षा हेतु मद्रास में पार्लियामेंट की स्थापना की और बम्बई में कांग्रेस के नेताओं की बैठक आयोजित कर इंडियन होमरूल के लिए आंदोलन करने को कहा। कांग्रेस इसके लिए तैयार नहीं हुई तो तिलक ने स्वयं यह कार्य को अपने हाथ में लिया और 1916 में होमरूल लीग की स्थापना की।

स्वराज हमारा जन्मसिद्ध अधिकार है और मैं इसे लेकर रहूँगा- बाल गंगाधर तिलक के इस नारे के साथ इंडियन होमरूल लीग की स्थापना की गई। सन् 1916 ई. में वह फिर से कांग्रेस में शामिल हो गए तथा हिंदुओं और मुसलमानों के बीच हुए ऐतिहासिक लखनऊ समझौते पर हस्ताक्षर किए।

जून 1914 में जेल से रिहा हुए तिलक सहित भारतीय राष्ट्रवादी नेताओं ने सरकार के युद्ध प्रयासों का समर्थन करने का निर्णय किया। ऐसा ब्रिटिश उद्देश्यों

के प्रति निष्ठा या सहानुभूति की भावना के कारण किया गया। जैसा कि जवाहरलाल नेहरू ने अपनी ऑटोबॉयोग्राफी में बतलाया है-

निष्ठा की जोरदार घोषणा के बावजूद अंग्रेजों के प्रति कोई खास सहानुभूति नहीं थी। जर्मन जीतों को सुनकर नरमपंथी और गरमपंथी समान रूप से खुश हुए। बेशक, जर्मनी के लिए कोई प्रेम भावना नहीं थी बल्कि उनके मन में अपने शासकों को धूल चाटते हुए देखने की इच्छा थी।

राष्ट्रवादियों का दृष्टिकोण

राष्ट्र्वादियों ने मुख्य रूप से इस गलत धारणा के कारण सक्रिय रूप से ब्रिटिश समर्थक रुख अपनाया कि कृतज्ञ ब्रिटेन भारत की निष्ठा का बदला एहसानमंदी से चुकाएगा और भारत को स्वराज्य के रास्ते पर डग भरने में सहायता देगा। उनको इस बात का पूरा अहसास नहीं था कि विभिन्न शक्तियाँ इस लिए लड़ रही हैं कि वे अपने तत्कालीन उपनिवेशों की रक्षा कर सकें, साथ ही, अनेक भारतीय नेताओं ने साफ तौर पर देखा कि तब तक सरकार द्वारा कोई वास्तविक रियाअतें देने की सम्भावना नहीं है, जब तक इस पर जनता का दबाब नहीं बढ़ाया जाए। इसलिए, एक वास्तविक राजनीतिक जन-आन्दोलन जरूरी था। कुछ अन्य कारक भी राष्ट्रवादी आन्दोलन को इसी दिशा में जाने के लिए प्रेरित कर रहे थे। विश्व युद्ध के दौरान यूरोप की साम्राज्यवादी शक्तियों में परस्पर संघर्ष हुए और उसने एशियाई जनगण की तुलना में पश्चिमी देशों के जातीय युद्ध के फलस्वरूप भारत के अधिक गरीब वर्गों की विपन्नता बढ़ गयी। उनके लिए युद्ध का मतलब था- करों का भारी बोझ तथा जीवन की दैनिक आवश्यकताओं की वस्तुओं की बेलगाम बढ़ती हुई कीमतें। वे किसी भी जुझारू विरोध आंदोलन में शामिल होने के लिए तत्पर हो रहे थे। फलस्वरूप, युद्ध के वर्ष तीव्र राष्ट्रवादी राजनीतिक आंदोलन के भी वर्ष थे।

लीगों के बनने में सहायक घटनाएँ

मांडले, बर्मा में छह वर्ष की लंबी कैद काटने के बाद जब तिलक वापस हिंदुस्तान लौटे तो सबसे पहले उन्होंने अपना ध्यान स्वयं तथा अन्य उग्रवादियों के कांग्रेस में वापस जाने की ओर दिया जिसमें से उन्हें 1907 में सूरत से निकाल दिया गया था। 1907 में भी वे विभाजन से खुश नहीं थे। अब तो वह एकता के और भी हामी बन गए। इसके अतिरिक्त, किसी भी प्रकार की राजनैतिक गतिविधियों के लिए कांग्रेस की मुहर आवश्यक थी क्योंकि लोगों के दिमाग में कांग्रेस राष्ट्रीय आंदोलन का विशिष्ट चिह्न बन गई थी। साथ ही, विभाजन ने अंग्रेजों को ही लाभ पहुँचाया था जिन्होंने पहले तो गरम दल को दमन करके अलग कर दिया और फिर

नरम दल की भी उपेक्षा ऐसे संशोधन लाकर कर दी जो अपेक्षाओं से बहुत ही कम थे। 1908 के बाद से राजनैतिक गतिविधियों के पूर्ण अभाव से नरम दलीय पर मिसेज़ ऐनी बिसेंट का भी काफी दबाव था क्योंकि वे हिंदुस्तान में भी आयरिश होम रूल लीग की वे आंदोलन चलाना चाहती थीं और वह उग्रवादियों के वापस लिए जाने पर ज़ोर दे रही थीं। ऐनी विसेंट जिनकी उम्र 1914 में 66 वर्ष थी, 1893 में इंग्लैंड से थियोसोफिकल सोसायटी का काम करने हिंदुस्तान आई थीं। वह पहले मुक्त विचारधारा, क्रांतिकारी विचारधारा तथा फेबियनवाद की समर्थक रह चुकी थीं। उन्होंने मद्रास के निकट अद्यार में अपना मुख्य कार्यालय बनाया था और उन शिक्षित भारतीयों में से बहुत को थियोसौफिकल सोसायटी का सदस्य बना लिया था जिनके समुदायों में किसी प्रकार का सांस्कृतिक पुनर्उत्थान नहीं हुआ था। इसी को आधार बनाकर वह राजनैतिक आंदोलन आरंभ करना चाहती थीं।

दो होमरूल लीग की स्थापना

यह जन-आंदोलन भारतीय राष्ट्रीय कांग्रेस के नेतृत्व में नहीं चलाया जा सका, जो नरमपंथियों के नेतृत्व में एक निष्क्रिय और गतिहीन राजनीतिक संगठन बन गयी थी और उसने जनता के बीच कोई सराहनीय राजनीतिक कार्य नहीं किया था। इसलिए, 1915-16 में दो होम रूल लीगों की स्थापना हुई। एक के नेता लोकमान्य तिलक थे और दूसरी का नेतृत्व एनी बेसेंट, और एस. सुब्रह्मण्य अय्यर ने किया। दोनों होम रूल लीगों ने युद्ध के बाद भारत को होम रूल या स्वराज्य देने की मांग के पक्ष में सारे भारत में जोरदार प्रचार किया। इसी आन्दोलन के दौरान तिलक ने यह लोकप्रिय नारा दिया–स्वराज्य मेरा जन्मसिद्ध अधिकार है और मैं इसे लेकर रहूँगा। दोनों लीगों ने तेजी से प्रगति की और स्वराज्य का नारा सारे भारत में गूँज उठा।

प्रथम विश्व युद्ध के दौरान दिसम्बर, 1914 में आयोजित कांग्रेस के अधिवेशन में गरमदल के नेताओं को भाग लेने से वंचित कर दिया गया परन्तु 1915 में लगातार प्रयत्नों के कारण, जिन्हें ऐनी विसेंट और तिलक ने समाचार पत्रों तथा स्थानीय एसोसिएशनों के द्वारा शुरू किया था, दिसंबर, 1915 में उन्हें पुनः प्रवेश मिल गया। फिरोज़शाह की मृत्यु के बाद उनके विरोध में काफी कमी आई थी क्योंकि वे उनके विरोधियों में सबसे प्रमुख थे। कांग्रेस जिसमें अभी भी नरम दलीय सत्ता में थे, स्थानीय स्तर की कांग्रेस समितियों को दुबारा शुरू करने व सितंबर, 1916 तक लोगों को शिक्षित करने के कार्यक्रम को शुरू नहीं कर पाई। इसीलिए तिलक और ऐनी विसेंट ने 1916 में अपने-अपने संगठन–होम रूल लीग–शुरू कर दिए। दोनों लीगों ने

अपने-अपने प्रभाव क्षेत्रों को साफ-साफ सीमित कर लिया। तिलक की लीग को महाराष्ट्र, कर्नाटक, मध्य प्रदेश और बरार में काम करता था और एनी वेसेंट वाली लीग को शेष भारत में।

तिलक का होमरूल लीग

तिलक की होम रूल लीग को जिसे अप्रैल, 1916 में बेलगाम में हुई बंबई की क्षेत्रीय कांफ्रेंस में शुरू किया गया था, छह ब्रांचों में संगठित किया गया था, जिनमें से एक-एक मध्य महाराष्ट्र, बंबई शहर, कर्नाटक तथा मध्य प्रदेश में थी और दो बरार में थीं। इसने मराठी में 6 और अंग्रेजी में 2 पैम्फलेट जारी किए जिनकी 47,000 प्रतियाँ बिकीं। पैम्फलेट कन्नड़ और गुजराती में भी निकाले गए। इसके अतिरिक्त सबसे प्रमुख भूमिका अदा की तिलक द्वारा महाराष्ट्र के दौरे ने जिसमें उन्होंने भाषण दिए और होम रूल की माँग के बारे में बताया। ''हिंदुस्तान उस बेटे की तरह था जो अब वयस्क हो गया था'', उन्होंने कहा, ''अब उसे उसके ट्रस्टी या पिता से वह सब मिलना चाहिए जो उसका हक था।'' उनके उस समय के भाषणों में धार्मिकता की अपील बिल्कुल नहीं थी। और न ही उनके विचारों से कोई संकुचित क्षेत्रीय भाषायी प्रभुत्व या जाति-पाँति का पक्षपात झलकता है। वे सभी भाषाओं व संस्कृतियों की प्रगति के पक्ष में थे और चाहते थे कि शिक्षा भारतीय भाषाओं में दी जाए। वे भेदभाव व छुआछूत को बिलकुल नहीं स्वीकार करते थे। उन्होंने अपने एक भाषण में कहा था कि ''अगर भगवान भी छुआछूत को मानता है तो उसे भगवान ही नहीं मानूँगा।'' उन्होंने ब्राह्मणों से कहा कि वे गैर-ब्राह्मणों की माँगों का विरोध न करें और साथ ही गैर-ब्राह्मणों से अनुरोध किया कि वे नौकरियों की कमी जैसी समस्याओं को ब्राह्मण-गैर-ब्राह्मण के दृष्टिकोण से न देखें क्योंकि इसका असली कारण ब्राह्मणों में शिक्षा का अधिक प्रसार था। जैसे ही तिलक का आंदोलन जनता में फैलने लगा, सरकार ने यह कहकर उन पर चोट की कि वह 60,000 रुपये ''सुरक्षा-राशि'' के रूप में जमा कराएँ अन्यथा उन पर एक साल के लिए ''सद्व्यवहार'' की रोक लगा दी जाएगी। तिलक निचली अदालत में तो केस हार गए लेकिन नवंबर 1916 में उच्च न्यायालय ने उन्हें बरी कर दिया। सरकार द्वारा उनका मुँह बंद करने के असफल प्रयत्न से आंदोलन को बल मिला जिसके फलस्वरूप तिलक ने घोषणा कर दी कि होम रूल को अब वैधानिक मान्यता मिल गई है। अप्रैल, 1917 तक लीग के सदस्यों की संख्या 14,000 हो गई थी।

एनी बेसेंट की होमरूल लीग

इसी दौरान एनी बेसेंट ने आयरलैंड के होमरूल लीग की भांति स्वतन्त्रता के लिए राजनीतिक आन्दोलन चलाने की योजना बनायी। सितंबर, 1916 में लीग के औपचारिक उद्घाटन से पहले ही प्रचार फंड ने 26 अंग्रेजी पैम्फलेट्स 300,000 प्रतियाँ बेच डाली थीं जिनमें हिंदुस्तान में चल रहे शासन के स्वरूप तथा सेल्फ-गवर्नमेंट (स्वशासन) की माँग की व्याख्या की गई थी। भारतीय भाषाओं में पैम्फलेट निकाले गए, स्थानीय शाखाओं ने भाषणों तथा चर्चा-सभाओं का आयोजन किया तथा पुस्तकालयों की स्थापना की। अड्यार के मुख्यालय में एनी वेसेंट तथा उनके सहयोगियों ने जिनमें अरूंडेल, सी.पी. रामस्वामी अय्यर तथा बी.पी. वाडिया शामिल थे, न्यू इंडिया और कॉमनवील नामक पत्र निकाले। न्यू इंडिया में अरूंडेल का "होम रूल" कॉलम खबरों तथा निर्देश का माध्यम था। थियोसौफिकल सोसायटी के वर्तमान सदस्यों के अलावा, इलाहाबाद से जवाहरलाल नेहरू, कलकत्ता से बी. चक्रवर्ती तथा जे. बनर्जी समेत बहुत-से नए सदस्यों ने लीग में शामिल होने का फैसला किया।

इस लीग को अधिकांश नरमदल (उदारवादी) कांग्रेसियों की मदद मिली क्योंकि वे कांग्रेस की गतिविधियों से असंतुष्ट थे। गोखले के **सर्वेन्ट्स ऑफ इंडिया सोसायटी** के सदस्यों ने दौरे करके भाषण दिए, पैम्फलेट छापे तथा होम रूल की माँग का समर्थन किया; उत्तर प्रदेश में उदारवादी कांग्रेसियों ने छोटे शहरों तथा गाँवों के दौरों में होम रूल लीग वालों का साथ दिया। इसमें कोई आश्चर्य की बात नहीं थी क्योंकि होम रूल लीग के समर्थक उदारवादियों के ही कार्यक्रम को जोर-शोर से आगे बढ़ा रहे थे।

दिसंबर, 1916 में लखनऊ में हुए कांग्रेस के वार्षिक अधिवेशन में भी होम रूल के समर्थकों को अपनी शक्ति दिखाने का अवसर मिला और वे इसमें बड़ी संख्या में शामिल हुए। तिलक व एनी वेसेंट ने कांग्रेस व मुस्लिम लीग में संधि कराने में महत्त्वपूर्ण भूमिका निभाई जिस पर इसी अधिवेशन में हस्ताक्षर किए गए। तिलक ने इस आलोचना का कि हिन्दू-मुसलमानों के प्रति बहुत अधिक सहृदयता दिखा रहे थे, उत्तर इस प्रकार दिया : "मुझे विश्वास है कि मैं समूचे भारत का सामूहिक रूप से प्रतिनिधित्व कर रहा हूँ जब मैं यह कहता हूँ कि अगर स्वशासन (Self Government) सिर्फ मुसलमान समुदाय को दिया जाता है तो हम बिल्कुल भी आपत्ति नहीं करेंगे... यदि यह अधिकार हिंदुस्तान के किसी एक समुदाय को दिया जाता है तो भी हम कोई आपत्ति नहीं करेंगे।"

"जब आपको एक तीसरे दल के विरुद्ध लड़ना होता है तो यह अत्यंत महत्त्वपूर्ण है कि हम इस मंच पर इकट्ठे खड़े हों, जाति, धर्म तथा राजनैतिक विचारों की विविधता होते हुए भी हम एक हों।" हालाँकि इसमें कोई संदेह नहीं कि कांग्रेस-लीग संधि में मुसलमानों के लिए अलग चुनाव-क्षेत्र का स्वीकार किया जाना बहुत ही विवादास्पद था लेकिन उसकी आलोचना बहुसंख्यक वर्ग द्वारा सहृदयता न दिखाने के लिए कतई नहीं की जा सकती थी।

होमरूल लीग की बैठक लखनऊ अधिवेशन के खत्म होने पर हुई। इस बैठक में 1000 से अधिक प्रतिनिधियों ने भाग लिया। इस सभा को तिलक और वेसेंट दोनों ने संबोधित किया। वापसी पर दोनों नेताओं ने उत्तर, मध्य तथा पूर्वी भारत का दौरा किया।

ब्रिटिश प्रशासक एवं अधिकारियों द्वारा पुनः दमन नीति के प्रयोग करने से गदर आन्दोलन को और बढ़ावा मिला। जून, 1917 में वेसेंट, वी.पी. वाडिया तथा अरूंडेल को हिरासत में ले लिया गया। परिणामस्वरूप जो लोग पहले अलग थे, वे भी आंदोलन में शामिल हो गए और विरोध प्रकट करने लगे। जिन्ना, सुरेंद्रनाथ बनर्जी तथा मदन मोहन मालवीय इनमें प्रमुख थे। ए.आई.सी.सी. की जुलाई, 1917 की मीटिंग में तिलक ने निष्क्रिय विरोध का सुझाव दिया तथा गांधी के उस सुझाव को स्वीकार किया गया जिसमें कहा गया था कि एक हजार ऐसे व्यक्तियों के हस्ताक्षर इकट्ठे किए जाएँ जो हिरासत के सरकारी निर्देश का विरोध करके वेसेंट के हिरासत स्थल पर जाएँ। गाँवों के दौरे व सभाएँ आयोजित की गईं तथा आंदोलन में एक नई शक्ति दिखाई दी।

अंग्रेजों की बदलती हुई नीति

भारतीय स्वतन्त्रता आन्दोलन की बढ़ती ताकत को दृष्टिगत रखते हुए ब्रिटेन में प्रशासन ने शाक्ति से न निपटने का निर्णय लिया। इस बदलती हुई नीति का संकेत भारत के लिए सेक्रेटरी ऑफ स्टेट, मौंटेग्यू द्वारा हाउस ऑफ कॉमन्स में इस घोषणा से मिला "सम्राट की, सरकार की पॉलिसी...है कि ब्रिटिश साम्राज्य के अखंड भाग के रूप में हिंदुस्तान में ज़िम्मेदार सरकार की स्थापना की प्रगति के प्रयास के लिए प्रशासन की हर शाखा के साथ हिंदुस्तानियों को संबद्ध किया जाना चाहिए ताकि धीरे-धीरे स्वशासन संस्थाओं का विकास हो सके।" यह घोषणा 1909 में करते समय मोर्ले (वायसराय) ने कहा था कि स्वशासन को बढ़ावा देना, सेल्फ गवर्नमेंट या होमरूल की माँग को देश द्रोह नही माना जा सकता था और यह एक महत्त्वपूर्ण

उपलब्धि थी। लेकिन इसका अर्थ यह भी नहीं था कि ब्रिटेन भारत को स्वशासन प्रदान करने वाला था। इस वक्तव्य में कहा गया था कि इन संशोधनों के स्वरूप तथा समय का फैसला अकेले ब्रिटिश सरकार ही करेगी। इससे अंग्रेज़ों को भारतीयों के हाथ शासन सौंपने की प्रक्रिया को लगातार स्थगित करते रहने का काफी अवसर मिल गया।

इस नई नीति का तुरंत लाभ यह हुआ कि सितंबर, 1917 में एनी वेसेंट को छोड़ दिया गया। तिलक के सुझाव पर कांग्रेस के 1917 के वार्षिक अधिवेशन में वेसेंट को अध्यक्ष चुन लिया गया। इस समय उनकी प्रतिष्ठा चरम-सीमा पर थी तथा आंदोलन भी प्रगति के लिए एकदम तैयार था।

होमरूल लीग का अन्त

सरकार द्वारा होमरुल आन्दोलन का दमन करने के लिए अनेक वैधानिक एवं अवैधानिक उपाय किये गये। इन उपायों के कारण यह आन्दोलन 1918 में धीरे-धीरे शिथिल पड़ने लगा। इसका एक कारण उदारवादियों द्वारा अपना समर्थन वापस ले लेना था जिन्हें एक बार फिर संशोधन की आशा दिखाई पड़ने लगी थी और जो होम रूल लीग के सदस्यों द्वारा नागरिक अवज्ञा की बढ़ती हुई बातचीत से सशंकित थे। जुलाई, 1918 में सुधार योजना के प्रकाशन से राष्ट्रवादियों में और भी विभाजन हो गया : कुछ उसे ठुकरा देना चाहते थे जबकि अन्य उन्हें कार्यान्वित किए जाने का अवसर दिए जाने के हक में थे। संशोधन तथा निष्क्रिय विरोध के दोनों ही प्रश्नों पर स्वयं एनी वेसेंट के विचारों में विरोधाभास था। कुल मिलाकर तिलक के विचारों में एकरूपता थी कि ये संशोधन ब्रिटेन द्वारा दिए जाने और हिंदुस्तान द्वारा स्वीकार किए जाने के लायक नहीं थे, लेकिन एनी वेसेंट के ढुलमुल विचारों के कारण वह कुछ अधिक कर सकने की स्थिति में नहीं थे। 1918 के अंत में उन्होंने **इंडियन अनरेस्ट** (Indian Unrest) के लेखक वेलैंटाइन शिरोल (Valentine Chirol) के विरुद्ध एक मान-हानि का मुकदमा दायर किया और उसके लिए इंग्लैंड जाने का फैसला किया जिसके कारण कई महत्त्वपूर्ण महीनों तक वे कार्यक्षेत्र से अनुपस्थित रहे। आंदोलन लगभग नेतृत्वहीन हो गया। वेलैंटाइन शिरोल ने अपनी पुस्तक इंडियन अनरेस्ट में तिलक को भारतीय असंतोष का जनक बताया था।

क्रांतिकारी आंदोलन का विकास

युद्ध काल के दौरान क्रांतिकारी आंदोलन का भी विकास हुआ। बंगाल और आतंकवादी दल सारे उत्तर भारत में फैल गए। अनेक भारतीयों ने अंग्रेजी राज का तख्ता उलटने के लिए हिंसात्मक विद्रोह की योजना बनानी आरम्भ कर दी। संयुक्त

राज्य अमेरीका तथा कनाडा में रहने वाले भारतीय क्रांतिकारियों ने 1913 में गदर पार्टी की स्थापना की थी। पार्टी के अधिकांश सदस्य सिक्ख किसान और सैनिक थे मगर उनके नेता अधिकतर शिक्षित हिन्दू या मुसलमान थे। मैक्सिको, जापान, फिलिपाइंस, मलाया, सिंगापुर थाईलैंड, इंडोचीन और पूर्व तथा दक्षिण अफ्रीका जैसे अन्य देशों में भी पार्टी के सदस्य सक्रिय थे।

गदर पार्टी

गदर पार्टी ने भारत में अंग्रेजों के खिलाफ क्रांतिकारी युद्ध करने की शपथ ली थी। 1914 में युद्ध के आरम्भ होते ही गदर पार्टी वालों ने तय किया कि हथियार और आदमी भारत भेजे जाएँ जिससे सैनिकों तथा स्थानीय क्रांतिकारियों की सहायता से विद्रोह शुरू किया जाए। कई हजार लोग भारत वापस जाने के लिए आगे आए। उनके खर्च को पूरा करने के लिए लाखों डॉलर की रकम चन्दे में मिली। अनेक लोगों ने अपनी जमीन-ज्यादाद बेचकर धन लगा दिया। गदर पार्टी वालों ने सुदूर-पूर्व, दक्षिण-पूर्व एशिया तथा सारे भारत में भारतीय सैनिकों से सम्पर्क स्थापित किया तथा कई रेजिमेंटों को विद्रोह करने के लिए तैयार कर लिया। अंततः 21 फरवरी 1915 को पंजाब में हथियारबंद बगावत का दिन तय किया गया। दुर्भाग्यवश, अधिकारियों को इन योजनाओं का पता चल गया और उन्होंने तुरंत कार्यवाई की। विद्रोह के लिए तत्पर रेजिमेंटों को विघटित कर दिया गया तथा नेताओं को जेल में बंद कर दिया गया या फाँसी पर लटका दिया गया। 23वें रिसाले के बारह आदमियों को मौत की सजा दी गयी। पंजाब में गदर पार्टी के नेताओं और सदस्यों की बड़े पैमाने पर गिरफ्तार हुई तथा उन पर मुकदमा चलाया गया। उनमें से 42 को फाँसी पर लटका दिया गया 114 को आजन्म काले पानी तथा 93 को कैद की लम्बी सजा दी गयी। उनमें से अनेक ने रिहा होने के बाद पंजाब में कीर्ति और कम्युनिस्ट आन्दोलनों की नींव रखी। गदर पार्टी के कुछ प्रमुख नेता थे - बाबा गुरुमुख सिंह, करतार सिंह सराभा, सोहन सिंह भकना, रहमत अली शाह, भाई परमानन्द और मोहम्मद बरकतुल्ला।

सिंगापुर में विद्रोह

गदर पार्टी से प्रेरित होकर सिंगापुर स्थित पांचवीं लाइट इंफेंट्री के 700 सैनिकों ने जमादार चिस्ती खाँ और सूबेदार डंडे खाँ के नेतृत्व में विद्रोह कर दिया। उन्हें एक कटु लड़ाई के बाद कुचल दिया गया, जिसमें कई लोग मरे। सैंतीस अन्य सैनिकों को सार्वजनिक रूप से फाँसी पर लटका दिया गया जबकि 41 को आजन्म कारावास की सजा दे दी गयी।

एक असफल क्रांतिकारी प्रयास

क्रांतिकारी भारत तथा विदेशों में सक्रिय थे। एक असफल क्रांतिकारी प्रयास के दौरान 1915 में जतीन्द्रनाथ मुखर्जी ने, जो बाधा जतिन के नाम से लोकप्रिय थे, बालासोर में पुलिस से लड़ते हुए अपनी जान दे दी। रासबिहारी बोस, राजा महेंद्र प्रताप, लाला हरदयाल, अब्दुल रहमान, मौलाना औबैदउल्ला सिंधी, चम्पक रमण पिल्ले, सरदार सिंह राणा, और मैडम कामा के नाम उन कुछ भारतीयों में थे जिन्होंने भारत के बाहर क्रांतिकारी गतिविधियाँ चलायीं और प्रचार कार्य किए।

इंडियन होमरूल लीग के अध्यक्ष तिलक

सन 1916 ई. में वह फिर से कांग्रेस में शामिल हो गए तथा हिंदुओं और मुसलमानों के बीच हुए ऐतिहासिक लखनऊ समझौते पर हस्ताक्षर किए, जो उनके एवं पाकिस्तान के भावी संस्थापक मुहम्मद अली जिन्ना के बीच हुआ था, इंडियन होमरूल लीग के अध्यक्ष के रूप में तिलक सन 1918 में इंग्लैंड गए। उन्होंने महसूस किया कि ब्रिटेन की राजनीति में लेबर पार्टी एक उदीयमान शक्ति है, इसलिए उन्होंने उसके नेताओं के साथ घनिष्ठ संबंध कायम किए। उनकी दूरदृष्टि सही साबित हुई। सन 1947 ई. में लेबर सरकार ने ही भारत की स्वतंत्रता को मंजूरी दी। तिलक पहले व्यक्ति थे, जिन्होंने कहा था कि भारतीयों को विदेशी शासन के साथ सहयोग नहीं करना चाहिए, इस बात से वह बराबर इंकार करते रहे कि उन्होंने हिंसा के प्रयोग को उकसाया।

गदर आंदोलन

प्रथम विश्व युद्ध जुलाई, 1914 में आरंभ हो गया तथा कई भारतीय राष्ट्रीय नेताओं के भीतर यह उम्मीद जगी कि ब्रिटेन की कठिनाइयों से लाभ उठाने का यह एक अत्यंत दुर्लभ अवसर था। उन्हें लगता था कि लड़ाई में व्यस्त ब्रिटेन उनकी राष्ट्रीय चुनौती का समुचित उत्तर नहीं दे पाएगा। यह चुनौती दो विभिन्न प्रकार के राष्ट्रवादियों द्वारा दी गई : उत्तरी अमेरिका में रहने वाले गदर क्रांतिकारियों द्वारा और भारत में तिलक और एनी-वेसेंट की होमरूल लीग द्वारा। हम पहले गदर आंदोलन की चर्चा करेंगे।

आंदोलन की पृष्ठभूमि

गदर आन्दोलन में सबसे अधिक वे क्रान्तिकारी पंजाबी थे जो 1904 के बाद उत्तरी अमरीका के पश्चिमी तट पर जाकर बस गए थे। इनमें अधिकतर कर्ज के बोझ तले दबे, पंजाब के जमीन के लिए इच्छुक किसान थे। इनमें विशेषकर जालंधर और

होशियारपुर इलाके के किसान थे। इनमें से बहुत से ब्रिटिश भारतीय फौज में नौकरी कर चुके थे। इससे उनमें प्रवास के लिए आवश्यक विश्वास पैदा हो गया था और उनके पास उसके लिए पर्याप्त साधन भी थे। स्थानीय लोगों के विद्वेषपूर्ण रवैये जिसमें गोरे मजदूरों की यूनियनें भी शामिल थीं, प्रतिबंधक प्रवासी नियमों जिनमें भारत सचिव की मिलीभगत शामिल थी, इन सबने भारतीय समुदाय को अहसास दिला दिया कि यदि उन्हें अपने विरुद्ध नस्लवादी भेदभाव का मुकाबला करना है तो उन्हें स्वयं को संगठित करना होगा। उदाहरण के लिए, एक भारतीय विद्यार्थी तारक नाथ दास जो उत्तरी अमरीका में भारतीय समुदाय के आरंभिक नेताओं में से था और जिसने **फ्री हिंदुस्तान नामक** अखबार भी शुरू किया था, यह अच्छी तरह जान गया था कि ब्रिटिश सरकार भारतीय मजदूरों को फीजी में तो काम करने को प्रोत्साहित कर रही थी क्योंकि वहाँ के ज़मींदारों को मजदूरों की आवश्यकता थी लेकिन वह उत्तरी अमरीका में भारतीयों के प्रवास को हतोत्साहित कर रही थी क्योंकि उसे डर था कि वे वहाँ आजादी के वर्तमान विचारों से प्रभावित हो जाएँगे।

आरंभिक कार्यवाही

1907 ई. में भारत में राजनैतिक हलचल की शुरुआत तब हुई जब रामनाथ पुरी नामक एक राजनैतिक प्रवासी ने **सर्कुलर-ए-आज़ादी** नामक पर्चा छापा जिसमें उसने स्वदेशी आंदोलन की सहायता का वचन दिया था। तारक नाथ दास ने **फ्री हिंदुस्तान** निकालना शुरू किया और जी.डी. कुमार ने **स्वदेशी सेवक** नामक पत्र गुरुमुखी में निकाला जिसमें उसने सामाजिक सुधारों की हिमायत की और हिंदुस्तानी सिपाहियों को बगावत करने का सुझाव दिया। 1910 तक दास और कुमार ने सियैटल (अमरीका) में युनाइटेड इंडिया हाउस की स्थापना कर ली जहाँ वे हर हफ़्ते हिंदुस्तानी मज़दूरों के गुटों को भाषण दिया करते थे। उन्होंने खालसा दीवान सोसायटी के साथ भी घनिष्ट संबंध स्थापित किए जिसके फलस्वरूप 1913 में लंदन में कोलोनियल सेक्रेटरी और भारत में वायसराय तथा अन्य अफसरों से मिलने के लिए एक शिष्टमंडल भेजने का फैसला किया गया। एक महीना इंतज़ार करने के बाद भी वे कोलोनियल सैक्रेटी से मिलने में सफल नहीं हो सके लेकिन पंजाब में वे लेफ़्टीनेंट गवर्नर और वाससराय से मिलने में सफल हो गए। पंजाब में उनकी यात्रा के दौरान पंजाब के विभिन्न शहरों में बहुत-सी जनसभाएँ आयोजित की गईं। जनता तथा अखबारों से बहुत सहायता मिली।

इसी बीच 1913 के शुरू में हाँगकाँग में मलाया प्रदेशों में काम करने वाले एक सिक्ख पुजारी भगवान सिंह कनाडा में बैंकूवर शहर गए और खुलेआम ब्रिटिश शासन के खिलाफ हिंसक बगावत करने का प्रचार किया। उनके प्रचार का इतना प्रभाव पड़ा कि उन्हें तीन महीने बाद कनाडा से निकल जाने को कहा गया लेकिन उनके विचारों ने श्रोताओं में नई चेतना जगा दी थी।

संगठन की ओर

अंग्रेजी प्रशासक एवं अधिकारी तथा भारतीय प्रशासन की गतिविधियों से निराश होकर उत्तरी अमरीका के भारतीय समुदाय को लगा कि विदेशों में उनकी घटिया स्थिति का कारण उनका एक गुलाम देश का नागरिक होना है। लगातार राजनैतिक संघर्षों, राष्ट्रीय चेतना और भाईचारे की भावना के फलस्वरूप उत्तरी अमरीका के इस समुदाय को एक केंद्रीय संगठन एवं नेता की आवश्यकता महसूस हुई। यह नेता उन्हें लाला हरदयाल के रूप में मिला। जो 1911 में राजनैतिक प्रवासी के रूप में अमरीका आए थे और स्टैनफोर्ड विश्वविद्यालय में तथा अमरीकी बुद्धिजीवियों, उग्रवादियों तथा मज़दूरों को अराजकतावादी तथा श्रमिक संघवादी आंदोलनों के बारे में भाषण दिया करते थे लेकिन भारतीय प्रवासियों के जीवन में अधिक रुचि नहीं दिखाई दी। दिसंबर, 1912 में दिल्ली में वाइसराय पर बम द्वारा हमले की खबर से उनके व्यवहार में परिवर्तन आया क्योंकि उन्हें लगा कि क्रांतिकारी भावना अभी जीवित है। उन्होंने भारतीय प्रवासी समुदाय का नेतृत्व सँभाल लिया तथा मई, 1913 में पोर्टलैंड में **हिंदी एसोसिएशन** की स्थापना से एक केंद्रीय संगठन की आवश्यकता भी पूरी हो गई। बाद में इस संगठन का नाम बदल कर **हिंदुस्तान गदर पार्टी** रख दिया गया। इसकी पहली मीटिंग में बाबा सोहन सिंह भाकना इसके अध्यक्ष चुने गए और लाला हरदयाल जरनल सेक्रेटरी तथा पंडित काशी राम मरोली इसके कोषाध्यक्ष बने। इस मीटिंग में अन्य लोगों के अलावा भाई परमानंद तथा हरनाम सिंह "टुंडीलाट" ने भी भाग लिया था। 10,000 डालर की रकम भी वहीं जमा कर ली गई और फैसला किया गया कि सैन फ्रांसिस्को में **युगांतर आश्रम** नाम से एक मुख्यालय की स्थापना की जाएगी और **गदर नामक** एक साप्ताहिक अखबार निकाला जाएगा जिसे मुफ्त बाँटा जाएगा।

राजनैतिक कार्यवाही की योजना

राजनैतिक योजना का प्रतिपादन का श्रेय लाला हरदयाल हो जाता है और इसे हिंदी एसोसिएशन ने स्वीकार किया था, यह योजना इस समझ पर आधारित

थी कि ब्रिटिश शासन को केवल हथियारबंद विद्रोह द्वारा ही उखाड़ फेंका जा सकता था और ऐसा करने के लिए आवश्यक था कि बड़ी संख्या में भारतीय प्रवासी भारत जाएँ और यह संदेश जनता तथा हिंदुस्तानी फौज के सिपाहियों तक पहुँचाएँ। लाला हरदयाल यह भी मानते थे कि अमरीका में मिली आज़ादी को अंग्रेज़ों के खिलाफ लड़ने में इस्तेमाल किया जाना चाहिए, अमरीकियों के विरुद्ध नहीं, क्योंकि विदेश में रहने वाले हिंदुस्तानियों को तब तक बराबरी का दर्जा नहीं मिल सकता था जब तक कि वे अपने ही देश में स्वतंत्र नहीं हो जाते। इस समझ को स्वीकार करते हुए राष्ट्रवादियों ने एक जबर्दस्त अभियान छेड़ दिया और जिन फैक्ट्रियों और फ़ार्मों पर हिंदुस्तानी प्रवासी काम करते थे, उनका दौरा करने लगे।

समाचार पत्र का प्रारंभ एवं उसका प्रभाव

नवंबर, 1913 को **गदर** अख़बार की शुरुआत की गई; पहला अंक उर्दू में छपा लेकिन एक महीने बाद उसका गुरुमुखी अंक भी आ गया। **गदर** अखबार की रूपरेखा राष्ट्रवाद के संदेश को सीधे-सादे लेकिन प्रभावशाली शब्दों में व्यक्त करने के हिसाब से तैयार की गई थी। उसके नाम का ही अर्थ था विद्रोह ताकि उसकी मंशा के बारे में किसी प्रकार का संदेह न रहे। उसके ऊपर ''अंग्रेज़ी राज का दुश्मन'' छपा हुआ था। इसके अलावा, हर अंक के मुखपृष्ठ पर ''अंग्रेज़ी राज का कच्चा चिट्ठा'' छपता था जिसमें अंग्रेज़ी शासन के 14 नकारात्मक प्रभावों का विवरण रहता था। चिट्ठा वास्तव में अंग्रेज़ी शासन की समस्त आलोचना का सारांश था जिसमें भारतीय संपत्ति की लूट, ज़मीन के ऊँचे लगान, प्रति व्यक्ति निम्न आय, लाखों भारतीयों की जान लेने वाले अकाल का बार-बार पड़ना, फौज पर लंबे-चौड़े खर्च, स्वास्थ्य पर नगण्य खर्च तथा हिंदू-मुसलमानों को लड़वा कर ''विभाजन और शासन'' की नीति आदि का ज़िक्र रहता था। चिट्ठे की आखिरी दो बातें इस सबके समाधान की ओर यह कहकर संकेत करती थीं कि करोड़ों भारतीयों के मुकाबले में हिंदुस्तान में मौजूद अंग्रेज़ों की संख्या बहुत ही कम थी और 1857 के पहले विद्रोह के बाद छप्पन वर्ष बीत गए थे और एक अन्य विद्रोह के लिए समय आ गया था।

गदर आन्दोलन समाचार का प्रभाव उत्तरी अमेरिका में रहने वाले भारतीयों पर अत्यधिक पड़ा था परन्तु बहुत जल्दी ही फिलिपाइन्स, हाँगकाँग, चीन, मलाया प्रदेशों,

सिंगापुर, त्रिनिदाद तथा होंडूरस के प्रवासियों तक भी पहुँचने लगा और इन केंद्रों में मौजूद हिंदुस्तानी सेनाओं में भी। इसे भारत भी भेजा जाता था। इसने प्रवासी समुदायों में जबर्दस्त चेतना पैदा की तथा इसे पढ़ने और इसमें उठाए गए मुद्दों पर बहस के लिए कई वर्ग बनाए गए और चंदे के ढेर लग गए। सबसे अधिक लोकप्रिय थीं इसमें छपने वाली कविताएँ जिन्हें जल्दी ही **गदर की गूँज** नाम से संकलित किया गया। इन्हें भारतीयों के सम्मेलन में पढ़ा और गाया जाता था। इन कविताओं में क्रांतिकारी भावना तथा धर्मनिरपेक्षता का भाव भरा था।

"गदर" ने पंजाबियों से अपील की कि वे 1857 के अपने अंग्रेज़ों की हिमायत की भूमिका का उधार अब उन्हें उखाड़ फेंकने में महत्त्वपूर्ण भूमिका अदा करके चुका दें। वे अंग्रेजों द्वारा बनाई गई वफ़ादार सिपाहियों की अपनी छवि का भी खंडन करें और सिर्फ़ विद्रोही बनें जिनका एकमात्र उद्देश्य स्वतंत्रता प्राप्त करना था। गदर का संदेश इतनी तेज़ी से घर कर गया कि स्वयं हरदयाल उन लोगों की तीव्र प्रतिक्रिया से चकित रह गए जो कुछ करने के लिए बेचैन थे।

गदर आंदोलन : मुख्य घटनाएँ

लाला हरदयाल की गिरफ्तारी, ज़मानत और स्विट्ज़रलैंड भाग जाना, कामागाटा मारू जहाज़ की यात्रा और प्रथम विश्व युद्ध की शुरुआत यह तीनों घटनाएं 1914 में घटित हुई थी जिसने गदर क्रान्तिकारी आन्दोलन को बाढ़वा दिया था। इन तीनों घटनाओं की व्यवस्था इस प्रकार है–

1. मार्च, 1914 में हरदयाल को गिरफ़्तार कर लिया गया। संभवतः इसका सबसे महत्त्वपूर्ण कारण था ब्रिटिश सरकार का दबाव, जो चाहती थी कि वे गदर आंदोलन के नेतृत्व से हट जाएँ लेकिन जो कारण बताया गया वह था, उनकी अराजकतावादी गतिविधियाँ। उन्हें ज़मानत पर छोड़ दिया गया और उनकी पार्टी ने फ़ैसला किया कि वह ज़मानत से भाग कर स्विट्जरलैंड चले जाएँ।
2. इसी दौरान कनाडा के प्रवास कानूनों का उल्लंघन करने के लिए, जिनके अनुसार "सीधे अपने जहाज़ पर आने वालों" के सिवा सभी अन्य के आने पर प्रतिबंध था, सिंगापुर में रह रहे एक हिंदुस्तानी कांट्रेक्टर गुरदत्त सिंह ने **कामागाटा मारू** नामक जहाज किराये पर लिया और पूर्वी तथा दक्षिण पूर्वी एशिया के विभिन्न भागों में रहने वाले 376 भारतीय यात्रियों को लेकर वैंकूवर के लिए रवाना हो गये। रास्ते में गदर पार्टी के कार्यकर्ता जहाज़ पर आते, भाषण देते तथा साहित्य बाँटते। उनके प्रवास की पूर्व सूचना मिलने पर वैंकूवर

के प्रेस ने ''बढ़ते हुए पूर्व के आक्रमण'' की चेतावनी दे दी और अपने कानूनों को और कड़ा करके कनाडा की सरकार इस चुनौती का सामना करने को तैयार हो गई। कनाडा पहुँचने पर, जहाज़ को बंदरगाह में जाने नहीं दिया गया तथा पुलिस ने उसकी घेराबंदी कर दी। वैंकूवर में ''समुद्रतट समिति'' जिसके नेता हुसैन रहीम, सोहन लाल पाठक और बलवंतसिंह थे, के प्रयत्नों के बावजूद तथा अमरीका में बर्कातुल्ला, भगवान सिंह, रामचंद्र और सोहन सिंह भकना के शक्तिशाली अभियान के बावजूद, कामागाटा मारू को कनाडा की जल सीमा के बाहर निकाल दिया गया। उसके जापान पहुँचने से पहले प्रथम विश्व युद्ध छिड़ गया तथा ब्रिटिश सरकार ने ऐलान कर दिया कि जहाज़ के कलकत्ता पहुँचने से पहले किसी यात्री को उतरने नहीं दिया जाएगा। वापसी की यात्रा में जिस बंदरगाह पर भी यह जहाज पहुँचा वहाँ भारतीय प्रवासियों में रोष की लहर दौड़ गई और ब्रिटिश विरोधी भावना बढ़ने लगी। जब जहाज कलकत्ता के पास बज-बज नामक स्थान पर पहुँचा तो पुलिस के द्वेषपूर्ण रवैये के कारण संघर्ष हुआ। इस संघर्ष में 18 यात्रियों की मृत्यु हो गई, 202 को गिरफ्तार कर लिया गया तथा बाकी भाग निकलने में सफल हो गए।

3. तीसरी और सबसे प्रमुख घटना प्रथम विश्व युद्ध का प्रारंभ, थी। इस घटना ने सारी परिस्थिति में एक नाटकीय परिवर्तन ला दिया, यही वह अवसर था जिसके इंतज़ार में गदरवादी तैयार बैठे थे ताकि अंग्रेज़ों की कठिनाइयों का पूरा लाभ उठाया जा सके। यह अवसर उनकी आशाओं से पहले ही आ गया। अभी उनकी तैयारी भी पूरी नहीं हुई थी। फिर भी पार्टी के सक्रिय कार्यकर्ताओं की विशेष सभा हुई और यह फैसला किया गया कि काम का समय आ गया है। यह विचार किया गया कि दल की सबसे बड़ी कमजोरी हथियारों की कमी थी जिसे हिंदुस्तानी सिपाहियों को विद्रोह के लिए उकसा कर पूरा किया जा सकता था। गदर पार्टी ने एक पत्र **ऐलाने-जंग** (युद्ध की घोषणा) जारी कर दिया जिसे विदेशों में रहने वाले भारतीयों में बाँटा गया। गदर के कार्यकर्ताओं ने लोगों में प्रोत्साहित करने के लिए यात्राएँ भी आरंभ कर दी कि वे हिंदुस्तान लौटकर संगठित विद्रोह की तैयारी करें। परिणाम बहुत ही उत्साहवर्धक था और भारी संख्या में लोगों ने स्वयं को और अपनी सारी संपत्ति को राष्ट्र के नाम समर्पित करने की पेशकश की। इससे

उत्साहित होकर गदर पार्टी ने हिंदुस्तान चलने का आह्वान किया तथा 1914 के पूर्वार्द्ध से क्रांतिकारियों के जत्थे विभिन्न रास्तों से होकर हिंदुस्तान पहुँचने लगे।

आंदोलन का अन्तिम समय

भारत में प्रवेश के अधिकार तथा घुसपैठ के खिलाफ एक नवीन अध्यादेश से युक्त होकर हिंदुस्तानी सरकार ताक लगाए बैठी थी। लौटने वाले प्रवासियों की पूरी तरह जाँच-पड़ताल की गई और लौटने वाले लगभग 8000 में से 5000 को "सुरक्षित" मानकर बिना रोक-टोक के आने दिया गया। शेष में से कुछ को गाँवों में नज़रबंद कर दिया गया और काफी लोगों को हिरासत में ले लिया गया। फिर भी कुछ कट्टर कार्यकर्ता पंजाब पहुँचने में सफल हो गए।

इन कट्टर कार्यकर्ताओं में करतार सिंह सराया नामक एक छात्र भी था जो पंजाब तक सकुशल गया। इसने गदर पार्टी की सदस्यता अमरीका में प्राप्त की थी और जो गदर अख़बार के निकालने में प्रमुख योगदान देता था, उसने तुरंत लौटने वाले प्रवासियों से संपर्क स्थापित करने, उन्हें संगठित करने का काम शुरू कर दिया। वह सभाएँ करने लगा तथा योजना बनाने के काम में जुट गया। गदर कार्यकर्ता गाँवों के दौरे करके; पार्टी के पर्चे बाँट कर, मेलों में लोगों को संबोधित करके और अन्य कई प्रयत्नों द्वारा लोगों को विद्रोह के लिए प्रेरित करने लगे। लेकिन 1914 का पंजाब उनकी आशाओं से भिन्न था और लोग गदर द्वारा काल्पनिक विद्रोह के लिए तैयार नहीं थे। कार्यकर्ताओं को सरकार के वफ़ादार तत्त्वों के विरोध का भी सामना करना पड़ा जिसमें खालसा दीवान का प्रमुख भी शामिल था जिसने उन्हें तनखैया या पतित सिखों और अपराधी का दर्जा देकर सरकार द्वारा उन्हें दबाने के प्रयत्नों में पूरा सहयोग दिया।

जब गदर क्रान्तिकारियों को यह महसूस हुआ कि उसके कार्य का जनता पर कोई सन्तोषजनक प्रभाव नहीं पड़ रहा है तो उन्होंने अपनी नीति में परिवर्तन किया और उनका प्रयास सिपाहियों में अपना संदेश फैलाकर उन्हें विद्रोह के लिए तैयार करने का हो गया। नवंबर, 1914 के विद्रोह का प्रयत्न संगठन तथा केंद्रीय नेतृत्व के अभाव के कारण असफल हो गया। फरवरी, 1915 में रास बिहारी बोस से संपर्क और उन्हें नेतृत्व तथा संगठन सौंप देने के बाद एक अधिक संगठित प्रयत्न किया गया लेकिन यह भी असफल रहा क्योंकि सरकार ने संगठन में घुसपैठ करके इससे पहले ही कार्रवाई कर लिया थी। बोस बच निकलने में सफल हो गए लेकिन अन्य

नेताओं को गिरफ्तार कर लिया गया और गदर आंदोलन को प्रभावशाली ढंग से दबा दिया गया।

दमन

ब्रिटिश प्रशासन ने दमन की बहुत ही सख्त नीति अपनाई। 42 लोगों को फाँसी की सज़ा सुनाई गई और अन्य को लंबी अवधि का कारावास दिया गया। इसके फलस्वरूप पंजाब में राष्ट्रवादी नेतृत्व की एक पूरी पीढ़ी की राजनैतिक हत्या कर दी गई। बर्लिन में रह रहे हिंदुस्तानी क्रांतिकारियों द्वारा जर्मन सहायता प्राप्त करने और विदेशों में भेजे गए हिंदुस्तानी सिपाहियों में विद्रोह कराने के प्रयत्न भी असफल हुए। राजा महेंद्र प्रताप और बर्कातुल्लाह द्वारा अफगानिस्तान के अमीर की मदद प्राप्त करने के प्रयत्नों में भी असफलता हाथ आई। इस प्रकार हिंसक विद्रोह द्वारा अंग्रेजी शासन को उखाड़ फेंकने में सफलता शायद इन क्रांतिकारियों की किस्मत में नहीं थी।

असफलताएँ

गदर क्रान्तिकारी हालाँकि देश को स्वतंत्रता नहीं दिला सके, परन्तु स्वतन्त्रता आन्दोलन का आधार अवश्य तैयार किया। इनके आन्दोलन को यदि असफल माने तो 1920-22, 1930-34 तथा 1942 के सभी बड़े आंदोलन असफल माने जाएँगे क्योंकि इनमें से कोई भी तुरंत स्वतंत्रता प्राप्त करने में सफल नहीं हुआ। लेकिन अगर सफलता का मापदंड राष्ट्रीय भावनाओं को आगे बढ़ाना, मुकाबला करने की नई परंपराएँ बनाना, आंदोलन के नए तरीके ढूँढ़ना तथा धर्म-निरपेक्षता, जनतंत्र तथा स्वतन्त्रता की विचारधारा का प्रसार करना था तो भारत के स्वतंत्रता संग्राम में गदर आंदोलन की भूमिका अत्यंत महत्त्वपूर्ण मानी जाएगी।

उपलब्धियाँ

गदर पार्टी के लोगों ने देश में राष्ट्रीयता की भावना का विकास किया। वे राष्ट्रीय विचारधारा को लोकप्रिय बनाने में सफल हुए विशेषकर उपनिवेशवाद के मूल्यांकन करने तथा इस समझ का प्रसार करने में कि हिंदुस्तान की गरीबी और पिछड़ेपन का मुख्य कारण अंग्रेज़ी शासन था। यह प्रसार उन्होंने देश तथा विदेश में रहने वाले भारतीयों में किया। उन्होंने अत्यधिक उत्साही राष्ट्रवादियों का एक दल तैयार किया जिसने बाद में कई दशकों तक राष्ट्रीय आंदोलन तथा बाद में पंजाब और देश के अन्य भागों में वामपंथी तथा किसान आंदोलन तैयार करने में प्रमुख

भूमिका अदा की। यद्यपि दमन के फलस्वरूप उनमें से कई लोग स्थायी तौर पर और अन्य लोग कई वर्षों तक आंदोलन से अलग रहे।

गदर विचारधारा मूलतः अत्यंत समतावादी तथा जनतंत्रवादी थी। उनका उद्देश्य था हिंदुस्तान में एक स्वतंत्र गणतंत्र की स्थापना करना। हरदयाल ने, जो प्रारंभिक अवस्था में अराजकतावादी तथा श्रमिक संघवादी आंदोलनों से प्रभावित हुए थे, इस आंदोलन को एक समतावादी स्वरूप प्रदान किया। वे अक्सर आयरिश, मैक्सिकन तथा रूसी क्रांतिकारियों का ज़िक्र किया करते थे जिसके कारण इस आंदोलन को अंधे राष्ट्रवाद से भी बचा सकें और उसे एक अंतर्राष्ट्रीय रूप भी दे सकें।

गदर आंदोलन में धर्म विशेष का कोई प्रभाव नहीं था इसीलिये उनकी सबसे महत्त्वपूर्ण उपलब्धि यह थी कि उसके अधिकतर अनुयायी पंजाबी सिक्ख प्रवासियों में से होने के बावजूद उन्होंने कभी भी फिरकापरस्ती का इज़हार नहीं किया, बल्कि वे अपने दृष्टिकोण में पूरी तरह धर्म-निरपेक्ष बने रहे। धर्म को महत्त्व देने को तुच्छ और संकीर्णता समझा जाता था जिसे क्रांतिकारी निंदनीय समझते थे। वे खुले दिल से सिक्खों और पंजाबियों के सिवा दूसरों को भी नेता

स्वीकार करते थे : हरदयाल हिंदू थे, बर्कातुल्लाह मुसलमान थे, रास बिहारी बोस बंगाली हिंदू थे। वे समस्त भारत के नेताओं का सम्मान करते थे–तिलक, सावरकर, खुदीराम बोस तथा अरविंद घोष उनके हीरो थे। वे यह भी समझते थे कि सिक्खों को "लड़ाकू कौम" घोषित करने में उपनिवेशवादी शासन का हाथ था ताकि वे वफादार सिपाही बने रहें। गदर दल ने इस मिथ्या छवि को भंग करने का भरसक प्रयत्न किया। उन्होंने **वंदे मातरम्** को आंदोलन के नारे के रूप में लोकप्रिय बनाया और **सत श्री अकाल** जैसे धार्मिक नारे को नहीं अपनाया। सोहन सिंह भाखना, जो बाद में गदरी बाबा के नाम से प्रसिद्ध हुए और सुप्रसिद्ध राष्ट्रीय एवं वामपंथी नेता बने, के अनुसार "हम सिक्ख या पंजाबी नहीं थे, देश प्रेम ही हमारा धर्म था।"

गदर आन्दोलन कुछ कमियाँ पायी गयी जिनमें सबसे प्रमुख कमी या दोष था आंदोलन के लिए तैयारी के स्तर को अधिक महत्त्व देना। कहा जा सकता है कि उन्होंने अपनी सेना की परिस्थितियों को पूरी तरह समझे बिना ही लड़ाई का बिगुल बजा दिया। प्रतिदिन नस्लवादी अपमान, अपरिचित परिस्थितियों में रहने के कारण आई विमुखता की भावना आदि के शिकार भारतीय प्रवासियों में राष्ट्रीय चेतना जगाने के उनके अभियान का जबर्दस्त प्रभाव पड़ा क्योंकि उनकी संख्या कम होने के कारण उन्हें संगठित करना बहुत आसान था और इसी से वे भ्रमित हो गए कि सारे भारत की जनता भी इस प्रकार तैयार थी। उन्होंने ब्रिटिश शासकों की ताकत, उनकी विचारधारा के प्रभाव का भी गलत अंदाज़ लगाया और समझा कि हिंदुस्तान की जनता को सिर्फ विद्रोह का नारा देने की जरूरत थी। इस महत्त्वपूर्ण कमजोरी की जो कीमत गदर आंदोलन और समूचे राष्ट्रीय आंदोलन को चुकानी पड़ी वह काफी अधिक थी क्योंकि अगर गदर आंदोलन के नेतृत्व के एक बड़े भाग को शासन द्वारा कार्यक्षेत्र से अलग न किया जाता तो राष्ट्रीय आंदोलन का स्वरूप, विशेषकर पंजाब में, कुछ और ही होता क्योंकि अपनी राष्ट्रवादी एवं धर्मनिरपेक्ष विचारधारा के कारण गदर दल ने उन फिरकापरस्त भावनाओं को रोकने में महत्त्वपूर्ण भूमिका निभाई होती जिन्होंने आने वाले वर्षों में अपना सिर उठाया।

लोकमान्य बालगंगाधर तिलक : स्वराज मेरा जन्म सिद्ध अधिकार है

भारतीय स्वतंत्रता संग्राम के महान पुरुषों में लोकमान्य बालगंगाधर तिलक का नाम हमेशा स्वर्ण अक्षरों में लिखा जाता रहा है। स्वराज मेरा जन्म सिद्ध अधिकार

है, इस नारे को देने वाले बाल गंगाधर तिलक को लोग उनकी सेवाओं और कार्यों के लिए लोकमान्य कहते हैं।

बाल गंगाधर तिलक की सरकार विरोधी गतिविधियों ने एक समय उन्हें ब्रिटिश सरकार के साथ टकराव की स्थिति में ला खड़ा किया था। लेकिन उनकी सार्वजनिक सेवाएं उन्हें मुकदमे और उत्पीड़न से नहीं बचा सकीं। सन 1897 में उन पर पहली बार राजद्रोह का मुकदमा चलाया गया। सरकार ने उन पर राजद्रोह का आरोप लगाकर उन्हें जेल भेज दिया। इस मुकदमे में और सजा के कारण उन्हें लोकमान्य की उपाधि मिली।

"स्वराज मेरा जन्म सिद्ध अधिकार है" के उद्घोषक लोकमान्य बाल गंगाधर तिलक का भारत राष्ट्र के निर्माताओं में अपना एक विशिष्ट स्थान है। उनका सार्वजनिक जीवन 1880 में एक शिक्षक और शिक्षण संस्था के संस्थापक के रुप में आरम्भ हुआ। इसके बाद 'केसरी' और 'मराठा' उनकी आवाज के पर्याय बन गए। इनके माध्यम से उन्होंने अंग्रेजों के अत्याचारों का विरोध तो किया ही साथ ही भारतीयों को स्वाधीनता का पाठ भी पढ़ाया।

वह एक निर्भीक सम्पादक थे, जिसके कारण उन्हें कई बार सरकारी कोप का भी सामना करना पड़ा। उनकी राजनीतिक कर्मभूमि कांग्रेस थी, किन्तु उन्होंने अनेक बार कांग्रेस की नीतियों का विरोध भी किया. अपनी इस स्पष्टवादिता के कारण उन्हें कांग्रेस के नरम दलीय नेताओं के विरोध का भी सामना करना पड़ा। इसी विरोध के परिणामस्वरुप उनका समर्थक गरम दल कुछ वर्षों के लिये कांग्रेस से पृथक भी हो गया था, किन्तु उन्होंने अपने सिद्धान्तों से कभी समझौता नहीं किया।

स्वराज हमारा जन्म सिद्ध अधिकार है और हम इसे लेकर रहेंगे का नारा देकर देश में स्वराज की अलख जगाने वाले बाल गंगाधर तिलक उदारवादी हिन्दुत्व के पैरोकार होने के बावजूद कट्टरपंथी माने जाने वाले लोगों के भी आदर्श थे। धार्मिक परम्पराओं को एक स्थान विशेष से उठाकर राष्ट्रीय स्तर पर पहुंचाने की अनोखी कोशिश करने वाले तिलक सही मायने में 'लोकमान्य' थे।

गरम दल में तिलक के साथ लाला लाजपत राय और बिपिन चन्द्र पाल शामिल थे। इन तीनों को लाल-बाल-पाल के नाम से जाना जाने लगा। 1908 में तिलक ने क्रांतिकारी प्रफुल्ल चाकी और खुदीराम बोस के बम हमले का समर्थन किया जिसकी वजह से उन्हें बर्मा (अब म्यांमार) में जेल भेज दिया गया। जेल से

छूटकर वे फिर कांग्रेस में शामिल हो गए और 1916-18 में एनी बीसेंट और मुहम्मद अली जिन्ना के साथ अखिल भारतीय होम रूल लीग की स्थापना की।

लेकिन नए सुधारों को निर्णायक दिशा देने से पहले ही 1 अगस्त, सन 1920 ई. में बंबई में तिलक की मृत्यु हो गई। उन्हें श्रद्धांजलि देते हुए महात्मा गांधी ने उन्हें आधुनिक भारत का निर्माता और नेहरू जी ने भारतीय क्रांति के जनक की उपाधि दी।

3

तिलक के आध्यात्मिक और धार्मिक विचार

लोकमान्य तिलक के राजनीतिक चिन्तन का बहुत कुछ पृष्ठ-पोषण उनके आध्यात्मिक और धार्मिक विचारों के आवरण में हुआ तथा यह कहने में कोई अतिशयोक्ति नहीं होगी कि महात्मा गाँधी की भाँति ही तिलक की राजनीति भी बहुत हद तक धर्मवेष्ठित थी। तिलक एक धर्म-प्राण राजनीतिज्ञ थे और उसी राजनीतिक व्यवस्था के समर्थक थे जिसका उद्देश्य धर्म का रक्षण और पोषण हो। तिलक ने धार्मिक उत्सवों के माध्यम से भारत में राष्ट्रीयता की अद्‌भुत ज्योति जलाई। वे पहले नेता थे जिन्होंने राजनीतिक आन्दोलन को सशक्त बनाने के लिए धार्मिक जोश का प्रयोग किया। राजनीतिक क्षेत्र में उनकी धर्म-प्रवणता का एक

जीता-जागता प्रमाण यह है कि पीड़ित और असहाय जनता की सेवा करना राजनीति का और मानवता का प्रथम उद्देश्य मानते थे तथा उनका सम्पूर्ण सार्वजनिक जीवन

इस उद्देश्य की पूर्ति के लिए किए गए प्रयासों की कहानी है। तिलक के आध्यात्मिक और धार्मिक विचारों को कतिपय मुख्य शीर्षकों में विभाजित करना अध्ययन क दृष्टि से सुविधाजनक होगा।

गणेश उत्सव बना आंदोलन

अगर आज मुंबई में मनाये जाने वाले गणपति उत्सव की बात करते हैं, तो यह वही उत्सव है जिसने अंग्रेजों के खिलाफ जन-आंदोलन खड़ा करने में अहम भूमिका निभाई थी। उस वक्त जाति और संप्रदायों में बंटे समाज को एक बनाने के लिये इस गणेश उत्सव को मनाया गया था। इस उत्सव को मनाने में बाल गंगाधर तिलक ने अहम भूमिका निभाई थी। इसके साथ ही धीरे-धीरे यह उत्सव आजादी की एक मिसाल बन गया।

अद्वैतवाद एवं भारतीय प्राचीन ग्रन्थों के तत्त्व ज्ञान में आस्था

लोकमान्य तिलक की अद्वैत (Monism) दर्शन में गहरी आस्था थी। ऋग्वेद तथा उपनिषदों के वेदान्त-सिद्धांत तथा भगवद् गीता ने उन्हें अत्यधिक प्रभावित किया था। उनकी दृष्टि में आत्मा एक पूर्ण और सर्वोच्च सत्ता थी। भारतीय प्राचीन ग्रन्थों के तत्त्व ज्ञान और हिन्दू धर्म में उनका अडिग विश्वास था। 1901 में अपने एक भाषण में उन्होंने कहा था–''अपने सच्चे अर्थों में धर्म शब्द का अभिप्राय ईश्वर और आत्मा क प्रकृति के ज्ञान और उपायों से होता है जिनके द्वारा मानव-आत्मा मोक्ष या मुक्ति प्राप्त कर सकती है।'' तत्कालीन वातावरण में जब कि चारों ओर पाश्चात्य भौतिकवाद का बोलबाला था और भारत के अधिकांश स्वाधीनता सेनानी पाश्चात्य सभ्यता तथा संस्कृति की श्रेष्ठता के कायल थे, लोकमान्य तिलक ने भारत के महान् अतीत को उजागर किया, भारतीय संस्कृति की श्रेष्ठता को पुनर्प्रतिष्ठित किया और एक सच्चे भारतवासी की तरह हिन्दू धर्म की आवाज को समझा, सुना तथा उसका प्रचार किया।

धर्म के द्वैतवादी स्वरूप को भी स्वीकार करना

तिलक व्यावहारिक बुद्धि के धनी थे और यह समझते थे कि जन-साधारण वेदान्त के रहस्यमय दर्शन का मूल्याँकन नहीं कर सकता, अतः उन्होंने ईश्वर के सम्बन्ध में जन-साधारण में व्याप्त धारणा को अस्वीकार करके जन-मानस को ठेस नहीं पहुँचाई, बल्कि धर्म के विभिन्न प्रतीकों के महत्त्व को स्वीकार किया। धर्म के

प्रति निष्ठा और श्रद्धा बनाए रखने के लिए उन्होंने व्यक्तिगत ईश्वर (Personal God) के विचार को भी स्वीकार किया। इन सब बातों के मूल में तिलक के हृदय में यह आकांक्षा सदैव बनी रही कि आध्यात्मिक एवं धार्मिक आधार पर भारतीय राजनीतिक आन्दोलन को गतिमान किया जाए।

तिलक ने अवतारवाद में भी आस्था प्रकट की। उन्होंने कृष्ण को ईश्वर का अवतार माना तथा गीता की अपनी व्याख्या कृष्ण को ही समर्पित की। धार्मिक जीन के लिए भक्ति को उन्होंने आवश्यक बताया और धार्मिक कर्मकाण्ड का विरोध नहीं किया। वे यह भी मानते थे कि धार्मिक कर्मकाण्ड बदल सकते हैं और बदलते हैं, किन्तु उनका कहना था कि जब तक उन्हें औपचारिक रूप से बदला नहीं जाता तब तक उनका पालन किया जाना चाहिए। लोकमान्य तिलक की मान्यता थी कि आधुनिक विज्ञान भी भारत की प्राचीन उपलब्धियों और बुद्धि-वैभव की पुष्टि करता है। वर्तमान वैज्ञानिक विकास से भारत के प्राचीन धार्मिक तत्त्व स्पष्ट होते हैं। 3 जनवरी, 1908 को भारत धर्म महामण्डल के समक्ष अपने एक भाषण में उन्होंने कहा कि पाश्चात्य मनोवैज्ञानिक शोध संस्थाएँ, जगदीशचन्द्र बोस के अनुसंधान तथा ओलीवर लाज के विचार हिन्दू धर्म के आधारभूत सिद्धान्तों की पुष्टि कर रहे हैं। ''आधुनिक विज्ञान पुनर्जन्म के सिद्धान्त को भले ही न मानता हो लेकिन कर्म के सिद्धान्त को अवश्य स्वीकार करता है। वेदात और योग की आधुनिक विज्ञान द्वारा पूर्णतः पुष्टि हो चुकी है और इन दोनों का उद्देश्य आध्यात्मिक एकता प्रदान करता है।''

हिन्दू धर्म की महानता का प्रतिपादन

तिलक सनातनी हिन्दू थे जिन्हें अपने धर्म पर बड़ा गर्व था। पाश्चात्य भौतिक संस्कृति की चकाचौंध में वे हिन्दू धर्म की शक्ति को भुला नहीं बैठे थे, वरन् हिन्दू धर्म के प्रकाश द्वारा भारतीयों में स्वाभिमान और अपनी संस्कृति के प्रति प्यार पैदा करना चाहते थे, पर तिलक लकीर के फकीर नहीं थे। योगियों और ऋषियों के महत्त्व को स्वीकार करते हुए भी उनकी दृष्टि में 'कर्मयोगी' सर्वोपरि था। तिलक ने मुक्ति का उपाय कर्मयोग में ढूँढ़ते हुए कहा था कि चरम मोक्ष कर्मयोगियों को ही प्राप्त होता है। उन्होंने गृहस्थ जीवन को भी कर्मयोग का एक माध्यम बताया।

तिलक ने हिन्दू धर्म के विराट स्वरूप को प्रकट किया। हिन्दू धर्म को अति प्राचीनता, संयमशीलता और ऐक्यकारी शक्ति को उन्होंने बड़े स्पष्ट शब्दों में जनता-जनार्दन के सामने रखा। धर्म को उन्होंने राष्ट्रीयता का एक तत्त्व कहा। धर्म का आशय है ईश्वर और मनुष्य के प्रति हमारा कर्त्तव्य। भारत धर्म मण्डल के समक्ष

अपने भाषण में उन्होनें कहा कि हिन्दू धर्म में नैतिक और सामाजिक दोनों ही प्रकार के बन्धन की व्यवस्था है। कभी भारत एक महान् राष्ट्र के रूप में संगठित था, पर आज उसकी एकता छिन्न-भिन्न हो चुकी है और राष्ट्रीय नेताओं का कर्त्तव्य है कि उस एकता की पुनः स्थापना का प्रयत्न करें। उन्होंने कहा कि बनारस का हिन्दू भी उतना ही हिन्दू है, जितना कि बम्बई या मद्रास का। यदि हम छोटे-छोटे मत-मतान्तरों और भेदभावों को भुला दें तो हम शीघ्र ही विभिन्न धर्मों को एक शक्तिशाली हिन्दू राष्ट्र के रूप में संगठित करने में समर्थ होंगे। वास्तव में तिलक की आकांक्षा थी कि धर्म के माध्यम से भारत राष्ट्र का संगठन किया जाए। उनकी दृष्टि में यह स्वराज्य की एक नैतिक आवश्यकता थी। नैतिक आधार पर ही उन्होंने स्वाधीनता के लिए राष्ट्रीय युद्ध का संचालन किया और जब कभी विदेशी सरकार द्वारा बनाए गए कानून तथा नैतिक सिद्धान्तों के बीच संघर्ष की स्थिति उत्पन्न हुई तो उन्होंने सदैव नैतिक सिद्धान्तों को ही प्राथमिकता दी।

क्या तिलक मुस्लिम विरोधी थे?

तिलक हिन्दू राष्ट्र को संगठित देखना चाहते थे। उनका कहना था कि हिन्दू-धर्म की बाढ़ को जरा एक ही धारा में बहने दो और तब दुनिया में कोई इससे टक्कर नहीं ले सकेगा। हिन्दू धर्म में तिलक की इस असीम निष्ठा से यह अर्थ निकालना भ्रामक होगा कि तिलक का धर्म के प्रति कोई रूढ़िवादी दृष्टिकोण था अथवा अन्य धर्मों के प्रति उनके हृदय में विरोध या घृणा के अंकुर थे। विदेशी सरकार और अवाँछित तत्त्वों की साजिश के कारण ही तिलक को मुस्लिम-विरोधी के रूप में प्रस्तुत किया गया था। तिलक का अपराध यही था कि "वे अन्याय का संगठित रूप से विरोध करने के पक्ष में थे और आत्म-सम्मान तथा आत्मा-निर्भरता को विकसित करने के लिए जनता को बराबर शिक्षित किए जाने का समर्थन करते थे। वे जन-अधिकारों और जन-सम्मान की रक्षा के लिए तीव्र आन्दोलन करते रहे और इसके लिए खतरे उठाने को तैयार रहे। इस प्रकार उन्होंने मुसलमानों की नफरत और सरकार की नाराजी को आमंत्रित किया।"[1] सरकार जिस प्रकार ऊपर से मुसलमानों से व्यवहार करती थी उसके पीछे एक सुनिश्चित राजनीतिक चाल थी और जन-साधारण का यह विश्वास था कि सरकार मुसलमानों के साथ पक्षपातपूर्ण व्यवहार करती है। मुसलमानों को हिन्दुओं के विरुद्ध प्रयोग करने की एक सनियोजित चाल थी। तिलक ने इस चाल को समझा था और इसका विरोध किया था। "तिलक ने आम मुस्लिक प्रकृत्ति को ठीक ही समझा था पर फिर भी वे उनके

प्रति अविवेकपूर्ण या कठोर नहीं हुए। लेकिन उन्होंने मुसलमानों की ऐसी स्वेच्छा या मित्रता प्राप्त करने के लिए नम्र आत्म-समर्पण करना अस्वीकार कर दिया जो उनकी दृष्टि में कोई मित्रता ही नहीं थी। अत्याचारी के समक्ष आत्म-समर्पण करना उन्हें कभी स्वीकार न था। यही उनका सिद्धान्त था। उनकी राय में अत्याचारी को ठीक करने के लिए उसका सामना करना ही सही मार्ग था। वे मुसलमानों से झगड़ा मोल लेने में कभी पहले आगे नहीं बढ़े। वे सदैव आपसी मतभेद दूर करने और समझौता करने को तत्पर रहते थे। अपने सभी लेखों और भाषणों में सदैव ही बचाव करते रहते थे और हिन्दुओं के विरुद्ध लगाए गए आरोपों का खण्डन करते रहते थे। फिर इसमें आश्चर्य ही क्या था कि लोग उन्हें अपना प्रतिनिधि और रक्षक समझते थे जबकि एंग्लो-इंडियन उन्हें मुस्लिम विरोधी और भारतीयों में अशान्ति उत्पन्न करने वाला कहते थे।''

मॉडले जेल से छूटने के बाद तिलक अखिल भारतीय नेता और भारत की राजनीतिक आकॉक्षाओं के विश्वसनीय प्रतिनिधि समझे जाने लगे थे। लखनऊ में इंडियन नेशनल कॉंग्रेस और अखिल भारतीय मुस्लिम लीग साथ हो गई थी तथा भारत के लिए पूर्ण स्वराज्य की संयुकत माँग करने के लिए उनमें एक समझौता भी हो गया था। यह मुख्य रूप से तिलक के प्रभाव के कारण ही हुआ था। अली भाइयों ने उन्हें अपना गुरु और नेता माना था और जिन्ना ने उनमें अपना पूर्ण विश्वास प्रकट किया था। यह इस बात का प्रदर्शन था कि तिलक हिन्दुओं के साथ ही मुसलमानों के भी वैसे ही नेता और प्रवक्ता थे। यह स्पष्ट था कि वे एक ही रात में नहीं बदले थे।

वास्तव में तिलक तो धार्मिक सहिष्णुता के प्रतीक थे जिन्होंने मुसलमानों से अथवा अन्य किन्हीं भी धर्मावलम्बियों से कोई द्वेषभाव नहीं रखा। एक सच्चे धर्म-प्राण व्यक्ति और आध्यात्मिक राष्ट्रवादी नेता की तरह उन्होंने सदैव यह चाहा कि शासन सभी धर्मावलम्बियो के साथ समान व्यवहार करे। उन्होंने यह पसन्द नहीं किया कि सरकार हिन्दू विरोधी नीति का आश्रय लेकर मुसलमानों के साथ पक्षपातपूर्ण नीति अपनाए तथा हिन्दु-मुसलमानों में साम्प्रदायिक झगड़ों को प्रोत्साहन दे। उन्हें यह सहन नहीं हुआ कि अंग्रेजी सरकार मुसलमानों का पक्ष लेकर बहुसंख्यक हिन्दुओं के हितों पर आघात करे तथा हिन्दुओं को दबाने के लिए अवाँछित तत्त्वों को संरक्षण दे। तिलक का यह व्यवहार मानवतावादी था जिसमें धार्मिक द्वेषभाव का संकीर्णता नाम-मात्र को भी न थी। यदि उन्होंने हिन्दुओं को आत्म-रक्षार्थ संगठित होने का संदेश दिया और निर्भीकतापूर्वक हिन्दू संगठन के

प्रयासों को जारी रखा तो इसमें उनकी कोई संकुचित भावना नहीं थी। तिलक का यह व्यवहार सर्वथा मानवतावादी था कि वे सरकार से सभी जातियों के लिए न्यायपूर्ण व्यवहार माँगते।

हिंदू पुनरूत्थान के प्रयास का आरोप

स्वतंत्रता आंदोलन में तिलक की भूमिका के मूल्यांकन पर प्रायः "साम्प्रदायवाद" और "हिंदू पुनरूत्थान" के आरोपों द्वारा अड़ंगा डाला जाता रहा है। परंतु तिलक के सार्वजनिक जीवन के इतिहास का सूक्ष्म और संतुलित परीक्षण एक दूसरी ही कहानी कहता है। 1888 के करीब तिलक ने अपने पूर्व सहयोगी चिपलूंकर के साथ अंधदेशभक्त हिंदू पुनरूत्थानवाद के संकुचित और अलगाववादी कार्यक्रम के खिलाफ निर्णायक शुरूआत की। इसका मतलब यह नहीं कि वे हिंदू रीतिरिवाजों के प्रति उदासीन थे। परंतु कुछ नेता अवश्य थे। अनेक मुस्लिम नेता मौलाना थे और प्रायः हिंदू नेता आर्य समाज या ब्रम्ह समाज से ताल्लुकात रखते थे। गीता में तिलक की रुचि न तो अपवाद थी और न ही उसने कोई अप्रिय आलोचना पाई।

वास्तव में, तिलक की हिंदू दर्शन में रुचि न तो पुराणपंथता से और न ही प्रतिक्रियावादी पुनरूत्थान के रूझान से उत्पन्न हुई थी। स्वतंत्रता आंदोलन में उनके कर्मठ योगदान, राजनैतिक स्पष्टता एवं उनके संदेश की सरलता के संदर्भ में, यह कहना ज्यादा उपयुक्त होगा कि उनकी हिंदू और मराठा धरोहरों में रुचि ब्रिटिश शिक्षा प्रणाली की छद्‌म और विदेशी चारित्रिकता से उत्पन्न हुई सांस्कृतिक शून्यता से पैदा हुई थी। प्राचीन भारतीय ग्रंथों और परंपरागत भारतीय निबंधों से प्रेरणा पाने के लिए समकालीन मूल्य की अंतरदृष्टि तिलक और उनके समान अन्य नेताओं के लिए स्वाभिमान एवं स्वचेतना को बढ़ाने में सहायक हुई। उस समय उपनिवेशिन से प्रेरित मतों ने भारत की हर बात का मखौल उघया और पश्चिमी विज्ञान तथा सभ्यता को भारत के शेष सब को समाप्त कर देने के लिए प्रोत्साहित भी किया। इनको चुनौति देता हुआ तिलक का यह एक महत्वपूर्ण कार्य था।

ऐसे समय जब पश्चिमी साहित्य और मूल्यों ने "राजभक्त" और "उदारपंथी" भारतीय राजनीतिज्ञों को मोहित कर लिया था, भारतीय सांस्कृतिक रीतिरिवाजों के साथ जुड़ना और उन्हें उभारकर सामने लाना किसी उत्कर्ष से कम न था। तिलक के संबंध में विशेष बात यह है कि उन्होंने कभी पश्चिम के वैज्ञानिक ज्ञान और तकनीक के साथ भारतीय रीतिरिवाजों को प्रतिपक्ष के समान पेश नहीं किया। वे

विदेश-द्वेषी नहीं थे। वे यूरोप की वैज्ञानिक एवं सांस्कृतिक प्रगति से भारत को लाभांवित करना चाहते थे। औपनिवेशिक कार्यक्रमों के घोर आभारियों के विपरीत, उसने कोई ऐसा कारण नहीं देखा कि शिक्षित भारतवासी अपने देश की धरोहरों में रुचि रखने से परहेज करें।

गीता के बारे में तिलक

यह ध्यान देने योग्य है कि गीता पर उनकी विवेचना वास्तविक दुनिया से पलायन और त्याग को मानने वालों के लिए क्रांतिकारी है। गीता की उनकी व्याख्या

समयानुकूल थी, स्वतंत्रता आंदोलन की भागीदारी को विस्तारित करने पर केंद्रीभूत थी और बहुत से मायने में गांधी की अपेक्षा उनकी अंतरदृष्टि दूरगामी थी। जबकि गांधी की दिशा आदर्शवाद की और यहां तक कि, रहस्यवादी छायावाद की ओर उन्मुख थी। तिलक का तरीका कुशाग्रता से व्यावहारिक और वास्तविक कार्य की ओर सदैव उन्मुख होता था। हिंदू आध्यात्मवाद में उनकी रुचि अनुभव से पैदा हुई कि ब्रिटिश भारत में समाज को नैतिक मान्यताओं विहीन बना रहे थे, कि औपनिवेशिक शोषण जनता, समाज और देश के प्रति सामाजिक एकता और कर्तव्य की भावना को नष्ट कर रहा था। गांधी कभी-कभी एकदम स्वेच्छाचारी प्रतीत होते और जो अपनी राजनीति में अस्थिर थे, के विपरीत तिलक ने अपनी शिक्षाओं के पालन में कठोर परिश्रम किया और वही शिक्षा दी जिसका वे पालन करते थे। जबकि गांधी आम जनता के सैन्य विप्लव से डरते थे। इसलिए वे ऐसे विचारों को आगे किया जिसने खदबदाते सामाजिक और नैतिक विरोधाभासों को अस्पष्ट एवं धुंधला किया। तिलक को ऐसी कुंठा पालने की कोई मजबूरी नहीं थी। औपनिवेशिक शोषण के गैर-समझौतावादी विरोध ने उनको "धर्म" या कर्तव्य के दृष्टिकोण का समर्थन करने का मौका दिया और यह एक प्रकार से औपनिवेशिक शासन एवं अन्याय के विरूद्ध लड़ने में ज्यादा सुयोग्य एवं नीतिपूर्ण था।

अपने शुरूआती वर्षों में जब उन्होंने महाराष्ट्र के हिंदू त्यौहारों में भागीदारी को प्रोत्साहित किया था, वे लोगों में विश्वास पैदा करने की इच्छा से प्रेरित हुए थे जिससे उपनिवेशन के प्रति जड़वत्ता के प्रभाव से लड़ा जा सके। इन गतिविधियों से मुस्लिमों में शत्रुता, आक्रोश और अलगाववादी भावनायें भड़केंगी यह बात उनको कभी नहीं सूझी क्योंकि वे कभी भी नहीं चाहते थे कि दो समुदायों के मध्य कोई दरार पैदा हो और वे चाहते थे कि समस्त त्यौहारों में दोनों समुदाय भाग लेते रहें।

हिंदू मुस्लिम एकता का महत्व

जैसे-जैसे वे राष्ट्रीय नेता की तरह परिपक्व हुए वे स्वतंत्रता संग्राम में हिंदू मुस्लिम एकता के महत्व के प्रति ज्यादा सचेत हुए। 1893 तक तिलक जान चुके थे कि कैसे औपनिवेशिक प्रशासन के ऐंग्लो इंडियन अधिकारियों के उकसाने से हिंदू और मुस्लिम के बीच तकरारें पैदा होतीं थीं। औपनिवेशिक प्रशासकों की "बांटो और राज करो" नीति के प्रति वे भुलक्कड़ नहीं थे और जानते थे कि स्वतंत्रता के उद्देश्य में वह नीति कितनी घातक थी।

जेल से छूटने के बाद उन्होंने देखा कि उनके जेल के वर्षों के दौरान राष्ट्रीय आंदोलन का कैसे पराभव हो चुका था और राष्ट्रीय आंदोलन की प्रगति के लिए हिंदू मुस्लिम अंग कितने गंभीर रोड़े बन गए थे। तिलक और कांग्रेस के उन जैसे धर्मनिरपेक्ष नेताओं ने मुस्लिम नेताओं को शांत किया, स्वतंत्रता संग्राम में वापिस लाये और "स्वराज" के लिए मुस्लिम लीग के विश्वास को जीतने के लिए अपने प्रयासों को दुगना किया। हिंदू-मुस्लिम एकता को सर्वोपरि मानते हुए तिलक ने 1916 के कांग्रेस-मुस्लिम लीग के समझौते को पक्का करने में सहायता की जो वास्तव में, लीग की सभी मांगों को स्वीकार करता था।

लखनऊ के 31 वें कांग्रेस के राष्ट्रीय अधिवेशन के भाषण में अपने धर्मनिरपेक्ष दृष्टिकोण को इससे अधिक और क्या स्पष्ट किया जा सकता था जब उनने कहा: "कुछ लोगों के द्वारा कहा जाता है कि हम हिंदू अपने मुस्लिम भाईयों के लिए बहुत अधिक झुक चुके हैं। मुझे भरोसा है कि संपूर्ण भारत के हिंदू समुदाय की भावना का मैं प्रतिनिधित्व करता हूं, जब मैं यह कहता हूं कि हमें इतना अधिक नहीं झुकना चाहिए था।" उसने जोर देकर कहा कि वे भारतीय मुस्लिमों को या कोई भी जाति के भारतीयों को ब्रिटिश द्वारा भारत के शासन को सौंपा जाना देखना ज्यादा पसंद करेंगे अपेक्षाकृत भारत में औपनिवेशिक सत्ता के सर्वोपरि की तरह ब्रिटिश के बने रहने के।

यद्यपि मुस्लिम लीग के राष्ट्रीय अधिवेशन के प्रति अमैत्रीपूर्ण रवैया दूर करने के तिलक के प्रयास असफल रहे और उस समय के दौरान लीग की गैर-प्रजातंत्रात्मक और अतार्किक मांगों को लेकर तिलक और कांग्रेस के बीच की दूरी काफी बढ़ गई थी। इस बात को नकारा नहीं जा सकता।

इस प्रकार से समकालीन मुस्लिमों ने तिलक को सच्चा "राष्ट्र्वादी" माना था। मौलाना शौकतअली और मौलाना हसरत मुहानी जो खिलाफत आंदोलन के पक्के सदस्य और राष्ट्रीय आंदोलन के शुरूआती समर्थक थे, तिलक के प्रशंसक थे, मुस्लिम लीग से जुड़ने तक। देशबंधु चितरंजनदास के विश्वसनीय समर्थक और "सुराजी" मजरूल हक ने तिलक की प्रशंसा की। कांग्रेस के अध्यक्षों में से एक डा. अंसारी ने भी स्वीकार किया कि तिलक की दृष्टि हिंदू प्रभुत्व की नहीं थी।

एक बार मुस्लिम लीग ने विभाजन का रास्ता पकड़ लिया, मुस्लिम लीग के जिन्ना, जो पहले तिलक का मैत्रीवत् आदर करते थे, जैसे पाकिस्तान पक्षधर एवं उत्पाती ने तिलक की निंदा करना शुरू किया, उनको हिंदू पुनरूत्थानवादी और साम्प्रदायवादी कहना शुरू किया।

एकबार मुस्लिम लीग ने विभाजन का मोड़ दृढ़ता से पकड़ा, यह आश्चर्यजनक नहीं था कि पाकिस्तान के चितेरे तिलक के विरूद्ध तीक्षणता से मुड़ गए और तिलक के बारे में जो कुछ पहले कहा था का खंडन करना शुरू कर दिया। दो-देश नीति को इस प्रकार के खंडन मंडन की आवश्यकता थी और भारतीय स्वतंत्रता आंदोलन के शुरू के वर्षों में उत्साहवर्धक योगदान देने वाले तिलक के सार्वजनिक जीवन को तंगनजरी से खंडित रूप में प्रस्तुत किया गया।

यद्यपि जिन्ना समान रूप से कांग्रेस जिसे "हिंदू" संगठन कहकर त्यागा था पर प्रहार करने से चूकते नहीं थे, उनके तिलक के प्रहार कुछेक भारतीय उदारपंथियों में प्रतिछाया स्वरूप पाये जाते थे। परंतु पहले जैसा कहा गया है, तिलक हिंदू संस्कृति और दर्शन में रुचि रखने वाले राष्ट्रीय नेताओं में मुश्किल से अकेले ही थे। खास विड़म्बना यह थी कि उनके बड़े आलोचक खुद साम्प्रदायिकता में डूबे हुए थे और स्वतंत्र भारत में समाज के विकास और प्रौढ़ता के संबंध में प्रतिक्रियावादी तथा पुरांणपंथी दृष्टिकोण रखते थे। तिलक के भारतीय आलोचक जो उन्हें "जातिवादी" अछूत मानते थे, वे गंभीररूप से विभ्रांत या मिथ्यासूचित थे, परंतु संभवतया वे धर्मनिरपेक्षता की हिंदू-दुर्भीति की भावना के वशीभूत हो चुके थे।

अहिंसा और तिलक

1908 में हिंदू, मुस्लिम या सिख भारतीय स्वतंत्रता आंदोलन में तिलक के स्तर के कम ही नेता थे और अनेक मायनों में उनके विचार गांधी के विचारों से आगे थे। कोई भी स्वतंत्रता या उन्नति प्रेमी इस बात से अवगत होगा। अहिंसा पर तिलक के आलेख अग्रिमबुद्धि को प्रगट करते थे। तिलक न तो बंदूक-पूजक थे और न ही हिंसा त्याग के आदर्शवादी। 1908 में उनने देखा कि नागरिक अवज्ञा के द्वारा अहिंसक प्रतिकार ही संघर्ष का उपयुक्त तरीका था क्योंकि उस खास समय में ब्रिटिश के विरूद्ध सशस्त्र संघर्ष के जीतने की संभावनायें उसने नहीं देखीं। परंतु न तो इस शंका से इंकार किया कि एक समय ऐसा आ सकता है कि जब भारतीय जनता सशस्त्र संघर्ष के लिए समर्थ, तत्पर और तैयार होगी, यदि अन्य कोई विकल्प ब्रिटिश को परास्त करने के लिए सफल नहीं होता तो। इस कारण वे सशस्त्र क्रांतिकारियों की निंदा करने के लिए कभी तैयार नहीं हुए और भारतीय स्वतंत्रता के उद्देश के लिए हर एक सशस्त्र क्रांतिकारी को विधिसम्मत योद्धा एवं शहीद मानते थे। व्यावहारिक यथार्थवाद के तत्वों को निडर त्याग के सिद्धांत के साथ संलग्न करना वह था जिसने युवा तिलक को राष्ट्रीय महत्व के बड़े नेता बनने में परिपक्व किया।

उनका सार्वजनिक जीवन बतलाता है कि वे भारतीय जनता के प्रति अपेक्षाकृत अपने धोखेबाज एवं पाखंडी विरोधियों के, ज्यादा स्पष्टवादी और निष्कपट थे। परंतु वे अपने समकालीनों की तुलना में दांवपेंच एवं रणनीति के मामलों में अधिक जकड़े हुए थे। तिलक ने राष्ट्रहित के लिए धैर्य एवं समर्पण का वह स्तर दिखलाया जो उनके निंदकों से ज्यादा ऊँचा था, वह भारतवासियों को संदेश देने में कतई नहीं हिचकचाये। यद्यपि शुरू के वर्षों में नजरबंदी ने तिलक की हिम्मत को गंभीररूप से कमजोर किया पर तिलक जैसे नेता थे जिनने जनता के आंदोलन में जान फूंकी और समय के साथ स्वतंत्रता संग्राम के विस्तार और गूढ़ होने के लिए भूमि तैयार की।

4

तिलक का राजनीतिक दर्शन

अपनी पुरानी परंपरा और संस्थाओं के प्रति जनता में अब नई जागरूकता प्रकट हो रही थी। इसके सबसे स्पष्ट उदाहरण थे पुरानी धार्मिक आराधना, गणपति-पूजन और शिवाजी के जीवन से जुड़े प्रसंगों पर महोत्सवों का आयोजन। इन दोनों आंदोलनों के साथ तिलक का नाम घनिष्ठ रूप से जुड़ा है। तिलक का दृढ़ विश्वास था कि पुराने देवताओं और राष्ट्रीय नेताओं की स्वस्थ वंदना से लोगों में सच्ची राष्ट्रीयता और देशप्रेम की भावना विकसित होगी। विदेशी विचारों और प्रथाओं के अंधानुकरण से नई पीढ़ी में अधार्मिकता पैदा हो रही है और उसका विनाशक प्रभाव भारतीय युवकों के चरित्र पर पड़ रहा है। तिलक का विश्वास था कि अगर स्थिति को इसी प्रकार बिगड़ने दिया गया तो अंततः नैतिक दीवालिएपन की स्थिति आ जाएगी, जिससे कोई भी राष्ट्र उबर नहीं सकता। यह एक गंभीर समस्या थी और भारत सरकार तक ने उस समय इस ओर ध्यान दिया था। सरकार की नजर में इस बीमारी का इलाज भारतीय स्कूलों में नैतिक शिक्षा की पाठ्य-पुस्तकों की पढ़ाई शुरू करना था। तिलक ने सरकार के इस सुझाव की कठोर आलोचना मराठा के अनेक अंकों में की। तिलक के विचार में, भारतीय युवकों को स्वावलंबी और अधिक ऊर्जावान बनाने के लिए उनको अधिक आत्म-सम्मान का प्रशिक्षण दिया जाना चाहिए। यह तभी किया जा सकता है, जब उन्हें अपने धर्म और पूर्वजों का अधिक आदर करना सिखाया जाएँ। अत्यधिक और निरुद्देश्य आत्म-आलोचना एक तपस्वी या दार्शनिक के लिए अच्छी हो सकती है, लेकिन व्यावहारिक जीवन में इससे प्रतिकूल प्रभाव पड़ सकता है। अतिरिक्त देशप्रेम के कारण कभी थोड़ी-बहुत अप्रिय स्थिति उत्पन्न हो सकती है, लेकिन इसके अच्छे नतीजे भी निकलते हैं, जबकि पूर्ण आत्म-त्याग का नतीजा केवल आलस्य और मौत हो सकती है।

संक्षेप में, यही तिलक का सामाजिक और राजनीतिक दर्शन है। इस बारे में दो राय हो सकती है कि यह सही है या नहीं लेकिन कोई व्यक्ति यह नहीं कह सकता है कि उन्होंने इसका अनुसरण नहीं किया। तिलक पर अकसर सामाजिक सुधारों के मामले में ढोंग और अस्थिरता का आरोप लगाया गया है। वे अपनी ही तरह के व्यावहारिक समाज-सुधारक थे। उन्होंने अपनी लड़कियों को शिक्षा दी, शास्त्र सम्मत अधिकतम आयु होने तक उनका विवाह स्थगित किया, जाति संबंधी प्रतिबंधों में छूट देने की अपील की और आमतौर पर समाज-सुधार आंदोलन का समर्थन किया। लेकिन इसके बावजूद उन्होंने समाज-सुधार पार्टी की आलोचना की। सतही स्तर पर निरीक्षण करने वालों को उनके व्यवहार में यह विरोधाभास नजर आता है, जबकि उनके विरोधी इसका कारण उनकी सस्ती लोकप्रियता प्राप्त करने की इच्छा बताते थे। वास्तविकता यह है कि इस विषय में उनका आचरण उनके पक्के विश्वास का नतीजा था। वे समाज-सुधार चाहते थे- लेकिन उनको उन आदमियों और उनके तरीकों पर, जो समाज सुधार की आवाज उठा रहे थे, विश्वास नहीं था। उनकी राय में, पिछली पीढ़ी के समाज-सुधारकों के पास ना तो वह योग्यता थी और न वे नैतिक गुण थे, जो सुधार आंदोलन की सफलता के लिए आवश्यक हैं। अतः उनकी आलोचना आम तौर पर उन व्यक्तियों के विरुद्ध होती थी, उन उद्देश्यों के विरुद्ध नहीं होती थी जिसके लिए ये लोग कार्य कर रहे थे। वास्तव में राजनीतिक और सामाजिक प्रश्नों की आलोचना के बारे में उनका सिद्धांत यही था। वे किसी सरकारी कदम का अनुमोदन कर सकते थे लेकिन उस उपाय को लागू करने वाले अधिकारियों की आलोचना करते थे। इसी प्रकार वे किसी सुधार को लागू करने के पक्ष में होते थे लेकिन वे उन लोगों की आलोचना करते थे, जो इस सुधार के मठाधीश होने का दावा करते थे।

तिलक सच्चे अर्थों में भारतीय उग्र राष्ट्रवाद के जनक थे जिन्होंने भारतीय राजनीति को एक नई दिशा प्रदान करके काँग्रेस को एक जन-आन्दोलन में परिणत कर दिया। तिलक ने जनता के सामने, नेताओं के सामने एक रचनात्मक कार्यक्रम विकसित किया और स्वतन्त्र भारत की भूमिका की और इन चिरस्मरणीय शब्दों में संकेत किया–"एशिया तथा संसार की शान्ति के लिए यह नितान्त आवश्यक है कि भारत को आत्म-शासन प्रदान करके पूर्व में स्वतन्त्रता का गढ़ बना दिया जाए।" तिलक उग्रराष्ट्रवादी थे, लेकिन उन्होंने हिंसा और रक्तपात को कभी प्रोत्साहन नहीं दिया। तिलक के राजनीतिक दर्शन को मुख्य बिन्दुओं के विभाजित करना अध्ययन की दृष्टि से अधिक उपयोगी होगा।

योग्य नेता

तिलक बाद में पूना की मूल अधिकार क्षेत्र की अदालत में दत्तक-ग्रहण का मुकदमा जीत गए। इससे उनके शब्द और कार्य पूरी तरह उचित प्रमाणित हो गए। अगले वर्ष तिलक ने अपने निजी मामलों, विशेषकर समाचारपत्र और छापेखाने से संबंधित कार्यों को संगठित एवं ठीक-ठाक किया। 'केसरी' की प्रसार संख्या में अत्यधिक बढ़ोतरी हो गई थी। अतः उसकी छपाई के लिए एक बड़ी मशीन का आयात करना जरूरी हो गया था। महाराजा गायकवाड़ ने पूना का गायकवाड़ बाड़ा उन्हें उचित दाम पर उनके हाथों बेच दिया। इससे तिलक जरूरत के मुताबिक अपने समाचार-पत्र और उसके छापेखाने को स्थायी जगह दे सके। अपनी बहुमुखी प्रतिभा का उपयोग उन्होंने मराठी भाषा के लिए नई किस्म के टाइप के विकास के लिए भी किया। वे इस टाईप का इस्तेमाल मराठी लाइनो टाइप मशीन में करना चाहते थे। इस कार्य में उन्हें उल्लेखनीय सफलता मिली। उनके नए टाइप की डिजाइन को इंग्लैंड में लाइनों टाइप निर्माताओं ने मंजूर कर लिया था, लेकिन मराठी टाइप से युक्त लाइनो टाइप मशीन के आयात में देरी हो गई। दरअसल देश में बहुत ही कम छापेखाने ऐसे थे, जो देवनागरी लाइनों टाइप मशीनों का खर्च उठा पाते थे। इसलिए इंग्लैंड के लाइनों टाइप निर्माताओं को इस बात के लिए तैयार नहीं किया जा सका कि वे अपनी पूँजी एक नई किस्म के टाइप वाली मशीन में फँसा दें।

तिलक सन् 1905 ई. से सक्रिय राजनीतिक आंदोलन में पूरी तरह कूद गए थे। बंगाल के विभाजन के कारण देश में राष्ट्रवादी भावनाओं का ज्वार आया। इसी के साथ स्वदेशी, बहिष्कार, राष्ट्रीय शिक्षा आदि स्वराज्य जैसे कार्यक्रम शुरू किए गए। बनारस कांग्रेस ने इन भावनाओं को संगठित और शक्तिशाली ढंग से प्रकट किया। यह बात स्वीकार की जाने लगी कि तिलक राष्ट्रवादियों की पार्टी (नेशनलिस्ट पार्टी) के सबसे योग्य नेता हैं और उन्हीं के कारण बंगाल के विभाजन के बाद पश्चिमी भारत में राष्ट्रवाद की मशाल जलती रही है।

तिलक का दृष्टिकोण

अगले वर्ष निंदनीय हिन्दू-मुस्लिम दंगे के बाद अनेक नए प्रश्न सामने आए। उनसे राजनीतिक वातावरण में जबरदस्त परिवर्तन आया। तिलक इन नई चुनौतियों का सामना करने के लिए सबसे आगे थे। उन्होंने एंग्लो इंडियन अधिकारियों की नीतियों का जबरदस्त विरोध किया। इन अधिकारियों ने भी अनुभव किया कि आम जनता पर उनका कितना प्रभाव है। सांप्रदायिक दंगों के बारे में तिलक का दृष्टिकोण

चाहे सही या गलत हो, स्पष्ट और निर्भता था। उनका कहना था कि हिन्दू-मुस्लिम दंगों का कारण कुछ अदूरदर्शी एंग्लो इंडियन अधिकारियों द्वारा गुप्त रूप से इन दोनों संप्रदायों के लोगों को भड़काना है। उनकी राय में इस शरारत की जड़ लॉर्ड डफरिन द्वारा शुरू की गई फूट डालो और राज करो की नीति है। इन दंगों को नियंत्रित करने का एकमात्र तरीका यह है कि सरकारी अधिकारी हिन्दू-मुसलमानों के बीच कड़ाई के साथ निष्पक्ष आचरण करें। उन्होंने कुछ वर्ग के अधिकारियों के विरुद्ध पक्षपात का प्रत्यक्ष आरोप लगाया जिसे स्वभावतः इन अधिकारियों ने पसंद नहीं किया। गवर्नर लॉर्ड हैरिस और उनके सचिव श्री ली वार्नर, दोनों तिलक के इन विचारों से नाराज थे, लेकिन तिलक सरकारी नाराजगी से डरने और दबने वाले व्यक्ति नहीं थे। अपने पत्र केसरी के जरिए आम जनता पर उनका व्यापक प्रभाव था और यही प्रभाव मुख्य रूप से जनता में एक नई भावना विकसित कर रहा था। शिक्षित लोगों में भी उनका प्रभाव बहुत था। वे दो बार स्थानीय विधान परिषद् और बंबई विश्वविद्यालय के 'फेलो' निर्वाचित किए गए। सन् 1895 ई. में वे पूना नगरपालिका के सर्वाधिक मतों से सदस्य निर्वाचित हुए। एक कुशल कार्यकर्ता के रूप में उन्हें सहयोगियों का आदर मिला।

तिलक ने राजनीतिक चिन्तन के आधार

तिलक ने राजनीतिक दर्शन के क्षेत्र में यथार्थवादी व्यावहारिक नेता की भूमिका अदा की। उदारवादियों की निष्क्रिय नीति की प्रतिक्रिया के रूप में तिलक ने सम्पूर्ण देश को मूर्त और गतिशील दृष्टिकोण में हमें यथार्थवाद का तत्त्व देखने को मिलता है, लेकिन वे मैकियावली और हॉब्स की भाँति के यथार्थवादी नहीं थे अथवा उन्होंने प्लेटो, अरस्तू या सिसरो की भाँति सर्वोत्तम राज्य के लक्षणों और सम्भावना का विवेचन नहीं किया। जीवन में उनका मुख्य उद्देश्य भारत की राजनीतिक दासता से मुक्ति था और इसी दिशा में एक व्यावहारिक राजनीतिक नेता के रूप में उनके कार्यकलाप रहे, उनकी चिन्तनधारा बही। तिलक के राजनीतिक चिन्तन में हमें भारतीय दर्शन की कुछ प्रमुख धारणाओं तथा आधुनिक यूरोप के राष्ट्रवादी और लोकतान्त्रिक विचारों का समन्वय देखने को मिलता है।

तिलक की आध्यात्मिक धारणाओं ने उनके राजनीतिक चिन्तन को विशेष रूप से प्रभावित किया। तिलक एक वेदान्तवादी थे और वेदान्त के अद्वैतवादी सिद्धान्त के आधार पर ही उन्होंने प्राकृतिक अधिकारों की राजनीतिक धारणा का निर्माण किया। वेदान्त दर्शन ने ही उन्हें स्वतन्त्रता की सर्वोच्चता का पाठ पढ़ाया।

तिलक ने स्वतन्त्रता को व्यक्ति का दैवी अधिकार माना और स्पष्ट शब्दों में घोषणा की कि स्वतन्त्रता के अभाव में नैतिक एवं आध्यात्मिक जीवन सम्भव नहीं है। तिलक का कहना था कि विदेशी साम्राज्यवाद का कोई भी स्वरूप स्वतन्त्रता के लिए घातक है, क्योंकि वह राष्ट्र की आत्मा को विनष्ट-कर देता है। अपने एक भाषण में तिलक ने स्वतन्त्रता को स्वशासन आन्दोलन (होम रूल आन्दोलन) की आत्मा बताया। उन्होंने कहा कि स्वतन्त्रता की दैवी प्रवृत्ति कभी समाप्त नहीं होती, स्वतन्त्रता व्यक्तिगत आत्मा का जीवन है जिसे वेदान्त ने ईश्वर से भिन्न नहीं अपितु उसका समरूप माना है।

जैसा कि हम कह चुके हैं, तिलक के राजदर्शन में एक ओर हमें भारतीय चिन्तन की आधारभूत धारणाओं के दर्शन होते हैं तो दूसरी ओर आधुनिक पाश्चात्य राष्ट्रवादी एवं लोकतान्त्रिक विचारों का प्रभाव भी दिखाई देता है। जॉन स्टुअर्ट मिल ने राष्ट्रीयता की जो परिभाषा दी थी उससे तिलक सहमत थे। 1919 और 1920 में उन्होंने विल्सन की 'आत्म-निर्णय' की धारणा को स्वीकार करते हुए भारत में इसके व्यावहारिक प्रयोग की माँग की थी। तिलक मैजिनी और बर्क के विचारों से भी प्रभावित थे। संक्षेप में कहना चाहिए कि तिलक का राष्ट्रवाद का दर्शन आत्मा की सर्वोच्चता के वेदान्तिक आदर्श और मैजिनी, बर्क, मिल तथा विल्सन की धारणाओं का समन्वय था। इस समन्वय को तिलक ने 'स्वराज्य' शब्द द्वारा व्यक्त किया।

तिलक का चिन्तन आध्यात्मिक पृष्ठभूमि पर आधारित था, अतः स्वाभाविक था कि उन्होंने स्वराज्य की नैतिक और आध्यात्मिक व्याख्या प्रस्तुत की। तिलक ने स्वराज्य को केवल एक अधिकार ही नहीं वरन् एक धर्म भी माना। राजनीतिक रूप में उन्होंने स्वराज्य का अर्थ स्वशासन (होम रूल) बताया, किन्तु नैतिक सन्दर्भ में इसका अर्थ आत्म-नियन्त्रण की पूर्णता माना जो कि सबसे बड़ा स्व-धर्म है। स्वराज्य का आध्यात्मिक महत्त्व बताते हुए तिलक ने कहा कि इसका आशय आत्मिक स्वतन्त्रता से है। स्वराज्य की प्राप्ति आत्मा की स्वतन्त्रता के आधार पर ही हो सकती है। वस्तुतः तिलक ने राजनीतिक और आध्यात्मिक दोनों ही प्रकार की स्वतन्त्रता की कामना की।

तिलक का राष्ट्रवाद पर पुनरुत्थानवाद

तिलक की राष्ट्रीयता पुनरुत्थानवादी और पुनर्निर्माणवादी थी। उन्होंने वेदों और गीता से आध्यात्मिक शक्ति तथा राष्ट्रीय उत्साह ग्रहण करने का सन्देश दिया

और भारत की प्राचीन स्वस्थ परम्पराओं के आधार पर भारतीय राष्ट्रवाद की स्थापना करनी चाही। 13 दिसम्बर, 1919 को 'मराठा' के अंक में उन्होंने लिखा–"सच्चा राष्ट्रवादी पुरानी नींव पर ही निर्माण करना चाहता है। जो सुधार पुरातन के प्रति घोर असम्मान की भावना पर आधारित है, उसे सच्चा राष्ट्रवादी रचनात्मक कार्य नहीं समझता। हम अपनी संस्थाओं को अंग्रेजियत के ढाँचे में नहीं ढालना चाहते, सामाजिक तथा राजनीतिक सुधार के नाम पर हम उनका अराष्ट्रीयकरण नहीं करना चाहते।" तिलक ने भारतीयों में यह भावना भरने की अथक् चेष्टा की कि वे वेदों और गीता के महान् सन्देशों से नई शक्ति और नई स्फूर्ति ग्रहण करें क्योंकि तभी राष्ट्र वह आध्यात्मिक शक्ति प्राप्त कर सकेगा जिसके बल पर ब्रिटिश नौकरशाही से लोहा लेकर स्वराज्य की स्थापना सम्भव होगी। सुधार के नाम पर प्राचीन का अनादर करना तो राष्ट्रीयता के पतन का सूचक है। यदि भारत में सच्ची राष्ट्रीयता का प्रसार करना है तो प्राचीन संस्कृति का पुनर्जागरण अनिवार्य है।

तिलक ने राष्टवाद को एक आध्यात्मिक और मनोवैज्ञानिक धारण बताया। उन्होंने कहा कि प्राचीन काल में आदिम जातियों के मन में अपने कबीले के प्रति जो भक्ति रहती थी उसी का आधुनिक नाम राष्ट्रवाद है। इस राष्ट्रवाद का सम्बन्ध तीव्र संवेगों और अनुभूतियों से होता है। पहले जो आत्मिक प्रभाव और लगाव एक क्षेत्र विशेष तक सीमित थे, वे अब राष्ट्रवाद के अन्तर्गत सम्पूर्ण राष्ट्र में व्याप्त हो गए हैं, यही कारण है कि आज राष्ट्रवाद की भावना किसी क्षेत्र विशेष के प्रति नहीं वरन् सम्पूर्ण राष्ट्र के प्रति अनुभव की जाती है। जो राष्ट्रवाद राष्ट्रीय एकता पर आधारित होता है वही सच्चा और स्वस्थ राष्ट्रवाद है। तिलक की मान्यता थी कि विभिन्न विचारधाराओं, जाति-भेदों, अस्वस्थ मत-मतान्तरों आदि के कारण देश में राष्ट्रीयता की भावना उस तेजी से नहीं पनप सकती जिस तेजी से यह समान भाषा, समान धर्म और समान संस्कृति वाले देश में पनप सकती है। इसीलिए ये तत्त्व प्राचीन काल से ही भारत में विद्यमान थे पर अब आवश्यकता उन्हें फिर से जगाने और संगठित करने की थी।

तिलक की राष्ट्रीयता और राष्ट्रीय एकता की भावना का एक सुन्दर चित्र उनकी जीवनी के यशस्वी लेखक श्री रामगोपाल ने इन शब्दों में खींचा है–

"तिलक के प्रत्येक काम और प्रत्येक भाषण में एकता की भावना सर्वोपरि रहती थी, चाहे वह धार्मिक भाषण हो चाहे राजनीतिक, सामाजिक हो या कोई अन्य।

वे जनता की राजनीतिक चेतना को ही नहीं वरन् गत और अनागत के संयोग से जनता की आत्मा को भी जानना चाहते थे। समाज-सुधार आन्दोलन से अलग होने के फलस्वरूप उन्होंने पुराणपन्थी और धार्मिक भारत की जनतान्त्रिक राजनीति के पथ पर लाने के लिए विश्वस्त और अधिकारी नेता की अनोखी भूमिका निभाई। अपनी इस स्थिति के कारण वे नई राजनीतिक भावना का समन्वय ऐतिहासिक प्राचीनता की भावना तथा परम्परा से करने में सफल हुए।'' तिलक ने यह भी बताया कि भारत में किस प्रकार एकता लाई जा सकती है। उन्होंने कहा, ''ये विभिन्न पन्थ वैदिक धर्म की शाखाएँ, प्रशाखाएँ हैं। यदि यह बात ध्यान में रखी जाए और हम विभिन्न मतों के बीच एकता स्थापित करने के लिए प्रयत्नशील हों तो यह एक महान् शक्ति बन सकती है। जब तक आपके बीच भेद है और आप विभाजित हैं, जब तक एक मत दूसरे मत से सामंजस्य तथा एकता का अनुभव नहीं करता, आप हिन्दुओं के रूप में आगे नहीं बढ़ सकते।''

लोकमान्य तिलक ने राष्ट्रवाद के विकास में सार्वजनिक उत्सवों को महत्त्वपूर्ण स्थान दिया। राष्ट्रीयता के आवेश को आध्यात्मिक रंग देने के लिए उन्होंने गणपति उत्सव को फिर से जाग्रत किया और साथ ही शिवाजी की उपासना का पन्थ भी शुरू किया। गणपति उत्सव द्वारा उन्होंने एक धार्मिक उत्सव को सामाजिक करने का काम किया। तिलक का कहना था कि उत्सव प्रतीक का काम करते हैं जिनसे की भावना अभिव्यक्त होती है और दूसरी ओर उत्सवों में भाग लेने वाले व्यक्ति यह अनुभव करने लगते हैं कि उनके संगठन और उनकी एकता को किसी श्रेष्ठतर कार्य में लगाया जा सकता है जिससे साँस्कृतिक अभिवृद्धि होती है और समूह-राष्ट्रवाद का निर्माण होता है। तिलक ने प्राचीन उत्सवों को किस प्रकार आधुनिक राष्ट्रीय आवश्यकताओं के अनुकूल बना दिया, यह निःसन्देह उनकी राजनीतिक और नेतृत्व प्रतिभा का एक सुन्दर उदाहरण है।

तिलक हिन्दू गौरव को डूबते नहीं देखना चाहते थे, पर इसका अभिप्राय यह भी नहीं है कि वे कोरे हिन्दू राष्ट्रवादी थे अथवा मुसलमानों के खिलाफ थे। जकारिया का आरोप है कि तिलक हिन्दुओं की मुस्लिम विरोधी बदले की भावना के प्रतिनिधि थे तो रजनी पामदत्त के अनुसार तिलक ने राष्ट्रीय चेतना के साथ-साथ हिन्दुत्व भावना का सम्मिश्रण कर दिया था और इसीलिए मुसलमानों ने राष्ट्रीय आन्दोलन से विमुखता ग्रहण की। वेलेन्टाइन शिरोल ने भी तिलक को अति परम्परावादी बताते हुए मुस्लिम विरोधी सिद्ध करने की चेष्टा की। लेकिन इस प्रकार के सभी आरोप मिथ्या है। इनसे तिलक के राजनीतिक चिन्तन और कार्यकलापों का सही चित्र

प्रस्तुत नहीं होता। सच्चाई तो यह है कि तिलक एक महान् राष्ट्रवादी विचारक और देशभक्त थे जिनके हृदय में मुसलमानों के प्रति या अन्य धर्मावलिम्बयों के प्रति कोई द्वेषभाव नहीं था। उनका अपराध केवल यही था कि वे एक यथार्थवादी राजनीतिज्ञ थे जो अन्याय के आगे सिर नहीं झुका सकते थे और जिन्हें सरकार की इस चाल से घृणा थी कि वह हिन्दुओं के हितों पर कुठाराघात करते हुए मुसलमानों का पक्ष ले, उन्हें हिन्दुओं के विरुद्ध उकसाए। तिलक की राष्ट्रवादी भावनाओं की प्रशंसा स्वयं जिन्ना, अंसारी और हसन इमाम ने की थी। तिलक के ही विवेकपूर्ण परामर्श के फलस्वरूप 1916 का लखनऊ समझौता सम्पादित हो सका था। तिलक ने ही मुसलमानों के खिलाफत आन्दोलन में सहयोग का प्रस्ताव किया था। अली बन्धुओं की मुक्ति का प्रस्ताव भी काँग्रेस में तिलक ने ही किया था। इन सभी तथ्यों से यही निष्कर्ष निकलता है कि व्यक्तिगत जीवन में हिन्दू-प्रिय होते हुए भी और अंशतः पुनरुत्थानवादी होने पर भी तिलक को मुसलमानों या ईसाइयों से कोई द्वेषभाव नहीं था तथा एक राजनीतिक नेता की हैसियत, से राष्ट्रीय मुक्ति के लिए उन्होंने सार्वजनिक नीति अंगीकार की थी।

तिलक ने राष्ट्रवाद के सम्बन्ध में आर्थिक कारकों को भी पर्याप्त महत्त्व दिया। उन्होंने राष्ट्र की गरीबी का मुख्य कारण यह माना कि देश से विपुल धनराशि विदेशों में चली जा रही है। दादाभाई नौरोजी ने 'आर्थिक निष्कासन के सिद्धान्त' से वे सहमत थे। तिलक ने 'केसरी' में अपने लेखों द्वारा यह स्पष्ट करने में कोई कसर नहीं रखी कि भारत का कच्चा माल विदेशों से पक्का बनकर जब लौटता है तो भारत की इस प्रकार लूट की जाती है और देश की पूँजी को किस तरह इंग्लैण्ड पहुँचा दिया जाता है। भारत में जो स्वदेशी आन्दोलन चला वह "आर्थिक दृष्टि से देश के प्रारम्भिक पूँजीवाद की वृद्धि और विस्तार का आन्दोलन था।" तिलक ने स्पष्ट शब्दों में स्वीकार किया कि जब तक देश की राजनीतिक शक्ति विदेशी हुकूमत के हाथ में है तब तक देशी उद्योग-धन्धों को संरक्षण मिलना सम्भव नहीं है, लेकिन जनता स्वयं पहल करके संरक्षण की भावना को प्रोत्साहन दे सकती है। 1907 में इलाहाबाद में अपने एक भाषण में तिलक ने कहा कि, "हम विदेशी वस्तुओं का बहिष्कार करके अपने ढंग का संरक्षणार्थ आयात-कर लगा सकते हैं।" तिलक ने अपने लेखों में स्वदेशी आन्दोलन के आध्यात्मिक, राजनीतिक और आर्थिक सभी पहलुओं पर प्रकाश डाला और साथ ही तत्कालीन शिक्षा-पद्धति पर भी प्रहार किया जो भारतीयों को कोई व्यावहारिक ज्ञान नहीं देती थी तथा देश के आर्थिक पतन की ओर से गुमराह रखती थी।

तिलक का राजनीतिक उग्रवाद और आक्रामक राष्ट्रवाद

लोकमान्य तिलक का राष्ट्रवाद बड़ा उग्र और तेजस्वी था तथा राजनीतिक क्षेत्रों में उन्हें उग्रवादी राजनीति तथा राष्ट्रीयता का अग्रदूत माना जाता है। तिलक ब्रिटिश सरकार की साम्राज्यवादी निरंकुश नीति को सहन नहीं कर सके। उन्होंने लॉर्ड कर्जन के निरंकुश कार्यों की 'केसरी' में बड़ी कठोर आलोचना प्रकाशित की। उन्होंने अपना यह स्पष्ट मत रखा कि ब्रिटिश सरकार पर प्रार्थनाओं और नम्र निवेदनों का कोई असर होने वाला नहीं है, अतः हमें अपनी माँगों को 'हक' (Right) के रूप में रखना चाहिए तथा दबावकारी उग्र साधनों (हिंसात्मक नहीं) का आश्रय लेकर विदेशी हुकूमत को यह सोचने पर मजबूर कर देना चाहिए कि भारतीयों की माँगों की उपेक्षा करना उचित नहीं है। 1905 में बंगाल-विभाजन के अवसर पर तिलक को उग्र राष्ट्रवाद का बिगुल फूँकने का स्वणी अवसर मिला जिसका उपयोग उन्होंने राष्ट्रीय एकता को सुदृढ़ बनाने तथा एक ऐसे राष्ट्रव्यापी आन्दोलन का संचालन करने के लिए किया जिसमें सभी वर्ग और जातियों का योगदान हो और जो देश के हर नगर और गाँव तक फैला हो। बंग-भंग की घटना के बाद ही 'लाल-बाल-पाल' भारत में उग्र राष्ट्रीयता की त्रिमूर्ति बन गए। पंजाब, महाराष्ट्र और बंगाल अब संगठित रूप में सरकार की रीति-नीति पर उग्र रूप में आक्रमण करने लगे।

ब्रिटिश सरकार ने दमनकारी नीति अपनाई, पर उग्रवादी आन्दोलन तेजी पकड़ता गया। तिलक ने 'स्वराज्य' का मन्त्र फूँका स्वराज्य-प्राप्ति के लिए तिलक तथा उनके उग्रवादी साथियों ने मुख्यतः इन बातों पर जोर दिया–(1) स्वदेशी (Swadeshi), (2) बहिष्कार (Boycott), (3) राष्ट्रीय शिक्षा (National Education), (4) निष्क्रिय प्रतिरोध (Passive Resistance) यह कार्य नव राष्ट्रीय दल के माध्यम से किया जाने लगा जिसका मुख्य आधार तिलक थे। 1905 से 1909 तक इस दल ने राष्ट्रीय शिक्षा, दलित वर्ग-उत्थान, राष्ट्रीय पत्रों की स्थापना आदि के विभिन्न आन्दोलन चलाए। तिलक ने अपने अथक् प्रयासों में काँग्रेस को बहुत-कुछ एक जन-आन्दोलन में परिणित कर दिया और स्वाधीनता संग्राम केवल शिक्षित वर्ग तक सीमित नहीं रहा बल्कि बच्चे-बच्चे की जबान पर यह नारा गूँज गया "स्वराज्य हमारा जन्म-सिद्ध अधिकार है और हम उसे लेकर रहेंगे।"

तिलक का उग्रवादी रूख काँग्रेस के उदारवादियों या नरमपंथियों से मेल नहीं खा सका। 1907 के सूरत-विच्छेद से पूर्व तिलक ने अपने एक भाषण में राजनीतिक उग्रता का परिचय देते हुए कहा–"हमारा उद्देश्य स्वशासन है और इसे यथासम्भव

शीघ्र ही प्राप्त करना चाहिए। हमारा स्वदेशी को स्वीकार करते हैं तो आपको विदेशी का बहिष्कार करना होगा।.....हमारा उद्देश्य पुनर्निर्माण है, हमारा स्वराज्य का आदर्श विशिष्ट लक्ष्य है जिसे जन-समुदाय समझे। स्वराज्य में जनता का शासन जनता के लिए होगा। उदारपंथियों, डरिए मत। बहिष्कार दलित राष्ट्र के लिए एकमात्र साधन है। स्वराज्य और बहिष्कार के उपरान्त हमारा तीसरा आदर्श राष्ट्रीय शिक्षा है जिसके सम्बन्ध में पिछली काँग्रेस ने प्रस्ताव पास किया था।''

तिलक का विश्वास संगठन-शिक्षा और आत्म-निर्भरता में था। उन्होंने जनता को आह्वान किया कि वह राजनीतिक आन्दोलन चला कर सरकार पर अधिक से अधिक दबाव डालें और मातृभूमि के लिए कष्ट एवं त्याग सहन करें। 2 जनवरी, 1906 को कलकत्ता में अपने एक भाषण में तिलक ने घोषणा की–''प्रार्थनाओं और विरोध के दिन बीत गए हैं। हमारी प्रार्थनाओं को शासक कदापि नहीं सुनेंगे क्योंकि उनके पीछे दृढ़ संकल्प का अभाव है। शासन में तनिक परिवर्तन की आशा मत कीजिए। प्रार्थना, प्रसन्नता से प्रयत्न करना, प्रतिरोध (Prayer, Please and Protest) कोई ठीक काम नहीं करेंगे। क्या आप यह आशा करते हैं कि विशुद्ध निरंकुश तन्त्र से वे प्रबुद्ध तन्त्र की ओर बढ़ेंगे? ब्रिटिश जनता को शिक्षा देना व्यर्थ है, केवल शब्दों से उन्हें आप सन्तुष्ट नहीं कर सकते। बंग-भंग की शिकायत भारत का भावी आधार है। स्वदेशी, स्वदेशी हमारी अन्तिम पुकार है और इसी के सहारे हम आगे बढ़ेंगे चाहे शासक कितनी ही अनसुनी करते। शासन से मोर्चा लेने के दो ही उपाय हैं–स्वदेशी और राष्ट्रीय शिक्षा।''

तिलक ने उदारवादियों की संवैधानिक पद्धति क निष्फलता पर कई लेख लिखे और अपना यह दृढ़ मत व्यक्त किया कि संवैधानिक पद्धति ब्रिटेन जैसे देश में उपयुक्त हो सकती है जहाँ एक संविधान है, जहाँ ''सरकार जनता के प्रति उत्तरदायी है और मतदाताओं का विश्वास खो देने पर गद्दी से उतार दी जाती है।'' तिलक की मान्यता थी कि भारतीय अपना आन्दोलन कानून पर आधारित मनमाने ढंग से तोड़-मरोड़ सकती है। ''भारतीय स्थिति का कठोर सत्य यही है कि जो कोई भी सरकार के विरुद्ध जाएगा, उसे दण्डित करने का अधिकार सरकार को है जिसके सभी नियम-विनियम भारतीय दण्ड-संहिता में मौजूद हैं।'' तिलक ने घोषणा की कि राजनीति में दान-शीलता के लिए कोई स्थान नहीं हो सकता और ''हमारा उद्देश्य आत्म-निर्भरता है, भिक्षावृत्ति नहीं।'' इतिहास में ऐसा उदाहरण नहीं मिलता कि विदेशी शासक ने शासित राष्ट्र के हित में शासन किया हो और स्वेच्छा से उसे सत्ता में भाग दिया हो। इतिहास

यही कहता है कि राजनीतिक अधिकार तो परिश्रम और त्याग से प्राप्त किए जाते हैं, उसके लिए लड़ना पड़ता है।

तिलक ने, उग्रवादी होने के बावजूद हिंसा और क्रान्ति को कभी प्रोत्साहन नहीं दिया और न ही अनावश्यक रूप में सरकारी कानूनों की अवज्ञा के लिए लोगों को प्रेरित किया। उनका कहना था कि यदि सरकार राष्ट्रीय स्वतन्त्रता आन्दोलन में किसी प्रकार की रुकावट पैदा नहीं करती तो सरकारी कानून तोड़ने का प्रश्न ही नहीं उठता। जहाँ उदारवादी विदेशी हुकूमत से याचना करते रहे वहाँ तिलक ने भारतीयों को यह प्रेरणा दी कि हमें अपने अधिकारों की प्राप्ति के लिए सरकार पर दबाव-नीति का आश्रय लेना चाहिए। उनका कहना था कि हमें सरकार की सहायता नहीं करनी चाहिए, कर और मालगुजारी आदि की वसूली में सरकार से असहयोग करना चाहिए। तिलक ने अपने विचारों और कार्यों से सम्पूर्ण राष्ट्र में संघर्ष, बलिदान और कष्ट सहन करने की क्षमता का विकास कर दिया और लोगों को विश्वास दिला दिया कि यदि स्वदेशी, बहिष्कार, राष्ट्रीय शिक्षा आदि राजनीतिक हथियारों का पूरे जोश से प्रयोग किया जाए तो स्वराज्य मिल कर रहेगा।

क्या तिलक क्रान्तिकारी अथवा हिंसावादी थे?

लोकमान्य तिलक ने राजनीतिक उग्रवाद का पोषण करते हुए हिंसा और क्रान्ति को कभी प्रोत्साहन नहीं दिया। तिलक के विरोधियों ने और उनके राज-दर्शन के विदेशी व्याख्याताओं ने उन पर क्रान्तिकारी और हिंसावादी होने का आरोप लगाया है। शिरोल का आरोप है कि तिलक पहले व्यक्ति थे जिन्होंने हत्याओं को जन्म देने वाले वातावरण का निर्माण किया। जॉन एस. हायलैण्ड के अनुसार तिलक शारीरिक शक्ति के प्रयोग के सिद्धान्त में विश्वास करते थे। ब्रैन्सन की दृष्टि में तिलक के उद्देश्यों का सार था–स्वराज्य अथवा बम। लेकिन इस प्रकार के सभी आरोप तिलक के राजनीतिक चिन्तन और कार्य-कलापों की गलत व्याख्याएँ हैं। वास्तविकता यही है कि चाहे तिलक का महात्मा गाँधी के समान अहिंसा में विश्वास नहीं था और स्वाधीनता प्राप्त करने के लिए एक साधन के रूप में हिंसा को उन्होंने सर्वथा त्याज्य नहीं माना, तथापि उन्होंने देशवासियों को क्रान्ति और हिंसा की ओर प्रेरित नहीं किया। एक व्यावाहारिक राजनीतिज्ञ के रूप में तिलक ने सदैव यही अनुभव किया कि तत्कालीन परिस्थितियाँ भारत में हिंसात्मक और क्रान्तिकारी साधनों के प्रयोग के अनुकूल नहीं थीं। सशस्त्र क्रान्ति का समय अभी नहीं आया था और राष्ट्रीय

स्वाधीनता के लिए हिंसात्मक कार्यवाहियों का आश्रय लेना सरकार के हाथों में खेलना था। तिलक का यद्यपि प्रमुख क्रान्तिकारियों से सम्पर्क था, लेकिन उन्होंने क्रान्ति को उकसाया नहीं बल्कि युवा क्रान्तिकारियों को सदैव संयत करने का प्रयास किए। हत्या और हिंसा को राजनीतिक साधन के रूप में ग्रहण करने से सदैव करतराते रहे।

तिलक कहा करते थे कि संसार में तीन प्रकार के मनुष्य होते हैं—जिन लोगों में सात्विक गुण की प्रधानता होती है वे आध्यात्मिक और नैतिक चिन्तन में संलग्न रहना पसन्द करते हैं, जिनमें राजसिक तत्त्व की प्रधानता होती है वे राजनीतिक आन्दोलन और प्रचार-कार्यों में जुट जाते हैं तथा जिनमें तामसिक गुण प्रमुख होता है वे हिंसात्मक कार्यवाहियों का मार्ग अपनाते हैं। तिलक का तामसी व्यक्तियों की क्रान्तिकारी और हिंसात्मक कार्यवाहियों से लगाव नहीं था। तिलक का कहना था कि "हम न तो चाहते हैं और न हम में इतनी शक्ति है कि हम सरकार के विरुद्ध सशस्त्र क्रान्ति के लिए उठ खड़े हों....। इतिहास साक्षी है कि गुलाम जनता कितनी भी असहाय क्यों न हो वह एकता, साहस और दृढ़ निश्चय के बल पर हथियार उठाए बिना ही अपने मदोन्मत्त शासकों को परास्त कर सकती है।" तिलक ने किसी एक साधन से बँधे न रहकर विभिन्न और उग्र साधनों तथा दबावकारी नीति के प्रयोग का समर्थन किया, लेकिन हिंसा और क्रान्ति को तत्कालीन भारतीय परिस्थितियों के सन्दर्भ में उचित नहीं समझा। 1906 में उन्होंने नासिक में जनता से स्पष्ट शब्दों में अपील की कि कभी किसी प्रकार की हिंसात्मक कार्यवाहियाँ न की जाएँ। उन्होंने कहा कि भारत का राष्ट्रीय आन्दोलन अभी अपनी प्रारम्भिक अवस्था में है और यदि इस समय हिंसात्मक क्रान्ति का विकास किया गया तो नौकरशाही सरकार उसे कुचल देगी। तिलक निष्क्रिय प्रतिरोध के लिए जनता को तैयार करने और सशस्त्र क्रान्ति के लिए मैदान तैयार करने के दोनों कार्यों को परस्पर संयुक्त नहीं करना चाहते थे, क्योंकि यदि ऐसा किया जाता तो संस्कार की शान्तिपूर्ण आन्दोलन को कुचल देने का पूरा बहाना मिल जाता।

तिलक और क्रान्ति तथा हिंसा के सन्दर्भ में मूल्याँकन प्रकट करते हुए डॉ. वर्मा ने लिखा है कि "तिलक ने भारतीय राष्ट्रवाद की नींव का निर्माण किया और अशान्ति तथा राजद्रोह की भावना तीव्र की किन्तु वे क्रान्तिकारी नहीं थे। पर यदि क्रान्ति का अर्थ आधारभूत परिवर्तन हो तो यह कहा जा सकता है कि तिलक विद्यमान ऐतिहासिक स्थिति में गम्भीर परिवर्तन चाहते थे।.....चूँकि तिलक सामाजिक व्यवस्था में आधारभूत परिवर्तन चाहते थे, अतः इस व्यापक अर्थ में

उन्हें क्रान्तिकारी कहा जा सकता है। किन्तु वे सामाजिक शास्त्रों में प्रयुक्त संकीर्ण अर्थ में क्रान्तिकारी नहीं थे। उन्हें बाकुनिन, क्रोपोटकिन अथवा लेनिन आदि क्रान्तिकारियों की श्रेणी में नहीं रखा जा सकता और न वे सशस्त्र विद्रोह में विश्वास करने वाले किसी दल के नेता थे। उनका सन्देश यह नहीं था कि किसी ऐसे दल के नेतृत्व में सामूहिक हिंसा संगठन की जाए जो प्रशिक्षित हो और क्रान्ति के अग्रगामी दल का काम करता हो। उनका विचार था कि भारत जैसे पूर्णतः निशस्त्रीकृत और विघटित समाज में सशस्त्र क्रान्ति राष्ट्रीय इतिहास को गति प्रदान नहीं कर सकती।'' पुनश्च ''तिलक ने निरन्तर यही तर्क दिया कि मैं राष्ट्रवादी हूँ और अपने देश से प्रेम करता हूँ, किन्तु मैं ऐसी किसी योजना से परिचित नहीं हूँ जिसका उद्देश्य वर्तमान राजनीतिक व्यवस्था को हिंसात्मक तरीके से उलट देना हो।'' तिलक ने नीति और लाभकारिता को ध्यान में रखते हुए क्रान्तिकारी अस्त्रों के प्रयोग की अनुमति नहीं दी, पर साथ ही यह भी है कि उन्होंने क्रान्तिकारी तरीकों की कभी नैतिक आधार पर निंदा नहीं की। वास्तव में तिलक का क्रान्ति में अविश्वास नहीं था पर देश की तत्कालीन परिस्थितियों में वे क्रान्तिकारी साधनों को उचित नहीं समझते थे और इसीलिए इसका उन्होंने कभी उपदेश भी नहीं दिया।

स्वदेशी और बहिष्कार

स्वदेशी और बहिष्कार–स्वाधीनता संग्राम के इन दो हथियारों को लोकप्रिय बनाने में लोकमान्य तिलक ने महत्त्वपूर्ण भूमिका अदा की। उन्होंने स्वदेशी के संदेश को महाराष्ट्र और बरार के कोने-कोने तक पहुँचा दिया तथा राष्ट्रीय स्तर पर इसकी व्यापकता और सफलता की सम्भावनाओं का अनुमान लगाकर अपने सहयोगियों द्वारा इसका संदेश गाँव-गाँव और नगर-नगर तक पहुँचाने में उल्लेखनीय सफलता प्राप्त की।

यद्यपि स्वदेशी का आरम्भ उदारवादियों ने एक आर्थिक आन्दोलन के रूप में किया था, लेकिन उग्र राष्ट्रवादियों, विशेषकर तिलक के हाथों में यह एक राजनीतिक अस्त्र बन गया। पश्चिमी भारत में स्वदेशी और बहिष्कार का आन्दोलन तिलक के साथ पहुँचा। उनके नेतृत्व में पूना में बड़े पैमाने पर विदेशी कपड़ों की होली जलाई गई। उन्होंने स्वदेशी वस्तु प्रचारिणी सभा के मुख्याँग के रूप में सहकारी भण्डार खोले। तिलक ने केसरी में लिखा ''हमारा राष्ट्र एक वृक्ष की तरह है जिसका मूल तना स्वराज्य है और स्वदेशी तथा बहिष्कार उसकी

शाखाएँ हैं।" वास्तव में स्वदेशी ने ही स्वराज्य का रास्ता दिखाया। जो स्वदेशी आन्दोलन पहले केवल आथिक क्षेत्र तक ही सीमित था, वह तिलक और उनके सहयोगियों के प्रयास से अब समस्त वस्तुओं में आत्म-निर्भरता और स्वावलम्बन का सूचक बन गया। तिलक क प्रेरणा से इसका प्रयोग जन-जीवन में एक कार्यक्रम के रूप में होने लगा। जनता से विदेशी सामान का बहिष्कार कर स्वदेशी अपनाने की अपीलें की गई। नए संगठन बन गए और पुराने संगठनों की स्थाई समितियाँ गई ताकि आन्दोलन चलता रहे। तिलक ने स्वदेशी का यह अर्थ भी लिया कि शनैः शनैः विदेशी विचारों को भी भारतीय जन मानस से लुप्त कर दें। तिलक ने भारतीयों के मन और मस्तिष्क को स्वदेशी बना देना चाहा और इस प्रकार उनमें स्वाधीनता की भावना भर देने का अथक परिश्रम किया। तिलक के लेखों और भाषणों से जनता में स्वदेशी के लिए अभूतपूर्व उत्साह छा गया। भारतीयों में अद्भूत आत्मविश्वास, आत्म-निर्भरता और स्वावलम्बन की भावना का संचार हुआ जो स्वदेशी देश-प्रेम का प्रतीक हो गया। स्वदेशी आन्दोलन के लिए गणपति उत्सव तक का प्रयोग किया गया। मुसलमानों ने भी तिलक को स्वदेशी आन्दोलन में अपना सहयोग दिया। तिलक ने मंदिरों में ही नहीं, दरगाहों में जाकर भी भाषण किए और बड़ी संख्या में मुसलमानों ने उनकी बात मानी।

स्वदेशी की भाँति बहिष्कार का भी मूल उद्देश्य यह था कि ब्रिटिश सरकार के आर्थिक हितों पर दबाव डालकर उसे अपनी माँगे मनवाने के लिए विवश कर दिया जाए। जनता को समझाया गया कि ब्रिटिश सरकार की व्यावसायिक नीति भारत के आर्थिक विनाश के लिए उत्तरदायी है। तिलक ने बहिष्कार आन्दोलन के राजनीतिक स्वरूप को छिपाने की कोई चेष्टा नहीं की। उन्होंने बहिष्कार के अस्ति और नास्ति-स्वीकारात्मक और नकारात्मक दोनों पहलुओं पर जोर डाला और कहा कि सर्वप्रथम तो इससे स्वदेशी वस्तुओं के उत्पादन को बढ़ावा मिलेगा और दूसरे ब्रिटिश सरकार भारतीयों की माँगे मानने के लिए विवश होगी। बहिष्कार आन्दोलन का ब्रिटिश व्यापार पर कैसा असर पड़ा, इसका तत्कालीन कलकत्ता प्रवासी अंग्रेजों के मुखपत्र 'इंग्लिशमैन' के इस विलाप से लगता है–

"बहुत सी प्रमुख मारवाड़ी फर्मों का व्यवसाय नष्ट हो गया है और यूरोपीय वस्तुओं का आयात करने वाली कई बड़ी-बड़ी कम्पनियों को या तो अपनी शाखाएँ बंद कर देनी पड़ी हैं या थोड़े से व्यवसाय से ही सन्तुष्ट होना पड़ रहा है। गोदामों में माल जमा होता जा रहा है। दरअसल अब बहिष्कार करने वालों को प्रोत्साहित

करने का कोई प्रश्न ही नहीं, क्योंकि उन्हें इसकी आवश्यकता नहीं। आवश्यकता इस बात की है कि ब्रिटिश जनता और भारत सरकार को इस तथ्य के प्रति जागरुक कर दिया जाए कि बहिष्कार के रूप में ब्रिटिश राज के शत्रुओं के हाथ एक ऐसा हथियार आ गया है जो इस देश में ब्रिटिश हितों को गहरी चोट पहुँचाने में कारगर है। बहिष्कार के प्रति ढिलाई या सहमति की गई तो यह किसी सशस्त्र क्रान्ति से भी अधिक खतरनाक साबित होगा जब भारत के साथ स्थापित ब्रिटेन का सम्बन्ध निश्चय ही टूट जाएगा।"

तिलक का जो विश्वास था कि स्वदेशी और बहिष्कार आन्दोलन कारगर राजनीतिक हथियार साबित होंगे, वह सम्भवतः उनके द्वारा निर्धारित समय से पहले ही सही निकला। बहिष्कार आन्दोलन की शक्ति की व्याख्या करते हुए पूना के एक भाषण में तिलक ने कहा—"तुम्हें जानना चाहिए कि तुम उस शक्ति का एक महान् तत्त्व हो जिससे भारत में प्रशासन चलाया जाता है। ब्रिटिश शासन-रूपी यह शक्तिशाली यन्त्र तुम्हारी सहायता के बिना नहीं चलाया जा सकता। अपनी इस दलित और उपेक्षित अवस्था में भी तुम्हें अपनी शक्ति की चेतना होनी चाहिए कि यदि तुम चाहो तो प्रशासन को असम्भव बना दो। तुम्हीं डाक और तार का प्रबन्ध करते हो, तुम्हीं भूमि का बन्दोबस्त करते हो और कर वसूल करते हो। वास्तव में प्रशासन के लिए समस्त काम तुम्हीं करते हो, यद्यपि अधीनता की स्थिति में। तुम्हें विचार करना चाहिए कि क्या तुम इस प्रकार के श्रम की अपेक्षा अपने राष्ट्र के लिए कोई और अधिक उपयोगी कार्य नहीं कर सकते।" तिलक ने अपने एक अन्य भाषण में कहा "यदि तुममें सक्रिय प्रतिरोध की शक्ति नहीं है तो क्या तुममें आत्म-संयम की भी इतनी शक्ति नहीं है कि तुम अपने ही ऊपर शासन करने में विदेशी सरकार सहायता न करो? यही बहिष्कार है और यही हमारे कहने का आशय है कि बहिष्कार एक राजनीतिक शस्त्र है। हम कर वसूल करने और शान्ति स्थापित रखने में सहायता नहीं करेंगे। हम सीमाओं से परे अथवा भारत के बाहर भारतीय रक्त और धन के साथ युद्ध करने में उनकी (अंग्रेजों की) सहायता नहीं करेंगे। हम न्याय प्रशासन के संचालन में उनको मदद नहीं देंगे। हमारे अपने न्यायालय होंगे, और जब समय आएगा, हम कर अदा नहीं करेंगे। क्या तुम अपने संगठित प्रयत्नों में ऐसा कर सकते हो? यदि तुम कर सकते हो तो तुम कल ही स्वतन्त्र हो जाओगे।"

वास्तव में तिलक ने लोगों को बहिष्कार का मार्ग और इसका राजनीतिक स्वरूप दिखाकर स्वराज्य का मार्ग प्रशस्त किया। यह बहिष्कार आन्दोलन

गाँधीजी के सहयोग आन्दोलन की स्पष्टतम पूर्वसूचना की। यदि तिलक ने स्वराज्य के प्रति लोगों में इतना उत्साह न पैदा होता तो सम्भवतः देश गाँधीवादी कार्यक्रम में लिए इतना तैयार न होता। लाला लाजपतराय के अनुसार तिलक दिल्ली काँग्रेस के समय से ही सत्याग्रह की बात भी सोचने लगे थे जिसके तीन उद्देश्य थे–

1. भारतीयों की मोहावस्था समाप्त करना जिसके कारण उन्होंने अंग्रेजों को सर्वशक्तिमान मान रखा था,
2. देश के लिए त्याग-बलिदान और कष्ट सहन की भावना पैदा करके स्वतन्त्रता के प्रति उत्कट प्रेम उत्पन्न करना, और
3. देश की स्वतन्त्रता प्राप्त करना।

सत्याग्रह का विचार तिलक के दिलोदिमाग में मँडराता रहा और दिसम्बर, 1906 में कलकत्ता काँग्रेस के अधिवेशन के बाद वह फूट पड़ा जबकि 'नए दल के सिद्धान्तों' पर दिए गए अपने प्रसिद्ध भाषण में उन्होंने बहिष्कार के शक्तिशाली राजनीतिक हथियार पर प्रकाश डाला और अंग्रेजों से असहयोग की पुरजोर अपील की। तिलक ने 1906 में ही जिस असहयोग आन्दोलन का खाका खींचा था उसे ही लगभग 14 वर्ष बाद महात्मा गाँधी ने चलाया।

तिलक की 'स्वराज्य' की धारणा

यद्यपि काँग्रेस ने अपने कलकत्ता अधिवेशन में 'स्वराज्य' को औपचारिक रूप से अपना लक्ष्य घोषित कर दिया था, लेकिन इसे लोकप्रिय और प्रभावी बनाने की दृष्टि से वह उदासीन ही रही थी। यह तिलक ही थे जिन्होंने माण्डले जेल से लौटने पर स्वराज्य का संदेश घर-घर तक पहुँचाने के लिए एक प्रभावी कार्यक्रम बनाया, इसके लिए होम रूल लीग क स्थापना की, स्वराज्य की स्पष्ट शब्दों में व्याख्या की और इस बात के औचित्य को सिद्ध किया कि भारत को अविलम्ब स्वराज्य दिया जाना आवश्यक है। 1916 की लखनऊ काँग्रेस में तिलक ने भारतीयों को मन्त्र दिया कि 'स्वराज्य भारतवासियों का जन्मसिद्ध अधिकार है।" तिलक ने स्वराज्य की माँग को नैतिक, राजनीतिक और सामाजिक सभी आधारों पर न्यायोचित ठहराया तथा यह विश्वास व्यक्त किया कि स्वराज्य की प्राप्ति भारतीय राष्ट्रवाद की एक महान् विजय होगी।

तिलक ने स्वराज्य को एक राजनीतिक आवश्यकता मात्र नहीं बल्कि नैतिक परमावश्यकता बताया और कहा कि यह तो मनुष्य के नैतिक स्वरूप की अनिवार्य

माँग है। प्रत्येक व्यक्ति में एक दैवी तत्त्व विद्यमान रहता है जिसकी अनुभूति के लिए आवश्यक है कि उसे स्वधर्म के अनुसार आचरण करने की स्वतन्त्रता प्राप्त ही। यह सच्ची स्वतन्त्रता कोई स्वेच्छाचारिता नहीं है वरन् विनियमित और संयमित स्वतन्त्रता है जिसकी प्राप्ति तभी सम्भव है जब हमारे सामाजिक जीवन की माँग है कि एक ऐसी राजनीतिक व्यवस्था की स्थापना हो जिसमें लोग धर्मानुकूल आचरण कर सकें और जो जनता की नैतिक मनोभावना अथवा आत्मा के अनुकूल हो। तिलक ने कहा कि इस प्रकार की उत्तरदायी राजनीतिक व्यवस्था का ही दूसरा नाम 'स्वराज्य' है।

तिलक ने स्वराज्य को सामाजिक व्यवस्था का आधार बताया। उन्होंने कहा कि राष्ट्र की प्रगति का मूल स्वराज्य में ही निहित है। स्वराज्य के अभाव में औद्योगिक प्रगति, राष्ट्रीय शिक्षा, सामाजिक सुधार आदि कुछ भी सम्भव नहीं है। यदि स्वराज्य मिल गया तो हमारे विभिन्न उद्देश्य सुगमतापूर्वक पूरे हो सकते हैं स्वराज्य की धारणा को तिलक ने प्राकृतिक सिद्धान्तों पर आधारित किया। उन्होंने माना कि स्वराज्य व्यक्ति का प्राकृतिक अधिकार है और अँग्रेजों द्वारा भारत पर अधिकार जमाए रखना एक असहनीय ज्यादती है। यह भारतीयों का सर्वोपरि कर्त्तव्य है कि वे स्वराज्य की प्राप्ति के लिए संघर्ष करें।

सम्भवतः 1916 से पहले तक अरविंद और विपिन चन्द्र पाल की भाँति तिलक ने भी 'स्वराज्य' से अर्थ पूर्ण स्वाधीनता से ही लगाया, किन्तु 1916 से लखनऊ अधिवेशन में उन्होंने स्वराज्य की कुछ भिन्न व्याख्या की जो तत्कालीन परिस्थितियों में अधिक समयानुकूल और व्यावहारिक थी। होम रूल आन्दोलन के दौरान शब्दों के प्रयोग में सदैव सतर्क रहे और कहते रहे कि मैं तिलक ने अप्रैल, 1916 में स्वराज्य (होम रूल) आन्दोलन प्रारम्भ किया और 31 मई, 1916 को अहमदानगर में स्वराज्य पर अपने पहले भाषण में कहा कि 'स्वराज्य का अर्थ सम्राट् के शासन का उन्मूलन करना और किसी देशी रियायत का शासन कायम करना नहीं है। हमें मन्दिर के देवताओं को नहीं हटाना है, केवल पुजारियों को बदलना है। सम्राट् अपनी गोरी तथा काली प्रजा के बीच भेदभाव नहीं करते, इसलिए नौकरशाही पुजारियों को बदलने से उनका अहित नहीं होगा। स्वराज्य का अर्थ यह नहीं है कि अँग्रेज सरकार के स्थान पर जर्मन सरकार को स्थापित कर दिया जाए। स्वराज्य से अभिप्राय केवल यह है कि भारत के आन्तरिक मामलों का संचालन और प्रबन्ध भारतवासियों के हाथों में हो। हम ब्रिटेन के राजाया सम्राट् को बनाए रखने में विश्वास करते हैं। तिलक की होम रूल लीग ब्रिटिश

साम्राज्य के अन्तर्गत स्वराज्य चाहती थी और यह ब्रिटिश संसद् के वैधानिक अधिनियम के द्वारा ही सम्भव हो सकता था। लीग की इच्छा थी कि भारत की राजनीतिक माँगों के आधार पर संसद में एक विधेयक प्रस्तुत किया जाए और इसके लिए इंग्लैण्ड में आन्दोलन चलाया जाए।

तिलक की कल्पना थी कि स्वराज्य के अन्तर्गत देश का राजनीतिक ढाँचा संघात्मक होगा। उन्होंने अमेरिकी काँग्रेस का उदाहरण देते हुए कहा कि भारत सरकार को भी चाहिए कि अपने हाथों में उसी प्रकार की शक्तियाँ रखे और एक साम्राज्यीय परिषद् द्वारा उनका प्रयोग करे।

उल्लेखनीय है कि तिलक ने 'स्वराज्य' की अपनी पूर्व धारणा अर्थात् पूर्ण स्वाधीनता की आकाँक्षा का परित्याग नहीं किया था वरन् तत्कालीन परिस्थितियों को देखते हुए ब्रिटिश साम्राज्य के अन्तर्गत स्वराज्य का व्यावहारिक सुझाव दिया था। यह 'पूर्ण स्वाधीनता' की दिशा में एक पहला महत्त्वपूर्ण कदम था। होम रूल उनका तत्कालीन राजनीतिक लक्ष्य था, क्योंकि पूर्ण स्वाधीनता को वे उस समय व्यावहारिक राजनीतिक क्षेत्र से परे मानने के विचार से सम्भवतः सहमत हो गए थे। अपनी मृत्यु-शैय्या पर पड़े सन्निपात में तिलक बहुधा देश दरिद्रता, काँग्रेस और स्वराज्य के सम्बन्ध में बोलते रहते थे। उनके अन्तिम शब्द थे ''यदि स्वराज्य न मिला तो भारत समृद्ध नहीं हो सकता। स्वराज्य हमारे अस्तित्व के लिए अनिवार्य है।''

तिलक ने स्वराज्य की धारणा को इतने स्पष्ट रूप में अभिव्यक्त किया कि उसे समझने में कुछ सन्देह नहीं रह जाता। वास्तव में तिलक के हृदय में स्वराज्य के लिए जो तड़पन थी वह फिरोज शाह मेहता, बेनर्जी आदि नेताओं में नहीं थी। ये नेता स्वराज्य का उल्लेख तो करते थे, लेकिन सम्भवतः उन्होंने गुलामी के अपमान को तिलक की सी गहराई से महसूस नहीं किया था।

तिलक ने स्वराज्य की धारणा में जिस प्रकार 'उत्तरदायी सरकार' की परिकल्पना की, उसमें स्पष्ट है कि वे 'लोकतान्त्रिक स्वराज्य' के हामी थे। तिलक की जीवनी के विख्यात लेखक टी. वी. पर्वते ने तिलक को 'लोकतान्त्रिक स्वराज्य का प्रवर्तक' माना है क्योंकि तिलक तत्कालीन सम्पूर्ण शासन-प्रणाली को ही बदल देना चाहते थे और कहते थे कि स्वराज्य का अर्थ केवल कुछ थोड़े से उच्च वेतन वाले पदों को प्राप्त कर लेना नहीं है वरन् एक ऐसी शासन-व्यवस्था से है जिसमें शासन के सभी कर्मचारी और कर्मचारी जनता के प्रति सचेत रहे तथा कार्यपालिका के अधिकारी और कर्मचारी स्वयं को जनता के प्रति उत्तरदायी समझें। तिलक के

लिए स्वराज्य का आशय था कि अन्तिम सत्ता जनता के हाथ में हो। उनके लिए स्वराज्य का आधार यह विश्वास था कि राज्य का अस्तित्व जन-गण के कल्याण और सुख के लिए है। पर्वते ने लिखा है कि तिलक का 'भारतीय क्रान्ति के जन्मदाता', आधुनिक भारत के निर्माता' आदि अनेक नामों से उल्लेख किया गया है और इन नामों से 'लोकतान्त्रिक स्वराज्य के प्रतिपादक' अवश्य ही जुड़ जाना चाहिए क्योंकि लगभग अपने जीवनपर्यन्त उन्होंने जो प्रचार कार्य किया उसमें वे इस बात को बराबर दुहराते रहे थे। उनके लिए लोकतन्त्र स्वतन्त्रता समान उद्देश्यीय थी। पुनश्च, पर्वते के ही अनुसार–"तिलक भारतीय स्वराज्य को लोकतान्त्रिक स्वराज्य के रूप में देखते थे और भारतीय स्वराज्य के युगद्रष्टा की तरह उनकी यह धारणा बहुत अमूल्य थी। उनका दृढ़ विश्वास था कि यह लोकतान्त्रिक स्वराज्य केवल जन-जागृति, जनता की आत्म-अभिव्यक्ति की शक्ति और उसके आत्म-विश्वास से ही निर्मित हो सकेगा। वे कभी भी यह नहीं मानते थे कि आतंकवादी या सेना के नेता बिना जनता सक्रिय सहानुभूति और समर्थन प्राप्त किए अकेले ही कभी भी भारत में स्थापित सरकार को उखाड़ सकेंगे। जन-आन्दोलनों द्वारा अपने अधिकारों को बराबर जनता और उनकी माँग करने के लिए शक्ति का निर्माण करना तथा ऐसे आन्दोलनों द्वारा जनता की शिकायतें प्रस्तुत करना और उन्हें दूर करने की माँग करना ही उनका स्थायी कार्यक्रम था। उनका ऐसा अनुमान था कि इस कार्यक्रम को कार्यान्वित करने से जो शक्ति प्राप्त होगी वही अंत में किसी अनुकूल राजनीतिक परिस्थिति में पूर्ण राजनीतिक स्वराज्य की प्राप्ति करा सकेगी।"

जन-शक्ति और जन-सम्पर्क तथा पत्रकारिता की शक्ति में विश्वास

तिलक ने अपने चिन्तन और कार्यकलापों में 'जन-शक्ति' को सदैव विशेष स्थान दिया। उनका दृढ़ अभिमत था कि जनता में बड़ी भारी शक्ति होती है और निरंकुश शासक तक जनमत से भय खाते हैं। सार्वजनिक जीवन में प्रवेश के लगभग 1891 में उन्होंने 'केसरी' में लिखा था कि "जनमत जैसी एक ऐसी चीज होती है जिससे स्वेच्छाचारी और तानाशाह भय खाते हैं, लेकिन ऐसा जनमत यहाँ उत्पन्न करने के लिए हमने कुछ नहीं किया है।" अन्यत्र उन्होंने कहा "शासक अत्याचारी हो जाते हैं क्योंकि जनता अपनी शक्ति नहीं जताती। अगर वह एक होकर ऐसा करें तो शासक उसके सामने शक्तिहीन हो जाएँगे।" तिलक 'केसरी' में लगातार ऐसे लेख लिखते रहे जिनमें किसानों, मजदूरों, कारीगरों, दुकानदारों, जुलाहों, भीलों आदि की सुरक्षा और उन्नति के लिए चिन्ताएँ व्यक्त की गई थी। उनमें लगातार

यह कहा गया कि ये लोग जनता के मुख्य अंग हैं और उसकी दशा में सुधार होना ही चाहिए। जन-शक्ति को व्यक्त करते हुए केसरी के एक लेख में उन्होंने कहा–''अगर केवल लगभग 500 लोग स्वयं ही चुने हुए प्रतिनिधियों की तरह वर्ष में एक बार एकत्रित हों और प्रार्थना-पत्र प्रस्तुत करें तो सरकार कोई भी प्रार्थना स्वीकार न करेगी। ऐसा प्रार्थना पत्र केवल तभी वजनदार हो सकेगा जबकि प्रान्तों, जिलों नगरों और गाँवों से भी ऐसे ही प्रार्थना पत्र उसका समर्थन करें।'' शिक्षितों से उनका आग्रह था ''आप जनता के स्वाभाविक नेता हैं। आपको उनकी झोंपड़ियों तक जाना चाहिए, उन्हें समझना चाहिए, उन्हें संगठित करना चाहिए और उनकी दशा में सुधार करना चाहिए। स्वयं को जनता से इसलिए अलग समझना कि हमने कुछ पुस्तकें पढ़ ली है, मूर्खतापूर्ण है। हम उन्हीं में हैं और हमें उन्हीं के बीच रहना चाहिए।''

तिलक का कहना था कि यदि जनता संगठित होती है और अपने अधिकारों के प्रति जागरूक रहती है तो शासन आतताई नहीं बन पाते बल्कि जनमत को सन्तुष्ट करने की फिक्र में रहते हैं। तिलक ने पत्रकारिता का सहारा लेकर जनता में चेतना फूँकी और उसे स्वराजय के प्रति सचेत किया। ''राष्ट्रीय आन्दोलन के अन्य अग्रणियों की तरह तिलक का भी यह विश्वास था कि राष्ट्रीयता के संदेश का प्रचार करने के लिए सबसे असरकारक माध्यम समाचार-पत्र थे। जिन राष्ट्रीय नेताओं ने पत्रकारिता को अपनाया था वे अच्छी तरह जानते थे कि 'बगावत फैलाने वाले' कानून की अवहेलना करके वे क्या खतरे मोल ले रहे थे। तिलक ने केसरी नामक मराठी पत्र की स्थापना की जो उनका सबसे सशक्त अस्त्र था। उनका अंग्रेजी साप्ताहिक 'मरहट्टा' उसी का रूपान्तर मात्र था।''

शान्ति सम्मेलन को ज्ञापन

तिलक एक व्यावहारिक राजनीतिज्ञ थे जो अपने राष्ट्र के हित के लिए कोई भी अवसर नहीं चुकते थे। अवसर आने पर वे आवेदन-पत्र की पद्धति का प्रयोग करने से भी नहीं हिचकते थे। प्रथम महायुद्ध की समाप्ति पर पेरिस में हुए शान्ति सम्मेलन के अध्यक्ष को उन्होंने एक ज्ञापन पेश किया था जिसमें उन्होंने स्पष्ट रूप में लिखा कि सम्मेलन में सरकार द्वारा मनोनीत व्यक्ति (बीकानेर नरेश और एस. पी. सिन्हा) भारत का सही प्रतिनिधित्व नहीं करते। इस ज्ञापन में तिलक ने एशिया और विश्व की राजनीति में भारत की महत्त्वपूर्ण राजनीतिक स्थिति का

उल्लेख किया और भारत के लिए आत्म-निर्णय के अधिकार की माँग की। तिलक ने लिखा–

"एशिया में और सम्पूर्ण विश्व में शान्ति की दृष्टि से यह नितान्त आवश्यक है कि भारत को आन्तरिक रूप में स्वशासन प्राप्त होना चाहिए और उसे पूर्व में स्वतन्त्रता का गढ़ बनाया जाना चाहिए। जर्मनी के प्रभुत्व के खतरे से मानव जाति की मुक्ति के लिए युद्ध के बाद मेरे लिए यह अनुरोध करना आवश्यक हो गया है कि किसी भी सभ्य राष्ट्र के ऊपर उसकी सहमति के बिना किसी अन्य राष्ट्र का शासन नहीं होना चाहिए, चाहे उसके ऊपर ट्रस्टीशिप के सिद्धान्त का आवरण ही क्यों न पड़ा हो। अतः भारत अपने जन्मसिद्ध अधिकार के रूप में अपने लिए आत्मनिर्णय के अधिकार की माँग करता है। अयोग्यता का तर्क जो साधारणतः

अज्ञानियों अथवा निहित स्वार्थों द्वारा पेश किया जाता है, एकदम अमान्य और असत्य है। मेरा पूर्ण विश्वास है कि भारत की दरिद्रता, भौतिक अधोगति, औद्योगिक पुनरोद्धार, आर्थिक विकास, तकनीकी एवं प्राथमिक शिक्षा आदि की समस्याओं तथा जाति-प्रथा एवं परम्परा के नाजुक प्रश्नों का समाधान वे लोग कभी नहीं कर सकते जो पश्चिमी सभ्यता के अनन्य भक्त हैं। इन समस्याओं का सफलतापूर्वक सामना तो केवल भारतीयों द्वारा ही किया जा सकता है।''

तिलक ने ज्ञापन में स्पष्ट शब्दों में लिखा कि भारत अपने विशाल क्षेत्रफल, अतुल साधनों और असाधारण जनसंख्या के बल पर एशिया की प्रमुख शक्ति बनने की न्यायोचित रूप में आकाँक्षा कर सकता है। तिलक ने स्पष्ट कर दिया कि भारत की शान्ति भारत के स्वराज्य में है और भारत की राजनीतिक स्वतन्त्रता की बात केवल काँग्रेस ने ही नहीं बल्कि नोटिगम काँग्रेस इंग्लैण्ड की लेबर पार्टी ने भी स्वीकार की है। तिलक ने शान्ति सम्मेलन से यह अपील की कि राष्ट्रसंघ में भारत को प्रतिनिधित्व का वही अधिकार दिया जाए जो अन्य ब्रिटिश अधिराज्यों को प्राप्त है।

तिलक का यह ज्ञापन ''भारत की परराष्ट्र नीति का पहला महत्त्वपूर्ण प्रलेख हैं। कहा जा सकता है कि यही से भारत की परराष्ट्र नीति का प्रारम्भ हुआ।'' यद्यपि ज्ञापन का शान्ति सम्मेलन के अध्यक्ष पर कोई प्रभाव नहीं पड़ा, लेकिन तिलक को भारत के लिए आत्मनिर्णय के अभियान को गति देने का अच्छा अवसर मिल गया।

1919 के अधिनियम के प्रति तिलक का रुख और काँग्रेस डेमोक्रेटिक पार्टी का घोषणा-पत्र

1919 के अधिनियम अथवा 'मॉन्टफोर्ड सुधारों' के सम्बन्ध में लोकमान्य तिलक ने सूझबूझ और व्यावहारिक राजनीतिज्ञता का परिचय देते हुए कहा कि नौकरशाही द्वारा भारत को जो कुछ दिया जा रहा है उसे हमें स्वीकार कर लेना चाहिए पर साथ ही अधिक के लिए अपना आन्दोलन जारी रखना चाहिए ताकि 'स्वराज्य' का लक्ष्य प्राप्त किया जा सके, किन्तु इसके साथ ही तिलक ने गाँधीजी की 'अशर्त' सहयोग की पेशकश पसन्द नहीं की। एक यथार्थवादी राजनीतिज्ञ के रूप में उनका तर्क था कि सहयोग एक पक्षीय नहीं वरन् पारस्परिक होता हैं ''सत्ताधारियों को यह घोषणा करने दो कि वे कि प्रकार हमारे साथ सहयोग करने को उघृत हैं और हम उन्हें विश्वास दिलाएँगे कि यदि वे सहयोग करते हैं तो हम भी उनके साथ सहयोग करेंगे।'' अमृतसर काँग्रेस ने तिलक, गाँधी आदि के विचारों को सम्मान देते हुए

यह घोषित किया कि मॉन्टफोर्ड सुधार यद्यपि अपर्याप्त, असन्तोषजनक और निराशाजनक हैं, लेकिन देश को उन्हें क्रियान्वित करने में अपना सहयोग देना चाहिए ताकि पूर्ण स्वराज्य की यथाशीघ्र स्थापना हो सके। तिलक ने अमृतसर द्वारा पारित प्रस्ताव की भावना के अनुरूप कार्य शुरू किया और मॉन्टफोर्ड सुधार योजना के अन्तर्गत स्थापित की जाने वाली विधान-परिषदों के लिए चुनाव लड़ने हेतु 'काँग्रेस लोकतन्त्री दल' (काँग्रेस डेमोक्रेटिक पार्टी) की स्थापना की। 20 अप्रैल, 1920 को इस दल का घोषणा-पत्र जारी किया गया जिसमें मुख्यतः ये बाते थीं–

1. काँग्रेस में आस्था,
2. प्रजातन्त्र का आरम्भ,
3. शिक्षा का प्रसार,
4. मताधिकार का विस्तार,
5. धार्मिक सहिष्णुता,
6. राष्ट्रसंघ के निर्माण का स्वागत,
7. 1919 के अधिनियम का बहिष्कार,
8. शिक्षा, आन्दोलन और संगठन का नारा,
9. सामाजिक और धार्मिक न्याय प्रदान करना,
10. श्रमिकों को उचित वेतन,
11. रेलों का राष्ट्रीयकरण,
12. नागरिक सेना, एवं,
13. भाषाई आधार पर प्रान्तों का गठन।

घोषणा-पत्र पर स्वयं तिलक ने हस्ताक्षर किए। यह घोषणा-पत्र वास्तव में तिलक की उत्तरवर्ती राजनीतिक विचारधारा का वसीयतनामा (Political Testment) कहा जा सकता है। इसमें शिक्षा और राजनीतिक मताधिकार के विस्तार को भारतीय समस्याओं के निराकरण के लिए दो सर्वोत्तम शस्त्र बताया गया और धार्मिक सहिष्णुता में विश्वास प्रकट किया गया। यह कहा गया कि काँग्रेस लोकतान्त्रिक दल जाति अथवा परम्परा पर आधारित है। सभी प्रकार की अयोग्यतावादी को दूर करने का पक्षपाती है। भारत को ब्रिटिश राष्ट्रमण्डल का एक विभिन्न अंग रहने और भारतीयों को राष्ट्रमण्डल में समान नागरिकता अधिकार प्राप्त होने की वकालत की गई तथा यह दावा किया गया कि भारत प्रतिनिधि एवं उत्तरदायी शासन के सर्वथा योग्य है और आत्म-निर्णय के सिद्धान्त के अनुसार केवल भारतीय जनता को ही यह अधिकार प्राप्त होना चाहिए कि वह भारत की

शासन-व्यवस्था विधान से निर्धारित करे। दल ने निश्चय प्रकट किया गया कि पूर्ण उत्तरदायी शासन की स्वीकृति की गति को तेज करने के लिए मॉन्टफोर्ड सुधारों को लागू करने में सहयोग किया जाए। वास्तव में दल के घोषणा-पत्र की ये कतिपय मुख्य बातें इस बात का संकेत देती हैं कि उस समय तिलक की विचारधारा क्या थी। यह भी स्पष्ट हो जाता है कि तिलक विधान-परिषदों में कार्य को पूरा महत्त्व देते थे और इस बात से परिचित थे कि यदि निर्वाचन में भाग न लेकर परिषदों को बहिष्कार किया गया तो परिषदों में सरकार-समर्थक व्यक्ति ही भर जाएँगे और इस प्रकार परिषदों का बहिष्कार किया गया तो परिषदों में सरकार-समर्थक व्यक्ति ही भर जाएँगे और इस प्रकार वहाँ भी सरकार को मनमानी करने की छूट मिल जाएगी। उन्होंने परिषदों का बहिष्कार करना राजनीतिक आत्म-हत्या के समान माना और इसीलिए काँग्रेस डेमोक्रेटिक पार्टी का गठन किया गया ताकि परिषदों में प्रवेश करके संघर्ष को और भी आगे बढ़ाया जाए। मॉन्टफोर्ड सुधारों के क्रियान्वयन में सहयोग करना और आगे अधिक अधिकारों तथा स्वराज्य के लक्ष्य की प्राप्ति क लिए संघर्ष करना–यह तिलक की एक यथार्थवादी नीति थी जिसे आमतौर से 'उत्तरात्मक सहयोग' (Responsive Co-operation) कहा जाता है। इसका अर्थ था कि ब्रिटिश नौकरशाही के साथ इस शर्त पर सहयोग किया जाए कि वह जनता के निर्वाचित प्रतिनिधियों की माँगों पर ध्यान देगी, पर यदि नौकरशाही अपना सहयोग न दे तो विधान-परिषदों में सांविधानिक अड़ंगेबाजी की नीति अपनाई जाए। दुर्भाग्यवश पार्टी के घोषणा-पत्र के प्रकाशन के कुछ मास बाद ही 1 अगस्त, 1920 को रात्रि में तिलक का देहावसान हो गया और राष्ट्र उनके कार्यक्रम का विकास तथा परिणाम न देख सका।

5

तिलक के सामाजिक विचार तथा सुधार

तिलक एक महान् सामाजिक सुधारक भी थे तथा समाज में धीरे-धीरे सुधार लाने के समर्थक थे। उनका मानना था कि समाज में सुधार कानून के माध्यम से नहीं आ सकते, बल्कि जनता कि इच्छा से ही आ सकते हैं एवं जनता में यह इच्छा तभी उत्पन्न हो सकती है, जबकि उसमें इस सम्बन्ध में चेतना उत्पन्न की जाए। जनता की इच्छा से लाए गए ये सुधार स्थायी होंगे, जबकि कानून द्वारा लाए गए सुधार अस्थायी। अतः सरकार द्वारा कानून बनाकर समाज में सुधार करने के प्रयासों का तिलक ने सदैव डटकर विरोध किया। सरकार ने 1891 ई. में विवाह सहमति वय विधेयक पारित किया, जिसके अनुसार ऐसी लड़की, जिसका बचपन में विवाह कर दिया गया हो, वयस्क होने पर इस विवाह को अपनी इच्छा से तोड़ सकती थी। तिलक ने इसे हिन्दुओं के सामाजिक जीवन में सरकार का अनुचित हस्तक्षेप बताते हुए डटकर विरोध किया।

तिलक का मानना था कि नेताओं अथवा समाज सुधारकों द्वारा केवल मात्र उपदेश देने से ही समाज का उद्धार नहीं हो सकता है, बल्कि समाज में सुधार तभी सम्भव है, जबकि पहले वे इन उपदेशों को अपने व्यावहारिक जीवन में लागू करे। तिलक ने जो भी कहा, उसे अपने व्यावहारिक जीवन में भी लागू किया। जैसे उन्होंने अपनी दोनों पुत्रियों के विवाह उनके 16 वर्ष की हो जाने के बाद ही किए। सामाजिक सुधार के लिए तिलक ने निम्नलिखित सुझाव दिए—

1. लड़के का विवाह 20 वर्ष तथा लड़कियों का विवाह 16 वर्ष की आयु के पहले नहीं किया जाना चाहिए।

2. 40 वर्ष के बाद व्यक्ति को विवाह नहीं करना चाहिए। इस आयु के बाद यदि व्यक्ति को विवाह करना ही हो, तो केवल विधवा से ही करे।
3. विधावों के मुण्डन की प्रथा को समाप्त कर दिया जाना चाहिए।
4. तिलक ने दहेज प्रथा को भी समाप्त करने पर बल दिया।
5. उन्होंने समाज सुधारकों को अपनी आय का 1/10 भाग समाज सुधार के लिए व्यय करने का परामर्श दिया।

तिलक ने छुआछूत एवं भेदभाव का विरोध किया। उनकी धारणा भी थी कि मनुष्य जन्म से नहीं, बल्कि कर्म से महान होता है। 25 मार्च, 1918 ई. को बम्बई में दलित जाति के सम्मेलन में तिलक ने कहा था कि, यदि ईश्वर की अस्पृश्यता को सहन करे, तो मैं उसे भी ईश्वर के रूप में सहन नहीं करूँगा। विभिन्न अवसरों पर निम्न जाति के लोगों के साथ शामिल होकर एवं उनके साथ भोज करके उन्होंने अपनी इस धारणा को सिद्ध भी कर दिया। तिलक ने नशाबन्दी के लिए भी सरकार

पर दबाव डाला। सरकार की मद्य नीति का विरोध करते हुए तिलक ने कहा था कि, सरकार से ऐसी आशा करना मूर्खता है कि वह मद्यपान को बन्द कर देगी। युवकों को चाहिए कि वे मद्यपान के विरूद्ध अपना विचार प्रकट कर दें। उन्होंने अपने लेखों एवं भाषणों के द्वारा सरकार की इस नीति के विरूद्ध जनता को उकसाया एवं शराब की कई दुकानों पर धरना देकर उन्हें बन्द करवा दिया। इस पर सरकार ने उन्हें बन्दी बना लिया, किन्तु तिकल का संघर्ष जारी रहा।

तिलक ने बाल विवाह, अनमेल विवाह आदि बुराइयों की निन्दा की तथा विधवा विवाह पर बल दिया। उनका मानना था कि समाज सुधारों में महत्त्वपूर्ण देश की राजनीतिक स्वतन्त्रता है एवं देश के स्वतन्त्र होने पर समाज में स्वतः ही सुधार होने लगेंगे।

समाज-सुधार के स्वाभाविक विकास का समर्थन

तिलक सामाजिक सुधारों में आमूल-चूल और क्रान्तिकारी परिवर्तन लाने तथा धीरे-धीरे विकास के हामी थे। उनका कहना था कि शिक्षा और ज्ञान-बुद्धि के साथ-साथ सुधार-कार्य स्वाभाविक ढंग से विकसित होते रहें, यही देश के हित में है। यदि सुधार-कार्य स्वाभाविक ढंग से आगे बढ़े तो सुधार के नाम पर समाज विभिन्न पन्थों, सम्प्रदायों, गुटों आदि में विभक्त होने से बच जाएगा तिलक का अभिमत था कि समाज-सुधार में आकस्मिक और क्रान्तिकारी परिवर्तन लाने की प्रवृत्ति से हिन्दू संस्कृति के परम्परागत नैतिक और आध्यात्मिक मूल्यों को ठेस पहुँच सकती है।

सामाजिक सुधार से पूर्व राजनीतिक उन्नति और राष्ट्रीय जागरण का समर्थन

समकालीन अधिकाँश नेताओं के विपरीत तिलक की मान्यता थी कि सामाजिक सुधारों से पहले देश को राजनीतिक उन्नति, राजनीतिक स्वतन्त्रता और राष्ट्रीय जागरण की आवश्यकता थी। यदि देश राजनीतिक क्षेत्र में आगे बढ़ जाता है तो समाज-सुधार के क्षेत्र में वह स्वतः ही आगे बढ़ जाएगा। तिलक समाज-सुधार से पहले राजनीतिक सुधार पर जोर देते थे, लेकिन वह कभी रूढ़िवादी नहीं थे वरन् अस्वस्थ पुरानी परिपार्टियों को बदलने के पक्ष में थे। उनकी मान्यता थी कि परिवर्तन धीरे-धीरे सहमति से ही किए जाने चाहिए किसी दबाव से नहीं।

तिलक का कहना था कि समाज-सुधार के कार्य में शक्ति व्यय न करके पहले सम्पूर्ण शक्ति राजनीतिक सत्ता प्राप्त करने के अधिक महत्त्वपूर्ण कार्य में लगा दी

जाए। राष्ट्रीय जागरण पहला काम है। राष्ट्रोत्थान होने पर हम स्वराज्य प्राप्त कर सकेंगे और तब सामाजिक सुधार कार्य करना उचित होगा। यदि हमने सामाजिक सुधार कार्य को प्राथमिकता दी तो हम स्वतन्त्रता प्राप्ति के अपने महान् राजनीतिक लक्ष्य को शीघ्र प्राप्त नहीं कर सकेंगे। ब्रिटिश शासक हमें अपने राजनीतिक लक्ष्य से भटकाने के लिए ही इस बात के लिए उकसाते हैं कि हम पहले सामाजिक सुधार में अपनी शक्ति का व्यय करके राजनीतिक उन्नति के लिए वातावरण पैदा करें। तिलक ने अपने भाषणों में यह स्पष्ट संकेत दिया कि "समाज-सुधार और राष्ट्रीय चेतना में कोई सम्बन्ध नहीं है। कुछ भले लोग चाहते हैं कि भारत में राजनीतिक सुधार लागू होने के पहले सामाजिक सुधार हो जाना आवश्यक है। ये सुधार वर्मा में मौजूद है पर वहाँ धर्म, देश या देशी व्यापार के सम्बन्ध में भावनाओं का अभाव है। हमें बर्मा के समाज-सुधार पसन्द हैं, पर बर्मा और श्रीलंका की परिस्थिति देखकर लगता है कि भारत का औद्योगिक या राष्ट्रीय विकास के लिए समाज-सुधार आवश्यक मानना गलत है। देश-प्रेम, आपसी भेदभाव मिटाने की क्षमता, देश के लिए संयुक्त रूप से काम करने की इच्छा और आदत ये गुण आवश्यक है। यदि हम भारत को दासता के दलदल से निकालना चाहते हैं तो हमें इसी दिशा में चलना होगा।" तिलक यह भी कहते थे कि कुछ अंग्रेज बर्मा को राजनीतिक अधिकार न देने के पक्ष में यह तर्क देते हैं कि वहाँ के लोगों में साहस, शौर्य एवं सैनिक परम्पराओं का अभाव है। पर जब हम यही अधिकार मराठों, सिक्खों और राजपूतों के लिए माँगते हैं तब कोई दूसरा बहाना तैयार मिलता है। सामाजिक सुधारों से पहले राष्ट्रीय जागरण और राजनीतिक सुधारों पर शक्ति व्यय करने सम्बन्धी विचार तिलक की दूरदर्शिता के परिचायक थे। उनका यह कहना ठीक था कि यदि विदेशी शासन के रहते हुए सामाजिक सुधारों को प्राथमिकता दी गई तो सुधार भारत की आदर्श परम्पराओं एवं महान् संस्कृति के अनुकूल न होकर पाश्चात्य सभ्यता, संस्कृति एवं चकाचौंध से प्रभावित होंगे। तिलक का स्पष्ट मत था कि राजनीतिक अधिकारों के अभाव में देश अपनी साँस्कृतिक धारा को सुरक्षित नहीं रख सकता।

सामाजिक-धार्मिक मामलों में नौकरशाही के हस्तक्षेप का विरोध

तिलक का विचार था कि सामाजिक एवं धार्मिक मामलों में नौकरशाही का हस्तक्षेप अनुचित है। किसी भी सामाजिक कानून को लागू करने के लिए कार्यपालिका और फिर तत्सम्बन्धी समस्याओं के लिए न्यायपालिका की आवश्यकता रहती है और फलस्वरूप नौकरशाही की शक्ति का क्षेत्र विकसित होता है। भारतीयों के हक में यह

कतई ठीक नहीं है कि ब्रिटिश नौकरशाही का कार्यक्षेत्र विकसित हो। विदेशी लोग भारतीयों की सामाजिक समस्याओं पर निर्णय दें, यह लज्जाजनक है। इससे बढ़कर और शर्मनाक बात क्या हो सकती है कि हम ब्रिटिश सरकार जनता के प्रतिनिधियों की नहीं वरन् विदेशी गोरों की है जिसे भारतीय धर्म, भारतीय संस्कृति और भारतीय आचार-विचारों से कोई सहानुभूति नहीं हो सकती। अतः ऐसी सरकार से यह आशा करना व्यर्थ है कि वह भारतीय समाज में न्याय-संगत सुधार लाने के लिए कुछ कर सकेगी। तिलक ने कतिपय सामाजिक सुधार विधेयकों का विरोध इसलिए नहीं किया कि वे सामाजिक सुधार के पक्ष में नहीं थे बल्कि इसलिए किया कि उनकी दृष्टि में भारतीय जनता की प्रथाओं वे परम्पराओं में एक विदेशी सरकार का हस्तक्षेप अनुचित था। तिलक को भय था कि यदि एक बार विदेशी सरकार को सामाजिक मामलों पर भी नियन्त्रण की शक्ति मिल जाएगी तो न केवल उनका कार्यक्षेत्र ही बहुत अधिक बढ़ जाएगा बल्कि भारतीयों की सम्पूर्ण जीवन-पद्धति को ही एक गम्भीर खतरा पैदा हो जाएगा तथा जनता का नैतिक बल भी क्षीण हो जाएगा। तिलक ने संदेश दिया कि भारतीयों का सामाजिक और धार्मिक क्षेत्र अब तक स्वचालित रहा है, अतः अब उसे विदेशी सरकार के नियन्त्रण में सौंपना आत्मघातक होगा।

राजनीतिक आन्दोलन और समाज-सुधार में पृथकता के हामी

तिलक राजनीतिक आन्दोलन और सामाजिक सुधारों को एक साथ मिलाने के पक्ष में नहीं थे। उनका इस प्रकार का विचार था कि भारत जैसे देश में, जहाँ सामाजिक और धार्मिक वर्गों तथा अगणित भेदभावों का अस्तित्व है, यदि सामाजिक सुधारों को राजनीतिक आन्दोलनों के साथ जोड़ दिया गया तो ये भेदभाव राजनीतिक क्षेत्र में भी पनप जाएँगे और तब राजनीतिक मंच पर सम्पूर्ण भारत का एक शक्तिशाली संगठन नहीं बन पाएगा। यह एक ऐसी स्थिति होगी जिससे राष्ट्रीय जागरण को आघात पहुँचेगा और देश अपने राजनीतिक लक्ष्य से दूर हो जाएगा।

जाति-पाँति, अस्पृश्यता, बाल-विवाह, विधवा-विवाह, मद्यपान आदि पर विचार

तिलक ने सामाजिक सुधारों के प्रत्येक महत्त्वपूर्ण पहलू को स्पर्श किया। उनका जाति-पाँति के भेदभावों और अस्पृश्यता में विश्वास नहीं था। गणपति उत्सवों में वे अछूतों को सवर्ण हिन्दुओं के साथ समान स्थान देते थे। अन्य जातियों के साथ बैठकर भोजन आदि करने में उन्हें कोई हिचक नहीं थी। लेकिन

साथ ही उनका यह भी स्पष्ट मत था कि समाज को अपने नेताओं के आचरण पर दृष्टि रखने का अधिकार है। यही कारण है कि जब एक बार ईसाई पादरी द्वारा आयोजित चाय पार्टी में भाग लेने पर जन-साधारण में एक बवंडर खड़ा हो गया और उन्हें जाति-बहिष्कार की धमकी भी दी गई, तो उन्होंने गुरु शंकराचार्य के पवित्र न्यायालय में उपस्थित होकर हल्के से दण्ड को शिरोधार्य किया और अपने इस व्यवहार से यह स्पष्ट कर दिया कि परिस्थितियों की माँग थी कि विदेशी हुकूमत से लड़ने के लिए जनता को अपना सहयोगी बनाया जाए और जन-जीवन का अनादर नहीं किया जाए। तिलक जानते थे कि वह समय व्यक्तिगत हठ अथवा दुराग्रह का नहीं था बल्कि जनता को साथ लेकर राजनीतिक स्वतन्त्रता के लिए लड़ने का था।

लोकमान्य तिलक बाल-विवाह के विरोधी और विधवा-विवाह के समर्थक थे। उन्होंने विख्यात समाज-सेवक बैरामजी मालाबारी द्वारा प्रस्तावित सुधार प्रस्तावों में संकलित करने के लिए 1890 में अपने निम्नलिखित प्रस्ताव पेश किए–

1. लड़कों के विवाह की न्यूनतम आयु 20 वर्ष और लड़कियों के विवाह की आयु 16 वर्ष हो।
2. 40 वर्ष के ऊपर के पुरुष विवाह न करें और यदि वे विवाह करना ही चाहें तो विधवाओं से करें।
3. विवाह-उत्सव पर मद्यपान बन्द कर दिया जाए।
4. दहेज का चलन रोक दिया जाए।
5. विधवाओं को विरूप नहीं किया जाए।
6. प्रत्येक समाज-सुधारक अपनी मासिक आय का दसमाँश सार्वजनिक सेवा में लगाए।

यद्यपि तिलक बाल-विवाह के पक्ष में न थे और न ही अल्पावस्था-सम्भोग के समर्थक थे, तथापि उन्होंने 'सहमति-आयु विधेयक' (The Age of Consent Act, 1891) का विरोध किया। तिलक इस विधेयक की उपलब्धियों के विरोधी नहीं थे, उन्हों विधेयक का विरोध केवल इसलिए किया कि वे चाहते थे कि समाज-सुधार के क्षेत्र में विदेशी सरकार हस्तक्षेप न करें। पर जब यह विवाह आयु-विधेयक कानून बन गया तो तिलक ने उसका पालन किया हालाँकि कितने ह सुधारवादी लुक-छिप कर उसका उल्लंघन करते रहे। तिलक ने अपनी पुत्रियों का विवाह तभी किया जब वे 16 वर्ष की हो गई। तिलक का कहना था कि सुधारों के पक्ष में सामाजिक चेतना पैदा की जाए, उनको कानून द्वारा जनता पर थोपा नहीं जाए।

तिलक चाहते थे कि जो लोग समाज के नेता बनते हैं उन्हें चाहिए कि वे स्वयं उदाहरण उपस्थित करें और तब जनता से उन सुधारों को अपनाने की अपेक्षा करें। 1890 में पूना में अपने एक भाषण में उन्होंने स्पष्ट रूप में कहा—"आज समाज-सुधार की बड़ी चर्चा है। किन्तु हमें यह ध्यान रखना चाहिए कि हमें जनता को सुधारना है और यदि हम अपने को जनसमूह से अलग कर लेंगे, तो कोई भी सुधार असम्भव होगा। इसका सबसे ज्वलन्त उदाहरण यह है कि यद्यपि विधवा-विवाह आवश्यक है फिर भी बहुत-से समाज-सुधारक अपने परिवारों में इस पर अमल करने को तैयार नहीं हैं। अतः मेरे विचार से हर एक आदमी पहले अपने को सुधार कर दूसरों के सामने एक उदाहरण रखे और उन्हें समाज-सुधार की प्रेरणा प्रदान करें, न कि केवल उपदेश-भर देता रहे। सुधार का उपदेश देने वाले लोग पहले अपने उपदेशों का पालन स्वयं करें।"

लोगों का कहना था कि तिलक राजनीति में वामपंथी थे और धार्मिक मामलों में घोर दक्षिण पंथी। किन्तु तिलक के अपने कथन के अनुसार बात बिलकुल उलटी ही दिखाई पड़ती है। उन्होंने 7 जून, 1892 के 'केसरी' में लिखा था—"हमारे राजनीतिक क्षेत्र की तथा उनके सामाजिक क्षेत्र की समस्याओं में पर्याप्त समानता है। न तो हमें देश के वर्तमान प्रशासन से ही पूर्णसन्तोष मिलता है और न ही अपनी सामाजिक स्थिति से। हम तो दोनों में सुधार चाहते हैं। अंग्रेजी प्रशासन तथा भारतीय समाज दोनों की ही जड़ें गहरी हैं। इसीलिए हमें बड़े ध्यान से काम करना है। अब यदि जनता राजनीतिक सुधारों को आपसी तौर पर अपनाने को तैयार है तो हमारी समझ में नहीं आता कि हम सामाजिक सुधारों को विद्रोहात्मक रूप से लेकर क्यों चलें। मतान्धतापूर्ण आत्म-घातक विरोध कभी-कभी सफल हो जाया करता है किन्तु राजनीतिक तथा सामाजिक मामलों में मतान्धता आत्म-घातक ही है।"

तिलक ने विधवा-विवाह का समर्थन किया और मद्यपान का घोर विरोध। उस समय महाराष्ट्र में सरकार की आबकारी नीति के कारण लोगों में मद्यपान की आदत बहुत बढ़ गई थी। विदेशी प्रभुत्व का शिकंजा इतना कठोर था कि कोई इस बुराई को देर करने के लिए जन-आन्दोलन छेड़ने की बात भी नहीं सोचता था। लेकिन तिलक ने सरकार की आबकारी नीति की कटु आलोचना की और कहा कि "सरकार से ऐसी आशा करना मूर्खता होगी कि वह मद्यपान बन्द कर देगी, तो यह युवकों को चाहिए कि वे मद्यपान के विरुद्ध अपने विचार प्रकट कर दें।" तिलक ने जनता को निमन्त्रण दिया कि मदिरा की दुकानों पर घरना देना चाहिए। 'धरना देने का तरीका सीधा है और उससे कानून क अवज्ञा भी नहीं होती।" तिलक की प्रेरणा पर

कितने ही युवक धरना देने के लिए तैयार हो गए और इस प्रकार वालण्टियरों का एक दल संगठित हो गया। जिसने पूना के प्रमुख मदिरालयों पर धरना देना आरम्भ किया। 'तिलक ने जगह-जगह सार्वजनिक सभाओं में भाषण किए जिनका निचोड़ यही था कि हिन्दू धर्म और इस्लाम में मदिरा पीना वर्जित है।'' तिलक ने कहा कि ''अंग्रेजों के कारण भारतीयों का अधःपतन हो रहा है। अंग्रेजों ने उन्हें मदिरा पीना सिखा दिया है और वे प्रतिवर्ष 10 करोड़ रुपये भारत से इस मद में बटोर ले जाते हैं। लोगों को चाहिए कि वे अपने गाँवों में मदिरा की दुकानें न रहने नें और यदि मदिरा की दुकानें हटाने के कारण उन्हें सूली पर भी चढ़ा दिया जाए तो कोई परवाह की बात नहीं।'' जब नशाबन्दी आन्दोलन जोर पकड़ने लगा तो सरकार दमन पर उतर आई। प्रतिक्रियास्वरूप तिलकपंथी और सुधारवादी संयुक्त होकर काम करने लगे। एक शिष्टमण्डल सरकार के पास भेजा गया। तिलक ने आन्दोलन स्थगित कर दिया ताकि वातावरण में सुधार हो सके। उनका गिरफ्तार कर लिया और उनकी योजना धूल में मिल गई।

तिलक की समाज-सुधार पद्धति

लोकमान्य तिलक को तत्कालीन समाज-सुधारकों का रुख पसन्द न था। उन्हें इस बात से बड़ा कष्ट था कि एक तो ये समाज-सुधारक पाश्चात्य विचारों को हिन्दू समाज में ठूँसना चाहते थे और दूसरे हिन्दू धर्म तथा समाज के प्रति इनमें बहुत कुछ घृणा और उपेक्षा के भाव थे। तिलक परिवर्तन के तो पक्षपाती थे, लेकिन उन आधारों को नहीं मानना चाहते थे जो ठीक और सुदृढ़ नहीं थे। सामाजिक परिवर्तन और सुधारों को स्वीकार करते हुए भी वे इस पक्ष में नहीं थे कि भारतीयों का पश्चिमीकरण कर दिया जाए, पर साथ ही तिलक उन लोगों के भी विरोधी थे जो समाज-सुधार का आधार केवल वेद-पुराणों में ढूँढ़ते थे और तिलक को उनके पाखण्ड का भण्डाफोड़ करने में कोई कठिनाई नहीं हुई।

तिलक हिन्दू समाज की जड़ को खोखला करने वाली बुराइयों से परिचित थे और उन्हें मिटाना चाहते थे, पर समाज-सुधार करने की पद्धति के प्रश्न पर उनका तत्कालीन सुधारवादियों से मतभेद था। रानाडे, गोखले, आगरकर, मालाबारी जैसे पश्चिम-प्रभावित समाज-सुधारकों से उनके विचार मेल नहीं खाते थे। तिलक भारतीय समाज की प्रगति भारतीय आदर्शों के अनुरूप ही चाहते थे और हिन्दू सामाजिक प्रणाली के महान् मूल्यों में उनकी गहन आस्था थी। वे यह नहीं चाहते थे कि पश्चिम से उधार लिए हुए मूल्यों के आधार पर भारतीय सामाजिक जीवन

का पुनर्निर्माण किया जाए और भारतीयों के आदर्श प्राचीन रूपों तथा संस्थाओं का तिरस्कार कर दिया जाए। तिलक के लिए यह स्थिति कष्ट-कर थी कि भारतीय अपने महान् आध्यात्मिक सामाजिक आदर्शों की उपेक्षा करके पश्चिम के अपरिष्कृत भौतिकवाद का अन्धानुकरण करें और इस प्रकार भारत की महानता को धूमिल कर दें। तिलक सामाजिक प्रतिक्रियावादी का अन्धानुकरण करें और इस प्रकार भारत की महानता को धूमिल कर दें। तिलक सामाजिक प्रतिक्रियावादी न होकर उदार परम्परावादी (Liberal Conservative) थे। वे समाज-सुधार चाहते थे, लेकिन प्राचीन संस्कृति के साथ सम्बन्ध विच्छेद करके नहीं। तिलक का विश्वास था कि समाज के बाह्य रूपों और व्यवहारों में परिवर्तन मात्र से कोई वास्तविक सामाजिक सुधार हीं हो सकते। सुधार तो जागरण के भीतर से विकसित होने चाहिए। इसके अतिरिक्त, उस विदेशी संस्कृति को अपनाना जो कि भारतीय संस्कृति से ऊँची नहीं है, किसी भी रूप में देश और समाज के लिए हितकर नहीं होगा।

जैसा कि कहा जा चुका है, तिलक इस पद्धति के विरोधी थे कि राज्य द्वारा कानून बना कर सामाजिक सुधार किया जाए। तिलक सामाजिक सुधारों के स्वाभाविक विकास के हामी थे और यह नहीं चाहते थे कि सामाजिक परिवर्तनों का निर्देश पश्चिम से मिले।

सामाजिक दर्शन

लोकमान्य तिलक के समाज-सुधार सम्बन्धी विचारों और पद्धति से हमें उनके सामाजिक दर्शन का स्वरूप भली-भाँति स्पष्ट हो जाता है। तिलक के घोर विरोधी वेलेन्टाइन शिरोल ने निराधार युक्तियाँ जुटा-जुटा कर व्यर्थ ही यह सिद्ध करने की चेष्टा की है कि उनका कोई सामाजिक दर्शन नहीं था। शिरोल ने लिखा है कि तिलक पुरातनवादी और रूढ़िवादी थे जिनमें धार्मिक और सामाजिक सुधारों के प्रति कोई रुचि नहीं थी। लेकिन तिलक के समाज-सुधार सम्बन्धी प्रयत्न और विचारों से शिरोल का आरोप सर्वथा असत्य सिद्ध होता है। सही बात तो यह है कि तिलक एक उदार और आदर्श सामाजिक दर्शन के प्रणेता थे। हाँ, 'तिलक पाश्चात्य आधार पर सामाजिक परिवर्तन लाने के विरुद्ध थे।'' फिर यह भी था कि तिलक ने सामाजिक सुधारों से पहले राजनीतिक सुधारों को प्राथमिकता दी। ''वे राष्ट्रवादी थे इसलिए उन्होंने राजनीतिक मुक्ति को प्राथमिकता दी। उनका विचार था कि नौकरशाही के विरुद्ध सफल संघर्ष चलाने के लिए आवश्यक है कि जनता की धार्मिक तथा सामाजिक विघटन क प्रवृत्तियों को प्रोत्साह मिलता है और इस बात

को उस समय वे दुर्भाग्यपूर्ण समझते थे। उनका कहना था कि केवल सामाजिक प्रगति राजनीतिक मुक्ति की कसौटी नहीं है।'' यदि शिरोल जैसे व्यक्तियों को तिलक से चिढ़ थी तो इसलिए कि तिलक विदेशी हुकूमत का बोरिया-बिस्तर बाँध देना चाहते थे और इस बात के विरुद्ध थे कि विदेशी नौकरशाही सरकार भारत के सामाजिक और धार्मिक सुधार के क्षेत्र में हस्तक्षेप करे। तिलक का 'अपराध' यही था कि उन्होंने समाज के प्राचीन आदर्शों और मूल्यों का पक्ष लिया तथा भारतीयों को पश्चिम का अन्धा भक्त न बनने की चेतावनी दी।

तिलक ने जो सामाजिक दर्शन प्रस्तुत किया उसके महत्त्वपूर्ण तथ्य स्पष्टतः ये थे–

1. तिलक सामाजिक परिवर्तन के विरोधी नहीं थे वरन् उस सामाजिक परिवर्तन का विरोध करते थे जो पश्चिम के अन्धानुकरण से होता,
2. तिलक ने राजनीतिक जागरण और राजनीतिक सुधारों को सामाजिक सुधारों की तुलना में प्राथमिकता दी, क्योंकि सामाजिक और राजनीतिक दो मोर्चों पर शक्ति को विभाजित करना उन परिस्थितियों में उपयुक्त नहीं था,
3. तिलक का विचार था कि सामाजिक सुधार सहज और स्वाभाविक ढंग से होने चाहिए ताकि समाज में असन्तोष न फैले और सामाजिक संगठन में बाधा न पड़े, एवं
4. तिलक नहीं चाहते थे कि भारत के सामाजिक-धार्मिक क्षेत्र पर भी विदेशी नौकरशाही का नियन्त्रण हो जाए।

स्पष्ट है कि तिलक का एक निश्चित सामाजिक दर्शन था जो ठोस और यथार्थवादी भूमि पर आधारित था। वे उदार परम्परावादी थे। उनमें रूढ़िवादिता यदि देखने को मिलती थी तो इसलिए कि उस समय का समाज वैसा ही था और उस समाज को अपने साथ लेकर विदेशी हुकूमत के खिलाफ शक्तिशाली मोर्चा बनाना आवश्यक था। तिलक एक प्रजातन्त्रवादी नेता थे जो जनमता का निरादर करने में विश्वास नहीं करते थे। बदलते हुए समय के अनुसार रूढ़िवादिता में भारतीय आधारों का ही आवश्यक परिवर्तन कर लेना उन्हें अभीष्ट था। तिलक के सामाजिक दर्शन का निचोड़ यही है कि वे सामाजिक परिवर्तन क्रमिक और सावयवी रूप में पसन्द करते थे तथा पश्चिमीकरण की प्रवृत्ति के विरोधी थे।

शैक्षिक विचार

तिलक एक महान् शिक्षक थे तथा शिक्षा के सम्बन्ध में उनके विचार भी बड़े उत्तम थे। वे एक महान् विद्वान थे। तिलक ने तकनीकि तथा प्राविधिक शिक्षा पर

जोर दिया। भारत में प्रचलित तत्कालीन शिक्षा प्रणाली की निन्दा करते हुए तिलक ने कहा था कि, यह मात्र छोटे-छोटे कर्मचारियों को पैदा करती है। शिक्षा के सम्बन्ध में उन्होंने कहा था कि पढ़ना-लिखना सीख लेना ही शिक्षा नहीं। शिक्षा वही है, जो हमे जीविकोपार्जयन योग्य बनाए। देश का सच्चा नागरिक बनाए, हमें हमारे पूर्वजों का ज्ञान और अनुभव दे।

तिलक ने देश में एकता की भावना उत्पन्न करने के लिए राष्ट्रीय शिक्षा की आवश्यकता पर बल दिया। इसके लिए उन्होंने महाराष्ट्र में न्यू इंग्लिश स्कूल, दक्षिण शिक्षा समाज, फर्ग्यूसन कॉलेज आदि संस्थाएँ स्थापित की। 1907 ई. महाराष्ट्र में विद्या प्रसारक मण्डल की स्थापना में तिलक का बहुत महत्त्वपूर्ण योगदान रहा। विद्यार्थियों को धार्मिक शिक्षा दिए जाने की आवश्यकता पर बल देते हुए तिलक ने कहा था कि, किसी को अपने धर्म पर अभिमान कैसे हो सकता है, यदि वह इससे अनभिज्ञ हो। धार्मिक शिक्षा का अभाव ही इस बात का एकमात्र कारण है कि देश भर में मिशनरियों ईसाई पादरियों का प्रभाव बढ़ गया है। इसके अतिरिक्त राष्ट्रीय चरित्र के निर्माण हेतु भी धार्मिक शिक्षा आवश्यक है।

मातृभाषा को शिक्षा का माध्यम बनाने की आवश्यकता पर बल देते हुए तिलक ने कहा था कि, आज जो व्यक्ति अच्छी-अच्छी अंग्रेजी लिख-बोल लेता है, वही शिक्षित माना जाता है, किन्तु किसी भाषा का ज्ञान हो जाना ही सच्ची शिक्षा नहीं है। मातृभाषा के माध्यम से जो शिक्षा 7-8 वर्ष में प्राप्त की जा सकती है, उसमें अब 20-25 वर्ष लग जाते हैं। अंग्रेजी तो हमें सीखना है, पर उसकी शिक्षा अनिवार्य किए जाने का कोई कारण नहीं है। राष्ट्रीय भाषा के सम्बन्ध में तिलक ने 1905 ई. की नागरी प्रचारिणी सभा के सम्मेलन में कहा था कि, एक लिपि राष्ट्रीय आन्दोलन का अंग है। हमे समस्त भारत के लिए एक ही भाषा बनानी चाहिए। यदि राष्ट्र को संगठित करना है, तो उसके लिए राष्ट्र भाषा से बड़ी शक्ति कोई नहीं हो सकती। उन्होंने हिन्दी को राष्ट्र भाषा बनाने पर बल दिया।

उद्योग एवं प्राविधिक शिक्षा शैक्षणिक पाठ्यक्रम का अंग बने

तिलक ने कहा कि स्कूलों और कॉलेजों में चलने वाली पाठ्य-पुस्तकों से छात्रों को शिक्षा का धर्म ज्ञान नहीं हो पाता। उदाहरणार्थ, उन्हें इतना ज्ञान भी नहीं हो पाता कि आयात-निर्यात की शोषक नीति से विदेशी हुकूमत भारत को दरिद्र बना रही

है और भारतीयों की जीविका छीन रही है। तिलक ने कहा कि जहाँ दूसरे देशों में औद्योगिक एवं प्राविधिक शिक्षा पाठ्यक्रम का महत्त्वपूर्ण अंग है वहाँ भारतीय शिक्षण संस्थाएँ केवल घटिया अफसर पैदा करने के लिए बनी है। तिलक ने बारम्बार इस बात का आग्रह किया कि शिक्षा-पाठयक्रम में औद्योगिक एवं प्राविधिक शिक्षा को स्थान दिया जाना चाहिए।

धार्मिक शिक्षा पर बल

तिलक क राष्ट्रीय शिक्षा का दूसरा महत्त्वपूर्ण अंग था धार्मिक शिक्षा। पूरे स्वतन्त्रता आन्दोलन में हमें क्रान्तिकारी और वैधानिक संघर्ष करने वाले, दोनों ही वर्ग प्राचीन ग्रन्थों तथा प्राचीन वीरों से प्रेरणा पाते दिखाई देते हैं। इनमें सबसे प्रमुख लोगों में स्वयं तिलक थे जो धार्मिक शिक्षा पर बहुत जोर देते थे और कहा करते थे–'किसी को अपने धर्म पर अभिमान कैसे हो सकता है, यदि वह उससे अनभिज्ञ है? धार्मिक शिक्षा का अभाव ही इस बात का एकमात्र कारण है कि देशभर में मिशनरियों (ईसाई पादरियों) का प्रभाव बढ़ गया है।' तिलक का उन लोगों से मतभेद था जो कहने थे कि धर्म से झगड़े बढ़ते हैं। तिलक की मान्यता थी कि धार्मिक शिक्षा झगड़ों और पारस्परिक कलह को दूर करने की कुँजी है। यदि हिन्दुओं को सच्चे हिन्दू धर्म और मुसलमानों को सच्चे इस्लाम की शिक्षा दी जाए तो दोनों में एक-दूसरे के धर्म के लिए सम्मान और सहिष्णुता का प्रसार होगा। तिलक का कहना था कि चरित्र-निर्माण के लिए धर्मनिरपेक्ष (Secular) शिक्षा पर्याप्त नहीं है, उसके लिए धार्मिक शिक्षा आवश्यक है। तिलक को इस बात से बड़ी ग्लानि थी कि भारतीयों में अनुशासन और अतीत के प्रति सम्मान के भाव लुप्त होते जा रहे थे और वे जीवन के भौतिकवादी मूल्यों तथा पाश्चात्य जीवन-पद्धति के पीछे दौड़ रहे थे। इसके लिए दोष धर्मनिरपेक्ष शिक्षा को था।

स्वतन्त्र देशों जैसी शिक्षा प्रणाली पर बल

तिलक का अभिमत था कि भारतीय शिक्षण-संस्थाओं में भी यदि स्वतन्त्र देशों जैसी शिक्षा-प्रणाली चालू की जाए तो इससे भारत में ब्रिटिश साम्राज्य की नींव हिल जाएगी। यद्यपि कुछ गैर-सरकारी शिक्षण संस्थाएँ तिलक के विचारों के अनुरूप शिक्षा-कम रखने को तैयार थीं, लेकिन उन्हें भय था कि ऐसा करने से उन्हें मिलने वाली सरकारी सहायता बन्द हो जाएगी। अतः तिलक ने निमन्त्रण दिया–"हमें अपने स्कूल स्वयं स्थापित करने चाहिए और अपना काम निःस्वार्थ भाव से शुरू

करना चाहिए।'' तिलक चाहते थे कि भारतीय राष्ट्रीय काँग्रेस इस काम को हाथ में ले, पर काँग्रेस कोई खतरा उठाने को तैयार नहीं थी।

मातृभाषा को प्रधानता

तिलक ने मातृभाषा के माध्यम से शिक्षा प्रदान करने की आवश्यकता पर बल दिया। वे कहते थे "आज जो व्यक्ति अच्छी अँग्रेजी लिख-बोल लेता है वही शिक्षित माना जाता है किन्तु किसी भाषा का ज्ञान हो जाना ही सच्ची शिक्षा नहीं है। किसी विदेशी भाषा को सीखने की ऐसी बाध्यता भारत के अतिरिक्त किसी अन्य देश में नहीं है। मातृभाषा के माध्यम से जो शिक्षा 7-8 वर्ष में प्राप्त की जा सकती है उसमें अब 20-25 वर्ष लग जाते हैं। अँग्रेजी तो हमें सीखनी ही है, पर उसकी शिक्षा अनिवार्य करने का कोई कारण नजर नहीं आता। मुस्लिम राज में हमें फारसी सीखनी होती थी पर उसे सीखने के लिए बाध्यता नहीं थी।"

एक लिपि, एक राष्ट्रभाषा का समर्थन

तिलक का यह पक्का विश्वास था कि राष्ट्रभाषा राष्ट्रीयता की एक मूल और अनिवार्य शर्त है। अतः उन्होंने इस बात की पैरवी की कि हिन्दी को राष्ट्रभाषा के रूप में अपनाया जाए। उनके शिष्य सावरकर ने, जो इसी भाषा सम्बन्धी नीति के समर्थक थे, जहाँ तक किया कि लन्दन के एक सम्मेलन में उन्होंने इस बात पर आग्रह किया कि स्वराज्य प्रस्ताव को अँग्रेजी में नहीं, भारत की सार्वजनिक भाषा हिन्दी में लिखा जाए।

तिलक राष्ट्रीय एकता और भाषा-भेद से विभाजित देश की एकता के लिए एक राष्ट्रभाषा को महत्त्वपूर्ण तत्त्व मानते थे। वास्तव में तिलक पहले काँग्रेसी नेता थे जिन्होंने देवनागरी लिपि में लिखी हिन्दी को राष्ट्रभाषा बनाने का सुझाव दिया। दिसम्बर, 1905 में काशी नागरी प्रचारिणी सभा में अपने एक भाषण में उन्होंने कहा कि देवनागरी न केवल सभी आर्य भाषाओं की लिपि बने बल्कि राष्ट्रभाषा की भी लिपि बने। तिलक दरअसल, अपने समय के उन गिने-चुने लोगों में से थे जिन्होंने देश की भाषा-समस्या पर विचार किया। एक चतुर राजनीतिज्ञ की भाँति उन्होंने देख लिया कि मार्ग में क्या-क्या बाधाएँ हैं और उनका हल भी ढूँढ निकाला। कालान्तर में ये बाधाएँ या उपस्थित हुई और विधान-निर्मात्री परिषद् ने उन्हें उसी उपाय से दूर किया जो तिलक ने सुझाया था। तिलक जानते थे कि क्षेत्रीय भाषाओं के समर्थक अपनी-अपनी लिपि पर अड़ेंगे और उन्होंने देशवासियों

से समान लिपि की राष्ट्रीय आवश्यकता के समक्ष क्षेत्रीय हितों को दबा देने की अपील की। अभाग्यवश, राजनीति में और जेल में फँसे रहने के कारण तिलक को एक लिपि और राष्ट्रभाषा का आन्दोलन चलाने के लिए समय नहीं मिला, पर उन्होंने सूत्र रूप में एक विचार प्रस्तुत कर दिया जिसका विकास उनके बाद आने वालों ने किया।

तिलक ने रोमन लिपि अपनाने का विरोध किया। उन्होंने कहा–''यह सुझाव ही हास्यास्पद लगता है। रोमन लिपि और वर्ग बड़े दूषित है और हमारी भाषा में प्रयुक्त ध्वनियों को व्यक्त करने के लिए सर्वथा अनुपयुक्त हैं। अँग्रेज वैयाकरणों ने भी इस लिपि को दूषित बताया है। यूरोपीय संस्कृतज्ञों ने घोषित किया है कि यूरापे की रोमन लिपि से अधिक परिपूर्ण देवनागरी लिपि है।''

अँग्रेजी की महत्ता स्वीकार करना

राष्ट्रीय शिक्षा के पक्ष-पोषक होते हुए भी तिलक अँग्रेजी के महत्त्व को अस्वीकार नहीं करते थे। उनका कहना यही था कि मातृभाषा को प्रधानता और अँग्रेजी को सामान्य स्थान दिया जाना चाहिए। उनका तर्क था कि विदेशी भाषा को ठूँस-ठूँस कर जबर्दस्ती शिक्षा देने से छात्र उसे अपने दिमाग में पचा नहीं सकते, अन्यथा अँग्रेजी सम्बन्धी तिलक के विचारों से स्पष्ट ध्वनित होता है कि वे शिक्षा के क्षेत्र में एक यथार्थवादी विचारक थे।

शिक्षा सम्बन्धी अन्य विचार

तिलक यह नहीं चाहते थे कि भारत की तत्कालीन परिस्थितियों में छात्र स्वाधीनता आन्दोलन से अलग रहें। उनकी माँग थी कि छात्रों को विदेशी आन्दोलन में भाग लेना चाहिए, उनके दिमागों को देश-सेवा में लगाने के लिए छूट मिलनी चाहिए। पर उनकी यह मनशा भी नहीं थी कि राजनीतिक आन्दोलन में भाग लेने के लिए छात्रों को उकसाया जाए और वे पढ़ना-लिखना छोड़कर राजनीति के क्षेत्र में कूद पड़े। उनका कहना तो यह था कि छात्र अपना कुछ समय देकर जनगण से सम्पर्क स्थापित करें, जागरण को अपने अधिकारों का ज्ञान कराएँ, उनकी अयोग्यताओं को मिटाने में सहायक बनें और उनमें स्वदेशी तथा बहिष्कार के महत्त्व का प्रचार करें।

तिलक ने अपने सहयोगियों के साथ मिलकर न्यू इंग्लिश स्कूल, दक्षिण शिक्षा समाज, फरर्ग्यूसन कॉलेज आदि शैक्षणिक संस्थाओं की स्थापना की। उनका उद्देश्य

इन संस्थाओं के माध्यम से न केवल शिक्षा का प्रसार वरन् जनता में पुनर्जागरण और राष्ट्रवादी भावना की अभिवृद्धि था। तिलक शिक्षा को जन-जागरण का सर्वोत्तम साधन मानते थे। राष्ट्रीय शिक्षा के अध्यापकों के लिए उनका सन्देश था कि वे शिक्षा के माध्यम से भारत के प्राचीन आदर्शों को पुनर्जीवित करें तथा उपनिषद्-कालीन गुरुओं की प्रतिभा और समर्पण को अपना आदर्श मानकर चलें। शिक्षा-प्रचार के लिए सरकारी सहायता पर तिलक को कोई आपत्ति नहीं थी, पर वे इस सहायता के बदले किसी भी प्रकार के सरकारी नियन्त्रण के विरोधी थे।

साहित्यिक देन

तिलक एक महान लेखक भी थे। उन्होंने तीन ग्रंथ लिखे–

1. ओरियन,
2. आर्कटिक होम इन द वेदाज एवं
3. गीता रहस्य।

(1) ओरियन–इस ग्रन्थ में तिलक ने आर्य सभ्यता का वर्णन करते हुए ज्योतिष सम्बन्धी उद्धरणों तथा वैदिक साहित्य के नक्षत्रों के आधार पर उसका काल 6000 से 4000 ई. पू. तक माना है। सर्वाधिक महत्त्वपूर्ण काल 4000-2500 ई. पू. माना है।

(2) आर्कटिक होम इन द वेदाज–तिलक ने अपनी इस पुस्तक में वेदों, ईरानी ग्रन्थ जिन्द अवेस्ता एवं अन्य विविध प्रमाणों के आधार पर यह सिद्ध करने का प्रयत्न किया है कि आर्य उत्तरी ध्रुव के निवासी थे। उनका यह मत पूर्णतः सत्य न होते हुए भी सम्माननीय है। बोस्ट विश्वविद्यालय के एफ.डब्ल्यू. वॉरेन ने तिलक के सम्बन्ध में लिखा था कि, एक लेख में तिलक के तर्कों का संक्षिप्त विवरण देना असम्भव है। इतना ही कहना काफी होगा कि मेरे विचार में जितने तर्क और प्रमाण इस पुस्तक में मौजूद है, उतने किसी भी भारतीय एवं ईरानी विद्वान के आज तक अपने निष्कर्षों की पुष्टि में नहीं दिए। पूरी पुस्तक में ऐतिहासिक व वैधानिक अनुसंधान के सिद्धांतों व खोज प्रणालियों का पूरा पालन किया गया है।

(3) गीता रहस्य–इस ग्रंथ में तिलक ने प्रवृत्तिवाद की व्याख्या की है। इससे पहले हिन्दू समाज में यह धारणा थी कि मानव जीवन का सर्वप्रथम लक्ष्य मोक्ष प्राप्ति है एवं मोक्ष प्राप्ति संन्यासी बनने पर ही सम्भव है। अतः लोगों का सांसारिक रुचियों से ध्यान हट रहा था। अतः उन्हें तिलक ने श्रीमद्भगवद्गीता के प्रवृत्तिवाद की नए

अर्थों में व्याख्या प्रस्तुत की। उन्होंने कहा कि श्रीमद्भगवद्गीता में निवृत्ति (संन्यास) के स्थान पर प्रवृत्ति कर्म पर बल दिया गया है। उन्होंने निष्काम कर्म पर बल देते हुए कहा कि प्रत्येक व्यक्ति को सांसारिक जीवन में कर्त्तव्यों का पालन करते हुए धर्मानुसार मोक्ष प्राप्त करने का प्रयत्न करना चाहिए।

शंकराचार्य तथा ज्ञानेश्वर महात्मा ने श्रीमद्भगवद्गीता पर अपनी जो टीकाएँ लिखीं थीं, उनमें उन्होंने कहा था कि श्रीमद्भागवद्गीता संन्यास पर अधिक बल देती है, किन्तु तिलक ने इस धारणा का खण्ड करते हुए प्रवृत्तिवाद को एक नए अर्थ में जनता के सामने प्रस्तुत किया। उन्होंने कहा कि अर्जुन युद्ध से विमुख हो चुका था, किन्तु भगवान विष्णु ने उसे कर्त्तव्य का मार्ग दिखलाया, जिसके कारण वह पुनः युद्ध करने को तैयार हो गया। रामधारी सिंह दिनकर ने लिखा है, श्रीमद्भगवद्गीता एक बार तो भगवान श्रीकृष्ण के मुख से कही गई तथा दूसरी बार उसका सच्चा आख्यान लोकमान्य तिलक ने किया है। इन दोनों के बीच की अन्य सारी टीकाएँ तथा व्याख्याएँ श्रीमद्भागवद्गीता के सत्य पर केवल बादल बनकर छाती रही हैं।

श्रीमद्भगवद्गीता के निष्कर्ष के सम्बन्ध में तिलक ने कहा था कि, श्रीमद्भगवद्गीता का उपदेश है कि ज्ञान तथा भक्ति द्वारा ईश्वर के साथ एकाकार हुए व्यक्ति के लिए भी जगत् में कर्म करते रहना अनिवार्य है। कर्म का सम्पादन ईश्वर द्वारा निर्दिष्ट विकास के पथ पर जगत् को आगे बढ़ाने के लिए आवश्यक है। यह कर्म बिना फल की इच्छा किए तथा ईश्वर के उद्देश्य में सहायक होने की दृष्टि से किया जाना चाहिए। ऐसा करने पर कर्ता कर्मफल के बन्धन से मुक्त रहता है। श्रीमद्भगवद्गीता की यही शिक्षा है। गीता में ज्ञान योग है, भक्ति योग है, किन्तु वे दोनों गौण हैं और कर्मयोग की प्रधानता है। वस्तुतः श्रीमद्भगवद्गीता में ज्ञान योग, कर्म योग एवं भक्ति योग इन तीनों ही योगों का समन्वय है।

तिलक का मानना था कि यद्यपि श्रीमद्भगवद्गीता के अनुसार व्यक्ति ज्ञान व भक्ति योग से भी ईश्वर को प्राप्त कर सकता है, किन्तु फिर भी कर्म की प्रधानता है। श्रीकृष्ण ने श्रीमद्भगवद्गीता में कहा है कि, मुझे तीनों लोगों में से कुछ नहीं चाहिए। फिर भी मैं कर्म करता हूँ, क्योंकि यदि में कर्म नहीं करूँगा, तो जगत् नष्ट हो जाएगा। इसके आधार पर तिलक ने कहा कि, यदि मनुष्य ईश्वर को प्राप्त करना चाहता है, तो उसे जगत् के हित को ध्यान में रखते हुए निरन्तर कर्म करते रहना चाहिए। इस प्रकार तिलक ने जनता के समाने कर्म का महत्त्व रखा, ताकि वह देश

की स्वतन्त्रता के लिए संघर्ष कर सकें। उनका मानना था कि भारत की स्वतन्त्रता प्राप्ति तथा आधुनिक भारत का निर्माण कर्म के आधार पर ही सम्भव है। निश्चितः यह तिलक की महान् देन थी। रामधारी सिंह दिनकर ने लिखा है कि, हिन्दू जाति लोकमान्य की चिरऋणी रहेगी कि निवृत्ति का आलस छुड़ाकर उन्होंने उसे प्रवृत्ति की ओर लगा दिया।

लेखक के रूप में

कर्मयोग शास्त्र –श्रीमद्‌भगवतगीतार-हस्य

गीता रहस्य नामक पुस्तक की रचना लोकमान्य बाल गंगाधर तिलक ने माण्डला जेल (बर्मा) में की थी। इसमें उन्होने श्रीमदभगवद्‌गीता के कर्मयोग की वृहद व्याख्या की। गांधीजी तो गीता के जबर्दस्त प्रशंसक थे। उसे वह अपनी माता कहते थे। उन्होंने भी गीता रहस्य को पढ़ कर कहा था कि गीता पर तिलकजी की यह टीका ही उनका शाश्वत स्मारक है। एक तरफ गीता रहस्य लिखना और दूसरी ओर गणपति बप्पा के उत्सव को सार्वजनिक तौर पर मनाने की शुरुआत करना तिलक महाराज के मास्टर स्ट्रोक थे।

तिलक अपना सारा समय हल्के-फुल्के लेखन में लगाने वाले व्यक्ति नहीं थे। उन्होंने अब अपने खाली समय का उपयोग किसी अच्छे कार्य में लगाने का संकल्प लेकर उसे अपनी प्रिय पुस्तकों भगवद्‌गीता और ऋग्वेद के पठन-पाठन में लगाया। वेदों के काल-निर्धारण से संबंधित अपने अनुसंधान के परिणामस्वरूप उन्होंने वेदों की प्राचीनता पर एक निबंध लिखा, जो गणित-ज्योतिषीय अवलोकन के प्रमाणों पर आधारित था। उन्होंने इस निबंध का सारांश इंटरनेशनल कांग्रेस ऑफ ओरिएंटलिस्ट के पास भेजा जो सन् 1892 ई. में लंदन में हुई। अगले वर्ष उन्होंने इस पूरे निबंध को पुस्तकाकार में दि ओरिऑन या दि रिसर्च इन टु द एंटिक्विटी ऑफ द वेदाज शीर्षक के अंतर्गत प्रकाशित किया। उन्होंने इस पुस्तक में ओरिऑन की ग्रीक परंपरा और लक्षत्रपुंज के संस्कृत अर्थ अग्रायण या अग्रहायण के बीच संबंध को ढूंढा है। क्योंकि अग्रहायण शब्द का अर्थ वर्ष का प्रारंभ है, वे इस नतीजे पर पहुँचते हैं कि ऋग्वेद के सभी स्रोत जिनमें इस शब्द का संदर्भ है या इसके साथ जो भी विभिन्न परंपराएँ जुड़ी थीं, की रचना ग्रीक लोगों के हिंदुओं से पृथक होने से पूर्व की गई होगी।

यह पुस्तक भगवान श्रीकृष्ण के निष्काम कर्मयोग के विशाल उपवन से चुने हुए आध्यात्मिक सत्यों के सुन्दर गुणों का एक गुच्छा है। इस गुच्छे की व्याख्या विभिन्न महापुरुषों द्वारा समय-समय पर की गई, किंतु इसकी जितनी सरल और

स्पष्ट व्याख्या व्यावहारिक और आध्यात्मिक दृष्टिकोण से बाल गंगाधर तिलक ने की, शायद ही अभी तक किसी अन्य महापुरुष ने की हो।

इस पुस्तक की रचना लोकमान्य बाल गंगाधर तिलक ने माण्डला जेल (बर्मा) में की थी। जब भारत पर ब्रिटिश शासन था और 1910 के नवम्बर की शुरुआत थी, तब बर्मा की माण्डला जेल में बाल गंगाधर तिलक कैद थे। वहीं पर एक सुबह उन्होंने महसूस किया कि वर्षों से जिस गीता पर वह लिखना चाहते थे, वह समय आ गया है। अपने धुआंधार राजनीतिक जीवन से उन्हें कोई वक्त मिल नहीं पाता था। लेकिन जब भी वह जेल में होते, तो गीता उनके जेहन में चली आती। वह गीता से बेहद प्रभावित थे, लेकिन उसकी व्याख्या को लेकर परेशान रहते थे। वे अपने समय और समाज के मुताबिक गीता को देखना और समझना चाहते थे। एक थके हुए गुलाम समाज को जगाने के लिए वह गीता को संजीवनी बनाना चाहते थे। जब उन्हें तीसरी बड़ी जेल हुई, तो उन्होंने उस पर काम शुरू कर दिया। वह काम, जिसकी नींव बहुत पहले शायद उनके मन पर पड़ गई थी। सोलह वर्ष की उम्र में तिलक ने अपने मरणासन्न पिता को मराठी में गीता सुनाई थी, तभी से गीता को लेकर एक किस्म का लगाव हो गया था। गीता रहस्य को बाल गंगाधर तिलक ने महज पांच महीने में पेंसिल से ही लिख डाला था।

अपने धुआंधार राजनीतिक जीवन से उन्हें कोई वक्त मिल नहीं पाता था लेकिन जब भी वह जेल में होते, तो गीता उनके जेहन में चली आती। वह गीता से बेहद प्रभावित थे, लेकिन उसकी व्यात्रया को लेकर परेशान रहते थे। अपने समय और समाज के मुताबिक गीता को देखना और समझना चाहते थे। एक थके हुए गुलाम समाज को जगाने के लिए वह गीता को संजीवनी बनाना चाहते थे।

जब उन्हें तीसरी बड़ी जेल हुई, तो उन्होंने उस पर काम शुरू कर दिया। वह काम, जिसकी नींव बहुत पहले शायद उनके मन पर पड़ गई थी। 16 साल की उम्र में अपने मरणासन्न पिता को मराठी में गीता सुनाई थी। तभी से गीता को लेकर एक किस्म का लगाव हो गया था। बाद में जब धीरे-धीरे उम्र पकने लगी और समझ बढ़ने लगी, तो गीता के तमाम रहस्य खुलने लगे। उन्हें दिक्कत यह हुई कि गीता की तमाम टीकाएं संसार से दूर ले जानेवाली यानी निवृत्ति मार्ग दिखाने वाली थीं। और तिलक का मन यह मानने को तैयार ही नहीं था कि गीता जैसी किताब आपको महज मोक्ष की ओर ले जाने वाली है। आखिर अर्जुन को युद्ध के लिए तैयार

करनेवाली गीता निरे मोक्ष की बात कैसे कर सकती है! इसीलिए उन्होंने कहा, "मूल गीता निवृत्ति प्रधान नहीं है। वह तो कर्म प्रधान है।"

गीता-रहस्य को महज पांच महीने में पेंसिल से ही उन्होंने लिख डाला था। एक दौर में लगता था कि शायद ब्रिटिश हुकूमत उनके लिखे को जब्त ही कर ले। लेकिन उन्हें अपनी याददाश्त पर बहुत भरोसा था। इसीलिए अपने बन्धुओं से कहा था, "डरने का कोई कारण नहीं। हालांकि बहियां सरकार के पास हैं। लेकिन तो भी ग्रंथ का एक-एक शब्द मेरे दिमाग में है। विश्राम के समय अपने बंगले में बैठकर मैं उसे फिर से लिख डालूंगा।"

तिलक ने गीता-रहस्य लिखी ही इसलिए थी कि वह मान नहीं पा रहे थे कि गीता जैसी किताब महज मोक्ष की ओर ले जाती है। उसमें सिर्फ संसार छोड़ देने की अपील है। वह तो कर्म को केंद्र में लाना चाहते थे। वही शायद उस वक्त की मांग थी। जब देश गुलाम हो, तब आप अपने लोगों से मोक्ष की बात नहीं कर सकते। उन्हें तो कर्म में लगाना होता है। वही तिलक ने किया।

व्याख्या

यम सेना की विमल ध्वजा जब 'धरा दृष्टि में आती है
करती हुई युद्ध रोगों से देह हारती जाती है।

"उत्तिष्ठित! जागृत! प्राप्य वरान्निबोधत!" उठो! जागो! और भगवान के दिए हुए इस वरदान को समझ लो!

गृहस्थी चलाते-चलाते जो लोग हारकर थक गए हैं, अथवा संसार को छोड़ देने की तैयारी में है, उनके लिए गीता नहीं कही गई है गीता तो संसार में मनुष्य का सच्चा कर्तव्य बताने बाला अमूल्य ग्रन्थ है, जिसे गृहस्थाश्रम में, युवावस्था में ही पढ़ा जाना चाहिए।

महाभारत युद्ध की समाप्ति के बाद एक दिन अर्जुन ने श्रीकृष्ण से आग्रह किया "प्रभु, युद्ध के प्रारंभ में आपने जो उपदेश दिया था, उसे मैं भूल गया हूँ, कृपा कर एक बार पुनः उसे बतलाईये"। भगवान ने उत्तर दिया "उस समय मैंने अत्यंत योगयुक्त अंतःकरण से उपदेश किया था, अब संभव नहीं कि मैं अब पुनः बैसे ही उपदेश कर सकूं"। - महाभारत अश्वमेघ अध्याय 16, श्लोक 10 से 13

भगवान श्री कृष्णचन्द्र के लिए तो कुछ भी असंभव नहीं है, किन्तु उनका यह कथन गीता के महत्व को प्रदर्शित करता है।

सर्वोपनिषदो गावो दोग्धा गोपाल नन्दनः।

पार्थो वत्सः सुधीर्भोक्ता दुग्धं गीतामृतं महत।।

जितने उपनिषद् हैं, वे मानो गायें हैं, श्री कृष्ण स्वयं दूध दुहने बाले ग्वाला हैं, बुद्धिमान अर्जुन बछड़ा है, और जो दूध दुहा गया, वही मधुर गीतामृत है।

गीता-रहस्य की प्रस्तावना में लोकमान्य तिलक जी ने एक अद्‌भुत बात लिखी मैंने गीता के अनेक संस्कृत भाष्य, टीकाएँ और अनेक विद्वानों के मराठी तथा अंग्रेजी में लिखे विवेचन पड़े, किन्तु मन की शंकाओं का समाधान नहीं हुआ। अपने स्वजनों के साथ युद्ध को महान कुकर्म मानकर खिन्न होने बाले अर्जुन को युद्ध के लिए प्रेरित करने बाली गीता में ब्रह्मज्ञान व मोक्ष मार्ग का विवेचन क्यूं? यह समझ नहीं आ रहा था। किन्तु जब समस्त टीकाओं और भाष्यों को लपेटकर एक तरफ रख दिया और स्वयं विचारपूर्वक स्वयं गीता का कई बार पारायण अध्ययन किया, तब बोध हुआ।

तिलक जी के इस कथन से यह स्पष्ट है कि विचारपूर्वक गीता अध्ययन ही उसे हृदयंगम करने का सर्वोत्तम साधन है।

श्री मदाद्यशंकराचार्य का जन्म संवत 845 (शक 710) में हुआ था। बत्तीसवें वर्ष में उन्होंने गुहा प्रवेश किया। श्री शंकराचार्य अलौकिक विद्वान् तथा बड़े भारी ग्यानी थे। उन्होंने श्रुति स्मृति विहित वैदिक धर्म की रक्षा के लिए भरतखंड की चारों दिशाओं में चार मठ बनाकर, वैदिक धर्म को कलियुग में पुनर्जन्म दिया। शंकराचार्य का कथन है कि–

1. मैं और तू अथवा मनुष्य की आँख से दिखने बाले सम्पूर्ण जगत की अनेकता सत्य नहीं है, इन सबमें एक ही शुद्ध नित्य परब्रह्म विद्यमान है, और उसी की माया से मनुष्य की इन्द्रियों को इन वस्तुओं में भिन्नता का आभास होता है।
2. मनुष्य की आत्मा भी मूलतः परब्रह्म स्वरुप ही है।
3. आत्मा और परब्रह्म की एकात्मता का अनुभव सिद्ध पूर्ण ज्ञान हुए बिना कोई भी मोक्ष प्राप्त नहीं कर सकता।

इसी को अद्वैतवाद कहते हैं। एक शुद्ध, बुद्ध, नित्य और मुक्त परब्रह्म के अतिरिक्त अन्य कोई भी वस्तु स्वतंत्र और सत्य नहीं है। जो भिन्नता द्रष्टिगोचर होती है, वह मानवी द्रष्टि का भ्रम, या माया से होने बाला आभास मात्र है। माया भी कोई स्वतंत्र या सत्य वास्तु नहीं है, वह भी मिथ्या है। यही उक्त सिद्धांत का तात्पर्य है। किन्तु तत्व ज्ञान विषयक निरूपण में शंकराचार्य ने इसके आगे भी मंतव्य व्यक्त किया, जिसके अनुसार–

यद्यपि चित्त शुद्धि के द्वारा ब्रह्म और आत्मा में एक्य का ज्ञान प्राप्त करने के लिए गृहस्थाश्रम के कर्म आवश्यक हैं, किन्तु अंत में उन सब कर्मों का त्याग कर संन्यास लिए बिना मोक्ष नहीं मिल सकता। जिस प्रकार अन्धकार और प्रकाश परस्पर विरोधी हैं, उसी प्रकार कर्म और ज्ञान भी एक दूसरे के विपरीत हैं। सब वासनाओं और कर्मों से छूटे बिना ब्रह्मज्ञान की पूर्णता संभव नहीं। इसी दूसरे सिद्धांत को निवृत्ति मार्ग कहते हैं। सब कर्मों का संन्यास करके ज्ञान ही में निमग्न रहने के कारण इसे "संन्यास निष्ठा" अथवा "ज्ञाननिष्ठा" भी कहते हैं।

शंकराचार्य के 250 वर्ष बाद श्री रामानुजाचार्य (जन्म संवत 1073) ने विशिष्टाद्वैत मत स्थापित किया। वे भागवत धर्मी थे। उनका मत था कि शंकराचार्य जी के माया मिथ्यात्व और अद्वैत सिद्धांत दोनों गलत हैं। जीव, जगत और ईश्वर ये तीन तत्व यद्यपि भिन्न हैं, तथापि जीव (चित) और जगत (अचित), ये दोनों एक ही ईश्वर के शरीर हैं। ईश्वर शरीर के सूक्ष्म चित-अचित से ही स्थूल चित अर्थात अनेक जीव और स्थूल अचित अर्थात जगत की उत्पत्ति हुई है। उन्होंने तत्व ज्ञान की दृष्टि से विशिष्टाद्वैत तथा आचरण की दृष्टि से मुख्यतः वासुदेव भक्ति पर जोर दिया। उन्होंने शंकराचार्य के अद्वैत मत के बदले विशिष्टाद्वैत तथा संन्यास के स्थान पर भक्ति को प्रतिस्थापित करने का प्रयत्न किया। प्रकारांतर से इन दोनों मतों में कोई अधिक अंतर नहीं है। रामानुजीय मत में भी कर्माचरण से चित्त शुद्धि से ज्ञान प्राप्ति उपरांत प्रेम पूर्वक निस्सीम वासुदेव भक्ति में तल्लीन रहने का उपदेश एक प्रकार से निवृत्ति मार्ग ही तो है।

अद्वैत मत द्वारा माया को मिथ्या कहने के स्थान पर वासुदेव भक्ति को ही सच्चा मोक्ष साधन बताने बाले विशिष्टाद्वैत के बाद "द्वैत मत" सामने आया। उसका मत था कि परब्रह्म और जीव को कुछ अंशों में एक और कुछ अर्थों में भिन्न मानना असंगत है, अतः दोनों को सदैव ही भिन्न मानना चाहिए। इस मत के प्रवर्तक श्री मध्वाचार्य जी थे, जो संवत 1255 में समाधिस्थ हुए, उस समय उनकी आयु 79 वर्ष थी। कुछ विद्वानों के अनुसार मध्वाचार्य जी का कार्यकाल 1254 से 1333 तक रहा। उनके गीता भाष्य में उल्लेख है कि निष्काम कर्म भी केवल साधन है, भक्ति ही अंतिम निष्ठा है। भक्ति की सिद्धि हो जाने के बाद कर्म करना या न करना एक ही बात है।

रामानुज और मध्वाचार्य के उपरांत वैष्णवपंथी श्री वल्लभाचार्य (जन्म संवत 1536) ने माना कि माया रहित शुद्ध जीव और परब्रह्म और ईश्वर एक

ही वस्तु है, दो नहीं। इसलिए उन्हें शुद्धाद्वैती कहा गया। उनका सिद्धांत कुछ ऐसे है, जैसे जीव अग्नि की चिंगारी के समान ईश्वरीय अंश है और मायात्मक जगत मिथ्या नहीं है। माया परमेश्वर की इच्छा से उससे विभक्त हुई एक शक्ति है, अतः मायाधीन जीव को ईश्वर की कृपा से ही मोक्षज्ञान संभव है। इसलिए मोक्ष का मुख्य साधन भगवत्भक्ति ही है। इस मार्ग वाले परमेश्वर के अनुग्रह को 'पुष्टि' और 'पोषण' भी कहते हैं, इसलिए यह पंथ 'पुष्टिमार्ग' भी कहलाता है।

इनके अतिरिक्त राधाकृष्ण की भक्ति का उपदेशक एक और वैष्णव सम्प्रदाय है, जिसे स्वामी निम्बार्काचार्य जी (संवत 1216) ने स्थापित किया, उनके अनुसार जीव, जगत और ईश्वर यद्यपि भिन्न हैं, किन्तु जीव और जगत का व्यापार तथा अस्तित्व ईश्वर की इच्छा पर निर्भर है। परमेश्वर में ही जीव और जगत के सूक्ष्म तत्व रहते हैं। इसे द्वैताद्वैत सम्प्रदाय कहा गया।

सुख देखो तो राई बराबर, दुःख पर्वत सम दिखता है।

सच्चा सुख

महाभारत के शान्ति पर्व में भृगु जी भरद्वाज से कहते हैं कि

इह खलु अमुष्मिनश्च लोके वस्तुप्रवर्तत्तयः सुखार्थमभिधीयंते।
न ह्यतः परं त्रिवर्गफलं विशिष्टतरमअस्ति।।

अर्थात इस लोक और परलोक में सारी प्रवृत्ति केवल सुख के लिए है। धर्म अर्थ और काम का इसके अतिरिक्त कोई अन्य फल नहीं है। किन्तु मनुष्य यह न जानकर कि सच्चा सुख क्या है, आशा करता रहता है कि आज नहीं तो कल सुख मिलेगा। इसी प्रकार सुख की खोज में व्यर्थ दिन व्यतीत करते हुए मृत्यु के झपेटे में पड़कर चल बसता है। सुख की व्याख्या करते हुए पराशर गीता में कहा गया है कि–

यद्दिष्टम तत्सुखं प्राहु द्वेष्यं दुःखमिहेश्यते

"हम जो प्राप्त करना चाहते हैं वही सुख है और जो हम नहीं चाहते, वही दुःख है।" किन्तु पाने की इच्छा भी समय-समय पर बदलती रहती है। उदाहरण के लिए प्यास लगाने पर हम पानी की कामना करते हैं, किन्तु नदी में डूबने लगें तो क्या सुख में डूबा माना जा सकता है? सच तो यह है कि पानी पीने से जो इन्द्रिय तृप्ति होती है, उसे सुख कहते हैं। मनुष्य इसी इन्द्रिय तृप्ति को चाहता है।

किन्तु यह भी व्यापक सिद्धांत नहीं बनाया जा सकता कि जिसकी चाह होती है वह सब सुख ही है। कहा गया है कि प्रतिकारो व्याधेः सुखमिति विपर्यस्यति जनः।

"किसी दुःख के उत्पन्न होने पर उसका जो निवारण किया जाता है, उसे ही लोग सुख मानते हैं।" यहाँ तक कि परोपकार भी हम स्वार्थ से करते हैं। किसी को दुखी देखकर हमारे मन में जो करुणा भाव जागृत होता है, उससे छुटकारा पाने के लिए ही हम परोपकार करते हैं। महाभारत के अनुसार–

तृष्णार्तिप्रभवं दुःखम दुःखार्तिप्रभवं सुखं।

"पहले जो तृष्णा उत्पन्न होती है, तब उसकी पीड़ा से दुःख होता है और उस दुःख की पीड़ा से फिर सुख उत्पन्न होता है"। मनुष्य के मन में पहले कोई आशा, वासना या तृष्णा उत्पन्न होती है, उससे उत्पन्न दुःख का निवारण होने पर सुख होता है। सुख कोई दूसरी भिन्न वस्तु नहीं है। ब्रहदारण्य, अष्टावक्र गीता, अवधूत गीता और जाबाल संन्यास आदि उपनिषदों के अनुसार मनुष्य की समस्त सांसारिक प्रवृत्तियाँ केवल वासनात्मक या तृष्णात्मक ही हैं। अतः जब तक वासना या तृष्णा की जड़ नहीं उखड़ जाती नित्य सुख मिलना असंभव है। इस अभिमत का अंतिम निष्कर्ष यह है कि जिस व्यक्ति को आत्यंतिक सुख प्राप्त करना है, उसे उचित है कि वह जल्द से जल्द संसार छोड़कर संन्यास ले ले। वे मानते हैं कि जब सुख कोई स्वतंत्र वस्तु है ही नहीं, जो कुछ है वह तृष्णामूलक दुःख ही है, तो उससे मुक्ति पाने का उपाय यही है कि संसार छोडो, स्वार्थ से मुक्त होते ही मन की मूल साम्यावस्था शान्ति ही शेष रह जायेगी। इसी वैदिक अभिमत का आगे चलकर जैन और बौद्ध धर्म में भी अनुकरण किया गया।

किन्तु कई बार बिना दुःख हुए भी सुख मिलता है। उदाहरण के लिए यदि बिना मांगे बच्चे को मिश्री मिल जाए, बगीचे में टहलते समय फूलों की सुमधुर गंध मिले या कोयल का मधुर स्वर सुनाई दे, मंदिर में जाने पर भगवान की मनोहारी छवि दिखाई दे, तो भी आनंद की अनुभूति होती है, सुख मिलता है। अतः संन्यास मार्गियों की कर्म या संसार त्याग की धारणा पूर्ण सत्य नहीं प्रतीत होती।

गीता में भगवान श्रीकृष्ण ने कर्मयोग की इससे कुछ भिन्न परिभाषा दी है। उनका उपदेश है कि इन्द्रियों और मन की वृत्तियों का नाश करने के स्थान पर उन्हें अपने अधीन रखना चाहिए, उन्हें स्वतंत्र नहीं होने देना चाहिए। मनुष्य को कितना भी सुख मिले उसका असंतोष बना ही रहता है। विषय वासना अधिकाधिक बढ़ती ही रहती है। बिटेलियस नामक रोमन बादशाह सुमधुर भोजन अधिक से अधिक

करने के लिए, जिह्वा का सुख अधिक से अधिक पाने के लिए किसी औषधि के द्वारा कै करके बार-बार भोजन करता था। ययाति शुक्राचार्य के श्राप से असमय ही बूढ़ा हो गया, किन्तु फिर उनकी कृपा से ही उसे सहूलियत मिली कि वह चाहे तो किसी की युवावस्था से अपना वार्धक्य बदल सकता है। उसने अपने पुत्र पुरु से उसका यौवन लेकर सौ दो सौ वर्ष नहीं पूरे हजार साल तक विषय सुखों का उपभोग किया। किन्तु अंत में उसने अनुभव किया कि संसार के समस्त पदार्थ भी मिलकर एक मनुष्य की सुख वासना को तृप्त करने में असमर्थ हैं। तब उसके मुख से उदगार निकला–

न जातु कामः कामानां उपभोगेन शाम्यति।
हविषा कृष्णवत्मेव भूय एवाभिवर्धते।।

"सुखों के उपभोग से विषय वासना की तृप्ति तो नहीं होती, किन्तु विषय वासना निरंतर उस प्रकार बढ़ती हैं, जैसे अग्नि की ज्वाला घृत से बढ़ती है"।

महाभारत में कहा गया कि

असंतोषस्य नास्त्यन्तः तुष्टिस्तु परमं सुखं।

"असंतोष का अंत नहीं है, संतोष ही परम सुख है"। किन्तु इसका अर्थ यह नहीं है कि उत्कर्ष का प्रयत्न ही न किया जाए। यदि हम असंतोष का पूर्णतः नाश कर डालेंगे तो न केवल इस लोक में वरन परलोक में भी हमारी दुर्गति होगी। भर्तहरी ने कहा है–

यशसि चाभिरुचिर्व्यसनं श्रुतौ।

"यश के लिए रुचि या इच्छा अवश्य होना चाहिए"। भर्तहरी ने आगे कहा– मानसि च परितुष्ट कौर्थवान को दरिद्रः।

"मन के प्रसन्न होने पर क्या अमीरी और क्या दरिद्रता"। भगवद्गीता में कहा गया–आत्मनिष्ठ बुद्धि की प्रसन्नता से जो सुख मिलता है वही श्रेष्ठ और सात्विक सुख है। मनु संहिता के चौथे अध्याय में कहा गया है–

यत्कर्म कुर्वतौस्य स्यात परिशोअंतरात्मनः।
यत्प्रयत्नेन कुर्वीत विपरीतं तु वर्जयेत।।

"वह कर्म प्रयत्न पूर्वक करना चाहिए, जिसके करने से हमारी अंतरात्मा संतुष्ट हो और इसके विपरीत कर्म छोड़ देना चाहिए"। याज्ञवल्क्य जी ने भी कहा–

वेदः स्मृतिः सदाचारः स्वस्य च प्रियमात्मनः।
एतच्चतुर्विधम प्राहूः साक्षात धर्मस्य लक्षणं।।

"वेद, स्मृति, शिष्टाचार और अपने आत्मा को प्रिय होना धर्म के चार मूल तत्व हैं"।

मन के सदृश बुद्धि भी शरीर का धर्म है। पूर्व कर्म के अनुसार, पूर्व परम्परानुसार या आनुवंशिक संस्कारों के कारण अथवा शिक्षा आदि अन्य कारणों से यह बुद्धि कम या अधिक सात्विक, राजसी या तामसी हो सकती है। यही कारण है कि कोई बात एक को ग्राह्य तो दूसरे को अग्राह्य लगती है। गीता के अठारहवें अध्याय में एक ही बुद्धि के तीन भेद कहे गए हैं–

प्रवृत्तिं च निवृत्तिम च कार्याकार्ये भयाभये।
बन्धं मोक्षं च या वेति वुद्धिः सा पार्थ सात्विकी।।

"सात्विक बुद्धि वह है, जिसे इसका ज्ञान है–कौन सा काम करना और कौन सा नहीं, किस बात से डरना चाहिए और किससे नहीं, किसमें बंधन है और किसमें मोक्ष"।

यथा धर्ममधर्मं च कार्य च अकार्यमेव च।
अयथावत्प्रजानाति बुद्धिः सा पार्थ राजसी।।

"धर्म और अधर्म, करनीय और अकरणीय का निर्णय किये बिना जो बुद्धि केवल भला किया करती है, वह राजसी है"।

अधर्मं धर्ममिति या मन्यते तमसावृता।
सर्वाधान विपरीतांश्च बुद्धिः या पार्थ तामसी।।

"अधर्म को ही धर्म मानने वाली अथवा सब बातों का विपरीत निर्णय करने वाली बुद्धि तामसी कहलाती है"।

जिस प्रकार एक मनुष्य कोई काम करने के पहले यह विचार कर लेता है कि उसे कोई काम करना है या नहीं और करना है तो किस प्रकार करना है, उसी प्रकार परमात्मा को इच्छा हुई और उन्होंने विचार किया 'बहु स्याम प्रजायेय' अर्थात हमें अनेक होना चाहिए उसके बाद सृष्टि उत्पन्न हुई। सांख्यमत के अनुसार जिस प्रकार मनुष्य को कुछ काम करने की बुद्धि पहले हुआ करती है, उसी प्रकार प्रकृति को भी अपना विस्तार करने की बुद्धि पहले हुआ करती है। किन्तु प्रकृति स्वयं अचेतन या जड़ होने से उसे अपनी बुद्धि का ज्ञान नहीं रहता। आधुनिक सृष्टिशास्त्रज्ञ भी अब स्वीकारने लगे हैं कि गुरुत्वाकर्षण, लौह चुम्बक का आकर्षण तथा अपसारण आदि जड़ प्रकृति में दिखाई देने बाले गुणों का मूल कारण ठीक से बतलाया नहीं जा सकता। आधुनिक वैज्ञानिकों के उक्त मत पर ध्यान देने से सांख्य मत का यह विचार आश्चर्यजनक प्रतीत नहीं होता कि प्रकृति में पहले बुद्धिगुण का प्रादुर्भाव होता है। अव्यक्त प्रकृति में निर्मित होने वाली यह बुद्धि भी प्रकृति के ही समान

सूक्ष्म तो होती है किन्तु उसके समान अव्यक्त नहीं होती मनुष्य को इसका ज्ञान हो सकता है।

बुद्धि के बाद उत्पन्न होने वाले पृथक्कता के गुण को ही 'अहंकार' कहते हैं। "मैं-तू" के सूचक शब्द ही अहंकार का प्रतीक होते हैं। प्रकृति में भी उत्पन्न होने वाले इस अहंकार के गुण का प्रगटीकरण पारे के जमीन पर गिरने के बाद बनने वाली छोटी-छोटी गोलियां हैं। पेड़-पत्थर पानी एकरूप प्रकृति से ही उत्पन्न होते हैं, भेद केवल इतना है कि चैतन्य न होने के कारण उसे 'अहम' का ज्ञान नहीं होता, या यूं कहें की मुंह ना होने से वे कह नहीं सकते। सारांश यह कि अभिमान या अहंकार का तत्व सब जगह समान ही है। अहंकार बुद्धि का ही एक भाग है। अतएव साख्यों ने निश्चित किया कि अहंकार बुद्धि के बाद का गुण है।

सांख्यमत के अनुसार इन्द्रियों के प्रादुर्भाव का वर्णन इस प्रकार पाया जाता है–

शब्दरागात श्रोत्रमस्य जायेते भावितात्मनः।
रूपरागात तथा चक्षुः घ्राणं गंधजिघ्रक्षया।।

'आत्मा को जब सुनने की इच्छा हुई तब कान उत्पन्न हुआ, रूप पहचानने की इच्छा से आँख, सूंघने की इच्छा से नाक उत्पन्न हुई'।

मनुस्मृति में सृष्टि के आरम्भ का वर्णन इस प्रकार मिलता है–

आसीदिदं तमोभूतप्रज्ञातमलक्षणं।
अप्रतर्क्यमविज्ञेय प्रसुप्तमिव सर्वतः।।

"सब पहले अन्धकार से व्याप्त था। भेदाभेद नहीं जान पड़ता था। इतना अगम्य और निद्रित था। फिर उसमें अव्यक्त परमात्मा ने प्रवेश कर पहले पानी उत्पन्न किया"।

नासदीय सूक्तों में कहा गया कि–

1. तब अर्थात मूलारम्भ में असत नहीं था और सत भी नहीं था। अंतरिक्ष नहीं था और उसके परे आकाश भी नहीं था। (ऐसी अवस्था में) किसने (किस पर) आवरण डाला? कहाँ? किसके सुख के लिए? अगाध और गहन जल भी वहां था।
2. तब मृत्यु अर्थात मृत्युग्रस्त नाशवान सृष्टि न थी, अतएव (दूसरा) अमृत अर्थान अविनाशी नित्य पदार्थ (यह भेद) भी न था। (इसी प्रकार) रात्रि और दिन का भेद समझने के लिए कोई साधन न था। (जो कुछ था) वह अकेला एक ही, अपनी शक्ति से वायु के बिना श्वान्सोच्छ्वांस लेता अर्थात स्फूर्तिवान होता था। इसके अतिरिक्त या इसके परे कुछ भी न था।

संत तुकाराम जी के अभंग
गूंगे का गुड है भगवान, बाहर भीतर एक समान।
किसका ध्यान करूं सविवेक, जलतरंग से हैं हम एक।

रहता है सर्वत्र ही व्यापक एक समान।
पर निज भक्तों के लिए छोटा है भगवान।।

छोटा बड़ा कहें वो कुछ हम।
फबता है सब तुझे महत्तम।।

एक बात एकांत में सुनलो जगदाधार।
तारें मेरे कर्म तो प्रभु का क्या उपकार।।

ऐसी गठरी मोक्ष की आवे तबही हाथ।
इन्द्रियजेता बनो निर्विषय मिले प्रभू का साथ।

शिव गीता में कहा गया है कि मोक्ष कोई ऐसी बस्तु नहीं है जो किसी एक स्थान में रखी हो अथवा उसे प्राप्त करने के लिए किसी दूसरे गाँव या प्रदेश में जाना पड़े। वस्तुतः हृदय की अज्ञान ग्रंथि के नाश को ही मोक्ष कहते हैं।

मनुष्य का ज्ञान कितना ही पूर्ण क्यों न हो गया हो और उसकी बुद्धि कितनी ही साम्यावस्था में क्यों न पहुँच गई हो, तो भी उसे ऐसे लोगों के साथ व्यवहार करना है, जो काम-क्रोध आदि के चक्कर में पड़े हुए हैं, और जिनकी बुद्धि अशुद्ध है। अतएव इन लोगों के साथ व्यवहार करते समय यदि वह अहिंसा, दया, शान्ति और क्षमा आदि नित्य एवं पारमार्थिक सद्‌गुणों को ही स्वीकार करे तो निर्वाह नहीं होगा। यदि साधू पुरुष यह संसार ही छोड़ बैठें तो दुष्टों का ही बोलबाला हो जाएगा। इसीलिए श्री समर्थ रामदास स्वामी का उपदेश है कि 'लट्ठ का सामना लट्ठ से ही करा देना चाहिए। उजड्ड के लिए उजड्ड ही चाहिए और नटखट के सामने नटखट की ही आवश्यकता है"।

स्थितप्रज्ञ ऐसे प्रयत्न किया करता है, जिनसे समाज के लोगों की बुद्धि अधिकाधिक शुद्ध होती जाए और अंत में वे लोग भी आध्यात्मिक पूर्णावस्था में जा पहुंचें।

कुछ लोग शंका करते हैं कि 'वसुधैव कुटुम्बकम' रूपी व्यापक दृष्टि हो जाने पर यदि कोई हमें मारने आवे तो 'निर्वैर सर्व भूतेशु' (गीता 11,55) कहने से उलटकर ना मारना ही हमारा धर्म हो जाएगा। अतः दुष्टों का प्रतिकार नहीं होगा और इस

कारण उनके बुरे कर्मों से साधू पुरुष की तो जान ही संकट में पड़ जायेगी। दुष्टों का दबदबा हो जाने से पूरे समाज अथवा सारे राष्ट्र का उससे नाश भी हो सकता है।

महाभारत में स्पष्ट कहा गया है कि न पापे प्रतिपापः स्यात्साधुरेव सदा भवेत्' दुष्टों के साथ दुष्ट न हो जाएँ, साधुता से ही व्यवहार करें, क्योंकि वैर निकले से वैर कभी नष्ट नहीं होता। न चापि वैरम वैरेण केशव व्युपशम्यति। इसके विपरीत जिसे हम पराजित करते हैं, वह फिर बदला लेने का मौका खोजता है। अतः शान्ति से ही दुष्टों का निवारण कर देना चाहिए। ईसा ने भी कहा तू अपने शत्रुओं से प्रीत कर.... कोई एक कनपटी पर मारे तो तू दूसरी भी आगे कर दे।

नीत्से नमक आधुनिक जर्मन ने अपने ग्रंथों में यह मत लिखा कि निर्वैरत्व का यह धर्मतत्व गुलामी का और घातक है। इसे श्रेष्ठ मानने वाले ईसाई धर्म ने यूरोप खंड को नामर्द कर दिया है। मनु महाराज ने धर्म के अलग-अलग विभाग किये हैं। क्रुद्धयन्तं न प्रतिक्रुध्येत का उपदेश। उन्होंने केवल यति धर्म के लिए दिया, गृहस्थ धर्म और राजधर्म में नहीं। अतएव आतताई पुरुष को मार डालने से अहिंसा धर्म में बट्टा नहीं लगता। दुष्टों को दण्डित करने से हानि तो कुछ नहीं, हाँ दूसरों को उनसे बचा लेने का श्रेय जरूर मिल जाता है। जो परमेश्वर सबके प्रति समभावी है, वह भी साधुओं की रक्षा और दुष्टों का विनाश करने के लिए समय-समय पर अवतार लेकर लोक संग्रह किया करता है। जिस प्रकार करोड़पति साहूकार यदि बाजार में सब्जी लेने जाए तो हरा धनिया की कीमत लाख रुपये नहीं दे देता, उसी प्रकार समबुद्धि का अर्थ यह नहीं है कि पात्रता और अपात्रता का भेद भुला दिया जाए। समता का अर्थ यह नहीं है कि गाय का चारा मनुष्य को और मनुष्य का भोजन गाय को खिला दिया जाए।

ज्ञानेश्वर महाराज ने साधू पुरुषों की साम्य बुद्धि को पृथ्वी की संज्ञा दी है। पृथ्वी को सर्व सहा कहा जाता है। किन्तु इस सर्व सहा को भी यदि कोई लात मारे तो वह भी मारने वाले के तलवे में उतने ही जोर का प्रत्याघात कर अपनी समता बुद्धि व्यक्त कर देती है। इसी कारण भगवान ने भी कहा है कि ये यथा माँ प्रपद्यन्ते ताम्स्तथैव भजाम्यहम। जो मुझे जैसे भजते हैं, उन्हें वैसे ही फल देता हूँ। कानून में भी एक हत्यारे को फांसी की सजा देने वाले न्यायाधीश को कोई उसका दुश्मन नहीं कहता। कर्मयोग निर्वर का अर्थ प्रतिकार शून्य नहीं मानता। केवल दुष्ट बुद्धि छोड़ने की बात कहता है।

दुष्ट कर्म करने के कारण रावण को निर्वैर और निष्पाप राम ने युद्ध में तो मारा, किन्तु जब उसकी उत्तरक्रिया से विभीषण हिचकने लगा, तब उसे कहा

मरणान्तानि वैराणि निवृत्तम नः प्रयोजनम।
क्रियतामस्य संस्कारो ममाप्येष यथा तव।।

वैर मरण के साथ समाप्त हो गया। दुष्टों के विनाश का हमारा काम हो चुका। अब यह जैसा तेरा भाई बैसे ही मेरा भी है। इन्ही सब विचारों को मन में लाकर समर्थ रामदास स्वामी ने कहा उद्धत के साथ उद्धत होना चाहिए। महाभारत में भीष्म ने परशुराम से कहा

यो यथा वर्तते यस्मिन तस्मिन्नेवं प्रवर्तयन।
नाधर्म समवाप्नोति न चाश्रेयश्च विन्दति।।

'अपने साथ जो जैसा वर्ताव करता है, उसके साथ वैसे ही व्यवहार करना न तो अधर्म है और ना ही उससे अकल्याण होता है'। आगे चलकर वही उपदेश युधिष्ठिर को भी दिया–

यस्मिन यथा वर्तते यो मनुष्यः तस्मिन् तथा वर्तितव्यम स धर्मः।
मायाचारो मायया बाधितव्यः साध्वाचारः साधुना प्रत्युपेयः।।

'अपने साथ जो जैसा बर्ताव करता है, उसके साथ वैसा ही वर्ताव करना धर्मनीति है। मायावी पुरुष के साथ मायावी बनकर और साधू पुरुष के साथ साधुता से व्यवहार करना चाहिए'।

भारवी कवी ने किरातार्जुनीय में लिखा–

व्रजन्ति ते मूर्धियः पराभवं।
भवन्तु मायाविशु ये न मायिनः।।

'मायावियों के साथ जो मायावी नहीं बनते, वे नष्ट हो जाते हैं'।

दुष्ट पुरुष का प्रतिकार यदि साधुता से हो सकता है, तो पहले साधुता से ही करें। किन्तु यदि ऐसी साधुता से दुष्ट के दुष्ट कर्मों का निराकरण संभव ना हो तो कांटे से काँटा निकालना ही बेहतर है। दुष्टों का निग्रह करना भगवान के समान साधू पुरुषों का भी प्रथम कर्तव्य है।

छान्दोग्योपनिषद में कथा है–एक दिन श्वेतकेतु के पिता ने यह दिखाने के लिए कि अव्यक्त और सूक्ष्म परब्रह्म ही सब द्रश्य जगत का मूल कारण है, श्वेतकेतु से कहा कि बरगद का एक फल ले आओ और देखो कि उसके भीतर क्या है। श्वेतकेतु ने बैसा ही किया। उस फल को तोड़कर कहा इसके भीतर बहुत से दाने जैसे बीज हैं। पिता ने फिर कहा अब इन बीजों में से एक को तोड़कर देखो और बताओ कि उसमें क्या है। श्वेतकेतु ने एक बीज लिया और उसे तोड़कर कहा इसमें कुछ नहीं है। तब पिता ने कहा जिसे तुम कुछ नहीं कह रहे हो उसी से यह बरगद का विशाल वृक्ष हुआ है।

संन्यास का अर्थ है छोड़ना। जिसने धर्ममार्ग पर चलते हुए इस संसार में कुछ अर्जित ही नहीं किया, वह भला क्या त्याग करेगा? जो सांसारिक कर्म ही ठीक से नहीं निभा सका, उस अभागे से परमार्थ भी कैसे ठीक सधेगा? दासबोध (समर्थ स्वामी रामदास)

महाभारत युद्ध के बाद युधिष्ठिर के राज्यारोहण के उपरांत कुंती ने अपने जेठ धृतराष्ट्र के साथ वान्यप्रस्थ आश्रम के लिए प्रस्थान किया। उस समय उन्होंने युधिष्ठिर को उपदेश देते हुए कहा मनस्ते मदहस्तु च। 'तू अपने मन को हमेशा विशाल बनाए रख।

गीता सार

1. बाह्य कर्म की अपेक्षा कर्ता की बुद्धि ही श्रेष्ठ है।
2. व्यवसायात्मिका बुद्धि जब आत्मनिष्ठ होकर संदेह रहित और सैम हो जाती है, तब फिर वासनात्मक बुद्धि भी स्वतः शुद्ध और पवित्र हो जाती है।
3. जिसकी बुद्धि सैम और स्थिर हो जाती है, वह स्थित प्रज्ञ पुरुष हमेशा विधि और नियमों से परे रहा करता है।
4. उसके आचरण और आत्मैक्य बुद्धिसिद्ध नीति नियम सामान्य पुरुषों के लिए आदर्श सामान पूजनीय तथा प्रमाणस्वरुप हो जाते हैं।
5. पिंड अर्थात देह में और ब्रह्माण्ड अर्थात सृष्टि में एक ही आत्म स्वरूपी तत्व है, देहान्तार्गत आत्मा अपने शुद्ध और पूर्ण स्वरुप को (मोक्ष) प्राप्त कर लेने के लिए सदा उत्सुक रहता है तथा इस शुद्ध स्वरुप का ज्ञान हो जाने पर सब प्राणियों के विषय में आत्मौपम्य दृष्टि प्राप्त हो जाती है।

ईसा उपदेश

तू अपने पड़ोसी को अपने समान ही प्यार कर।

तू जो कुछ खाता पीता या करता है, सब ईश्वर के लिए कर।

सुई के छेद से ऊँट भले निकल जाए, किन्तु ईश्वर के राज्य में किसी धनवान का प्रवेश होना कठिन है।

माँ-बाप, घर-द्वार, स्त्री-बच्चे, भाई-बहिन और अपने जीवन से भी विमुख होकर जो मनुष्य मेरा अनुयाई नहीं बनता, वह मेरा भक्त कभी हो नहीं सकता।

हमारे आस-पास के ईश्वर भक्त ही हमारे माँ बाप और वन्धु हैं।

इसमें उन्होंने श्रीमद्‌भगवद गीता के कर्मयोग की वृहद व्याख्या की। उन्होंने इस ग्रंथ के माध्यम से बताया कि गीता चिन्तन उन लोगों के लिए नहीं है, जो

स्वार्थपूर्ण सांसारिक जीवन बिताने के बाद अवकाश के समय खाली बैठकर पुस्तक पढ़ने लगते हैं और यह संसारी लोगों के लिए कोई प्रारंभिक शिक्षा है। इसमें यह दार्शनिकता निहित है कि हमें मुक्ति की ओर दृष्टि रखते हुए सांसारिक कर्तव्य कैसे करने चाहिए। इस ग्रंथ में तिलक ने मनुष्य को उसके संसार में वास्तविक कर्तव्यों का बोध कराया है।

गाँधीजी का कथन

महात्मा गाँधी तो गीता के जबर्दस्त प्रशंसक थे। उसे वह अपनी माता कहते थे। उन्होंने भी गीता रहस्य को पढ़कर कहा था कि- गीता पर तिलकजी की यह टीका ही उनका शाश्वत स्मारक है।"

तिलक का उद्देश्य

एक दौर में लगता था कि शायद ब्रिटिश हुकूमत बाल गंगाधर तिलक की इस रचना को जब्त ही कर लेगी, लेकिन उन्हें अपनी याददाश्त पर बहुत भरोसा था। इसीलिए अपने बन्धुओं से उन्होंने कहा था- "डरने का कोई कारण नहीं। हालांकि बहियां सरकार के पास हैं। लेकिन तो भी ग्रंथ का एक-एक शब्द मेरे दिमाग में है। विश्राम के समय अपने बंगले में बैठकर मैं उसे फिर से लिख डालूंगा।" तिलक जी ने गीता-रहस्य लिखी ही इसलिए थी कि वह मान नहीं पा रहे थे कि गीता जैसी किताब महज मोक्ष की ओर ले जाती है। उसमें सिर्फ संसार छोड़ देने की अपील है। वह तो कर्म को केंद्र में लाना चाहते थे। वही शायद उस वक्त की मांग थी और तिलक का उद्देश्य भी। जब देश गुलाम हो, तब आप अपने लोगों से मोक्ष की बात नहीं कर सकते। उन्हें तो कर्म में लगाना होता है और यही बाल कार्य गंगाधर तिलक ने किया।

पुस्तक द आर्कटिक होम इन द वेदास

यह वह समय रहा होगा, जब वर्ष का प्रारंभ सूर्य के ओरिऑन या मृगशिरा नक्षत्र पुंज में रहते समय अर्थात ईसा से 4000 वर्ष पहले हुआ होगा। इस पुस्तक की प्रशंसा यूरोप और अमेरिकी विद्वानों ने की। अब यह कहा जा सकता है कि तिलक के निष्कर्षों को लगभग सभी ने स्वीकार कर लिया है। अनेक प्राच्यविदों, जैसेकि - मैक्समूलर, वेबर, जेकोबी, और विटने ने लेखक की विद्वता और मौलिकता को स्वीकार किया है। पुस्तक के प्रकाशन के बाद तिलक ने कुछ समय तक प्रोफेसर मैक्समूलर और वेबर के साथ पुस्तक में उठाए गए कुछ भाषा-विज्ञानीय प्रश्नों पर

दोस्ताना पत्र व्यवहार किया। इसके परिणामस्वरूप दोनों पक्ष इस बात पर सहमत हुए कि इस विषय के पक्ष और विपक्ष में बहुत कुछ कहा जा सकता है।

तिलक की पुस्तक की प्रशंसा

अमेरिका के प्रो. विटने ने सन् 1894 ई. में अपनी मृत्यु से कुछ पहले 'जर्नल ऑफ दि अमरीकन ओरिएंटल सोसायटी' में एक लेख लिख कर तिलक के सिद्धांतों की भूरि-भूरि प्रशंसा की थी। इसी तरह जॉन हॉपकिंस यूनिवर्सिटी के डा. ब्लूमफील्ड ने एक वार्षिकोत्सव में भाषण देते हुए तिलक की पुस्तक की प्रशंसा इन शब्दों में की थी–

ब्लूमफील्ड के शब्दों में तिलक की पुस्तक की प्रशंसा

"पिछले दो-तीन महीने के दौरान अत्यधिक महत्त्व की एक साहित्यिक घटना हुई है- एक ऐसी घटना, जो निश्चय ही आनंददायक स्मृतियों से अधिक विज्ञान और संस्कृति की दुनिया में उथल-पुथल मचा देगी। लगभग दस सप्ताह पहले मुझे भारत से एक छोटे आकार की पुस्तक मिली। उसकी साज-सज्जा भद्दी थी और स्थानीय प्रेस में छपाई के कारण उसमें अनेक गलतियाँ थीं। यह पुस्तक मुझे लेखक ने, जिससे मेरा कोई परिचय नहीं था, शुभकामनाओं के साथ भेजी थी। मैंने लेखक का नाम कभी भी नहीं सुना था। बाल गंगाधर तिलक, बी.ए. एल.एल.बी, लॉ के लेक्चरर और वकील, पूना। इस पुस्तक का प्रकाशन श्रीमती राधाबाई आत्माराम सैगून, पुस्तक-विक्रेता और प्रकाशक, बंबई ने किया है। पुस्तक का शीर्षक है 'ओरिऑन या रिसर्चेज इन टु द एंटिक्विटी ऑफ वेदाज'। मेरे पास यह पुस्तक मुझे इसके पक्ष में करने के लिए नहीं भेजी गई थी। मैंने इसे एक ऐसी जगह पर रख दिया, जहाँ से मैं इसे रात्रि-भोज के बाद आसानी से उठा सकूँ और कुछ पृष्ठ पढ़ने के बाद अलग रख सकूँ। डाक के जरिए इस तरह की बहुत-सी-सामग्री मेरे पास पहुँचती रहती है।

इसकी भूमिका बहुत उत्साहवर्धक नहीं थी। लेखक नम्रता के साथ सूचित करता है कि ऋग्वेद का रचनाकाल ईसा के जन्म से चार हजार वर्ष पहले से कम नहीं हो सकता और हिन्दू परंपरा के साथ इसका काल ईसा के 6000 वर्ष पूर्व होना चाहिए। हिंदुओं को प्रचुर कल्पना-शक्ति, के बारे में कुछ भी स्वीकार करने की प्रवृत्ति को ध्यान में रख कर मैंने सोचा कि मैं पुस्तक के कुछ पन्ने उलट कर उसे मुस्कुराहट के साथ अलग रख दूँगा। लेकिन कुछ ही समय बाद मेरी मुस्कुराहट गायब हो गई और मुझे लगा कि कोई असाधारण घटना हो गई है। सबसे पहले मैं लेखक की इस बात से प्रभावित हुआ कि उन्होंने वैदिक साहित्य और इस विषय से संबंधित

पाश्चात्य साहित्य का गंभीर अध्ययन किया है। शीघ्र ही मेरा सतही अध्ययन गंभीर अध्ययन में बदल गया। उपहास की भावना के स्थान पर मैं लेखक की बातों का कायल होने लगा। निस्संदेह यह पुस्तक साहित्य के क्षेत्र में सनसनी पैदा करने वाली है। तिलक की खोज के परिणामों को समझने में काफी समय लगेगा। अगर तिलक तत्काल उसी दिशा में आगे बढ़ते रहते और उन अनेक प्रश्नों का समाधान खोजते, जो उनकी पुस्तक में अनुत्तरित रह गए थे तो अच्छा होता, लेकिन लॉ लेक्चरर और पत्रकारिता व्यवसाय के कारण उनको भाषाशास्त्र और इतिहास से संबंधित प्रश्नों पर ध्यान देने के लिए पर्याप्त समय नहीं मिल पाता था।

6

तिलक का व्यक्तित्व

तिलक एक महान् स्वतन्त्रता सेनानी थे। उन्होंने जनता में चेतना उत्पन्न की तथा राष्ट्रीय आन्दोलन का जन-आन्दोलन बना दिया। उन्होंने स्वराज्य को अपना जन्मसिद्ध अधिकार घोषित किया। सी.वाई. चिन्तामणि ने लिखा है कि, स्वराज्य प्राप्ति उनके जीवन का चरम लक्ष्य था, जब कभी वे किसी बात पर तत्पर हो जाते थे, तो फिर पीछे हटना उनके लिए सम्भव नहीं था। उन्होंने अपने विचारों तथा कार्यों के लिए समकालीन राजनीतिज्ञों में सबसे अधिक कष्ट सहन किए। बम्बई के गवर्नर ने इस सम्बन्ध में भारत मन्त्री को लिखा था कि, तिलक

मुख्य षडयन्त्रकारियों में से एक हैं और सबसे प्रमुख षडयन्त्रकारी हैं। उन्होंने भारत में ब्रिटिश शासन की कमजोरियों का बड़ी सावधानी से अध्ययन किया है। उनके गणपति उत्सव, शिवाजी उत्सव, पैसा फण्ड और राष्ट्रीय स्कूल इन सबका एक ही

उद्देश्य है कि ब्रिटिश शासन को उखाड़ फैका जाए। वे राष्ट्रीयता के अग्रदूत थे। शिरोल ने लिखा है कि, यदि कोई व्यक्ति भारतीय अशान्ति का जनक होने का दावा कर सकता है, तो वह बाल गंगाधर तिलक है। भारत मन्त्री मॉण्टेग्यू ने एक बार कहा था कि, भारत में केवल एक ही अकृत्रिम उग्र राष्ट्रवादी था और वह था तिलक।

तिलक एक महान् राष्ट्रवादी थे, जिन्होंने चेतना उत्पन्न की तथा अवज्ञा का दर्शन प्रदान किया। स्वामी श्रद्धानन्द के अनुसार, महाराज तिलक का राजनीतिक कार्य करने वाले कार्यकर्ताओं में बहुत ऊँचा स्थान है। उन्होंने सबसे पहले राजनीति एकता के सिद्धान्त का प्रचार किया। मातृभूमि की सेवा के लिए और किस वीर पुरुष ने इतने कष्ट सहे हैं, जितने इस महापुरुष ने। क्या मातृभूमि की सेवा करने वाले सैनिक इस बूढ़े सेनापति के आगे सिर नहीं झुकाएँगे। वास्तव में किसी भी भारतीय ने अपने देश के लिए इतने कष्ट नहीं सहे, जितने की तिलक ने। 1908 में मार्निंग लीडर ने तिलक के बारे में यह लिखा था, इंग्लैण्ड में बहुत ही थोड़े आदमी होंगे, जो यह समझ सकें कि पूना के राष्ट्रीय नेता श्री बाल गंगाधर तिलक की गिरफ्तारी का भारत में वास्तव में क्या अर्थ है। उनका निजी प्रभाव देश पर और सब राजनीतिज्ञों से बड़कर है। वे अपने दक्षिण के सबसे प्रमुख व्यक्ति हैं और बम्बई से लेकर बंगाल की खाड़ी तक प्रत्येक गरम विचारों वाला एक तरह की धार्मिक भावना से पूजा करता है। सूरत में नेशनल कांग्रेस की फूट उनका ही काम था। उन्होंने ही इसकी योजना बनाई, उन्होंने ही इसका प्रचार किया और उन्होंने ही उस असाधारण आन्दोलन को दिशा दी, जिसके खिलाफ नौकरशाही अब अपने सब साधनों को इकट्टा कर रही है। वे एक साथ, विचारक भी हैं और योद्धा भी। अरविन्द ने लिखा है कि, श्री तिलक का नाम राष्ट्र निर्माता के रूप में आधा दर्जन महानतम् राजनीतिक पुरुषों, स्मरणीय व्यक्तियों, भारतीय इतिहास के इस संकटमय काल के राष्ट्र के प्रतिनिधी व्यक्तियों में होने के नाते सदैव अमर रहेगा और इसे लोग तब तक कृतज्ञतापूर्वक स्मरण रखेंगे, जब तक कि देश में अपने भूतकाल पर अभिमान और भविष्य के लिए आशा बनी रहेगी।

वस्तुतः तिलक एक महान् राष्ट्रीय नेता थे, जिन्होंने भारत को स्वराज्य के निकट पहुँचाया। गांधीजी ने कहा था कि, आने वाली पीढ़ियाँ उन्हें आधुनिक भारत के जन्मदाता के रूप में याद रखेंगी।

आधुनिक भारत का कौटिल्य

तिलक को आधुनिक भारत का कौटिल्य कहा जाता है। उनका मानना था कि स्वतन्त्रता प्राप्ति हेतु अपनाए गए सभी साधन उचित हैं। उन्होंने कहा था कि,

महापुरुष सामान्य नैतिक सिद्धान्तो से ऊपर होते हैं। श्रीमद्‌भगवद्‌गीता का उदाहरण देते हुए उन्होंने कहा था कि, यदि हम स्वार्थ की भावनाओं से प्रेरित नहीं, तो अपने गुरूजनों तथा सम्बन्धियों की हत्या करने में भी कोई पाप नहीं होगा। उन्होंने निष्काम कार्य पर बल दिया। जनवरी, 1920 ई. यंग इण्डिया में लिखे हुए एक पत्र में उन्होंने कहा था, उनका विचार यह नहीं है कि राजनीति में सब कुठ ठीक होता है, बल्कि उनका विचार केवल यह है कि धम्मपद के प्रतिपादित घृणा पर प्रेस से विजय प्राप्त करने का बुद्धिवादी सिद्धान्त सभी परिस्थितियों में नहीं अपनाया जा सकता।

महान् राजनीतिज्ञ

तिलक बड़े दूरदर्शी थे। उन्होंने 1896 ई. में स्वराज्य की बात कही तथा 1907 ई. में हिन्दी को राष्ट्रभाषा बनाने पर बल दिया। वे रेलवे के राष्ट्रीयकरण एव धर्म निरपेक्ष राजनीति के पक्षधर थे। अमेरिकन इतिहासकार डॉ. शेने लिखा है कि, जब भारत में वास्तविक राजनीतिक जाग्रति प्रारम्भ हुई, तो सर्वप्रथम तिलक ने ही स्वराज्य की आवश्यकता और उसके लाभों की ओर जनता का ध्यान आकर्षित किया था।

वास्तव में तिलक के विचार अपने समय से काफी आगे थे। उन्होंने स्वराज्य की प्राप्ति, राष्ट्रीय आन्दोलन को जन-आन्दोलन बनाना, स्वदेशी वस्तुओं का प्रयोग, विदेशी वस्तुओं का बहिष्कार और राष्ट्रीय शिक्षा आदि विचारों को जन्म दिया, जो आगे चलकर महात्मा गाँधी के समय में भारत के राष्ट्रीय आन्दोलन के प्रमुख आधार बने। संक्षेप में, हम कह सकते हैं कि तिलक एक महान् राजनीतज्ञ और महान् राष्ट्रवादी थे। वे गाँधीजी के अग्रगामी थे। रामगोपाल ने लिखा है कि, महात्मा गाँधी ने तिलक की मृत्य के बाद जितने आन्दोलन किए, वे सब तिलक ने पहले ही कर लिए थे। लगान न देने का आन्दोलन, सरकारी नौकरियों का बहिष्कार, शराब बन्दी और स्वदेशी इन सबका तिलक ने प्रचार किया था। उनका जीवन दिव्य जीवन था तथा उनके देशवासियों ने न केवल लोकमान्य की उपाधि दी, बल्कि तिलक भगवान कहकर भी पुकारा। वे चारों ओर के अँधेरे में प्रकाश ज्योति की तरह सामने आए।

स्वतंन्त्रा के सूर्य लोकमान्य बाल गंगाधर तिलक

स्वतंत्रता सभी जीवों के लिए जीवन के समक्ष है और परतंत्रता मृत्यु के समान है तभी तो पेट्रिक हेनरी का उत्तेजक कथन सारगर्भित है कि मुझे स्वतंत्रता दो अन्यथा मृत्यु दे दो। यह सभी के लिए अपरिहार्य कथन है। लोकमान्य तिलक महाराज का कथन इसी उदात्त भाव से आंदोलित होकर हुंकार उठा था कि स्वतंत्रता हमारा जन्म

सिद्ध अधिकार है उसे हम लेकर रहेंगे। ऐसे उद्‌घोष से प्रेरित भारतीय मानस स्वतंत्रता संग्राम के दिनों में ललकार उठा था जिसके प्रेरक लोकमान्य बाल गंगाधर तिलक थे। उन्होंने भारत माता के भाल पर ऐसा अनूठा तिलक लगाया जिसकी दीप्ति दिन दूनी रात चौगुनी बढ़ती ही गई। स्वतंत्रता संग्राम के दिनों में वे बाल-पाल-लाल के त्रिपुंड थे। उन्होंने स्वतंत्रता संग्राम की ऐसी रणभेदी बजायी जिसकी अनुगूंज समूचे देश में दिग्दिगंत तक फैल गई थी। तिलक महाराज ने भारतीय युवा मानस की हततंत्री को झनझना कर राग देश प्रेम का गुंजार कर दिया था। फिर तो इस राग पर लोग अपना सर्वत्र न्योछावर करने को उद्यत हो गए थे। अंग्रेज जो भारत को दास बनाये बैठे थे, उन्हें खदेड़ने के लिए अंग्रेजों भारत छोड़ो का महत्वपूर्ण आंदोलन के चलते देश में एक सिरे से दूसरे सिरे तक चारां ओर जनक्रांति की लहर हिलोरे ले रही थी, उसमें प्रमुख भूमिका लिभाने वालों में लोकामन्य तिलक महाराज भी थे।

लोकामन्य तिलक स्वतंत्रता आंदोलन की उदात भावना में पक्के मात्र सेनानी ही नहीं थे वरन वे स्वतंत्रता संग्राम के महानायक थे। वे प्रखर चिंतक, ओजस्वी तर्क निष्णात वकील, विचारवान लेखक और उच्चकोटि के भारतीय दार्शनिक तथा उसके कुशल व्याख्याकार भी थे। वे महान समाज सेवी, समाज सुधारक, शिक्षाशास्त्री, निर्भीक सम्पादक, उच्चकोटि के पत्रकार भी थे। मा भयभीत मत हो के ऐसे उद्‌घोषक जिससे लोहा निर्भय होकर स्वतंत्रता के लिए आवाज बुलन्द कर सके। वे ऐसे कर्मयोगी थे जिन्होंने सारा जीवन कर्म के लिए अर्पित कर दिया था, अपनी ओजस्वी वाणी तथा लेखनी से उन्होंने करोड़ो भारतीयों का जागृत कर उनमें वज्रघोष कर दिया था।

वे परतंत्र भारत में स्वतंत्रता की ज्योति जलाने वाले पहले महान लोकनायक थे। उनका परिवार परम्परावादी सढ़ियों कर्मकाण्डों से युक्त पुरातन संस्कारवादी था। उनके पिता पं. गंगाधर पंत अत्यंत कर्मठ अनुशासन प्रिय व्यक्ति थे। पूर्व में वे स्कूल मास्टर तत्पश्चात शाला इस्पेक्टर हो गये थे। वे तिलकजी को पढ़ने लिखने के बाद उच्च पद पर पदस्थ देखना चाहते थे। किंतु तिलक जी अपनी तरह का जीवनयापन करना चाहते थे। वे संस्कृत इतिहास, गणित, ज्योतिष आदि के विद्वान बनना चाहते थे। सोलह वर्ष की आयु में पड़ोसी गांव की कन्या तापी से उनका विवाह हो गया और गृहस्थ जीवनयापन करने लगे। किंतु उनकी पत्नी उनके किसी कार्य में कभी बाधक नहीं बनी वरन कंधे से कंधा मिलाकर सहयोगी ही थीं। कुछ समय के पश्चात जब वे मात्र दस वर्ष के थे तभी पिता की मृत्यु हो गयी। इसके बाद मां का भी

देहावसान हो गया इससे उन पर विपित्तियों का पहाड़ टूट पड़ा था किंतु इससे तिलकजी विचलित नहीं हुए और अपने लक्ष्य की ओर अग्रसर होते रहे।

तिलकजी का ऐसे समय में उद्‌भव हुआ था जब सन् 1857 का प्रथम स्वतंत्रता संग्राम विफल हुआ था। देश हताशा, निराशा, दुर्भाग्य से ग्रस्त हो गया था। अंग्रेजी शासन दुर्भावना दुराग्रह से ग्रस्त हो दलन अत्याचार उत्पीड़न को अपना अस्त्र बना जन सामान्य को पीड़ित करने लगी। सत्ता पर बैठे लोग स्वेच्छाचारी हो गए थे और जनता को हर प्रकार से पीड़ित करना अपना अधिकार मानने लगे थे। ऐसी स्थिति में तिलकजी को शीघ्र ही ज्ञात हो गया कि विदेशी शासक हमें दास बनकर रखना चाहते हैं और दासों जैसा ही क्रूर व्यवहार करते हैं। उनके अत्याचार अन्याय तले हम भारतीय सदा पिसते रहेंगे।

इसके प्रतिवाद में तिलक महाराज ने शिक्षा को एक अस्त्र के रूप में स्वीकार किया। ज्ञान के प्रकाश से ही हम समझ सकेंगे कि हम क्या से क्या हो गए हैं। ज्ञान से ही हम दुरावस्था को समाप्त कर सकते हैं। इसके लिए पढ़ना-लिखना अनिवार्य है। उनकी दृढ़ मान्यता थी कि परतंत्र भारत में नवजागरण लाने में शिक्षा की अहम भूमिका होगी। वे स्वयं विद्या अनुरागी थे और सभी को चाहते थे कि वे ज्ञानी बनकर देश की दुरावस्था देखें समझें और उपाय करें।

पिताजी के आकस्मिक देहावसान के बाद उन्होंने अपनी शिक्षा-दीक्षा बाधित नहीं होने दिया और पूणे के प्रतिष्ठित कालेज डेक्कन कालेज में प्रवेश लेकर गणित में प्रथम श्रेणी में बीए उत्तीर्ण किया। वहां वे वाद-विवाद प्रतियोगिताओं में खूब भाग लेते थे और शीर्ष स्थान पर बने रहते थे। स्नातक होकर निकलने के बाद उनके मन में कोई संशय नहीं था। उनका लक्ष्य स्पष्ट था यद्यपि उनका मार्ग कठिन कं..... .... तो था पर चलना निश्चित था। वे सुविधा भोगी नहीं थे। संघर्षों से जूझने वाले ऐसे पथिक थे जिन्हें अपना मार्ग स्वयं बनना था। शिक्षा के प्रचार प्रसार के लिए उन्होंने न्यू इंग्लिश स्कूल की स्थापना की। पढ़ो और बढ़ो मंत्र के पुरोधा बनकर डेक एजुकेशन सोझायटी की नींव डाली। इस अभियान में उनके साथ आगरकरजी महादेव गोविंद रानाडे, केटी तेलंग, केलकरजी तथा फर्ग्यूसन आदि विद्वानों का घनिष्ठ सहयोग था। स्वतंत्रता और राष्ट्रसेवा का व्रत लेने वाले तिलकजी सर्वस्व बलिदान से प्रेरित थे।

भारत में जन जागृति उत्पन्न करने के लिए पत्रकारिता की तिलकजी ने अमोड़ा अस्त्र माना। शब्द की सत्ता और इसके प्रभाव को स्वीकार करते हुए उन्होंने वर्ष 1818 में दो समाचार पत्रों-'केसरी' मराठी में तथा 'मराठा' अंग्रेजी में प्रकाशन

प्रारंभ किया। देखते-देखते ये समाचार पत्र भारतीय चेतना के सशक्त माध्यम बन गए। इनके पाठकों की संख्या दिन दूनी रात चौगुनी बढ़ने लगी। अंग्रेजी सत्ता के कोप भाजन के भय से बचने के लिए मकान मालिक ने अपने घर में छापा खाना लगाने से इंकार कर दिया तो वे प्रिटिंग प्रेस को रातों रात वहां से हटाकर अपने स्कूल परिसर में ले गए और निर्भय होकर समाचार पत्र निकालने लगे। उनके घनिष्ट सहयोगी आगरकर तथा अन्य लोग घर-घर जाकर इन समाचार पत्रों को बांटते और लोगों को पढ़ाते थे। इतना ही नहीं इन समाचार पत्रों के माध्यम से तिलकजी ने सुप्त मानसिकता को झकझोर कर जगा दिया तथा निर्भीक पत्रकारों की एक पीढ़ी गयी जो पत्रकारिता के क्षेत्र में यह उनकी अनूठी देन थी। वे राष्ट्रीय जागरण के ऐसे उद्घोषक थे जिनकी बातें बड़े ध्यान से देशवासी सुनते, पढ़ते और आत्मसात करते थे। स्वराज्य, स्वदेशीय, सविनय अवज्ञा, असहयोग, विदेशी वस्त्र बहिष्कार, अंग्रेजों भारत छोड़ो, खादी, ग्रामोद्योग, नशाबंदी, स्त्री-शिक्षा, अछूतोद्धार, बाल-विवाह आदि समस्याओं पर करारा प्रहार कर देशवासियों को अपने भाषणों-समाचार पत्रों से झकझोर कर रख दिया था। इस समय वे मात्र 29 वर्ष के थे जिन्होंने जनसामान्य के हृदय में स्वाधीनता की ज्योति जलाने का अनूठा कार्य किया था।

सन् 1896 में समूचे देश में विशेषकर महाराष्ट्र में भीषण अकाल पड़ा था। लोगों को न तो खाने का अन्न मिल रहा था और न ही मवेशियों को चारा-पानी उपलब्ध था। सर्वत्र हाहाकर मचा हुआ था। लोग दाने-दाने को तरस रहे थे। दुर्भाग्य ऐसा कि उसी समय पूना में प्लेग की महामारी फैल गयी थी। लोगों को तेज ’वर के साथ-साथ गिल्टी उभरती थी और देखते-देखते लोग काल कवलित होते थे। हजारों की संख्या में मरने लगे। तिलक महाराजजी ने अपने 'केसरी' समाचारपत्र के माध्यम से तथा आगरकरजी ने 'सुधाकर' द्वारा लोगों में जन जागरण का बीड़ा उठाया। अंग्रेज सत्ता इन स्थितियों के प्रति अनदेखी किए बैठी थी। एक ओर दिन-रात उनकी पार्टियां दावतें, राग-रंग, नाच-गाना चल रहा था तो दूसरी ओर आमजन मौत के मुख में समा रहे थे। जब समाचार पत्रों द्वारा शासन की तीव्र आलोचना की गयी तब उसकी नींद खुली अंग्रेज अधिकारियों द्वारा रोग प्रतिबंधक योजना बनाकर कार्यवाही की गई। पूना के लिए वाल्टर चार्ल्स रैण्ड की नियुक्ति की गयी। वह स्वभाव से क्रूर तथा दुराचारी और उदण्ड व्यक्ति था। उसके ही आदेशानुसार अंग्रेज सैनिक घर-घर घुसकर रोगियों का पता लगाते, घरों के सामान तितर-बितर कर फैंक देते थे। रोगी मिलने पर उन्हें पशुओं की भांति खदेड़-खदेड़कर अस्पतालों में ले जाते। जहां न तो रोगियों के लिए पलंग, खाने-पीने की व्यवस्था

और न ही उचित दवा-दारू का प्रबंध था। तिलक महाराज अपने 'केसरी' में तीखी आलोचना की तो आगरकरजी ने अपने सुधाकर में जनता का आह्वान किया-'तुम कैसे इतने निष्क्रिय हो गए हो। कुछ तो प्रतिवाद करो।' ऐसे दुष्टों को सबक सिखाना ही होगा। घरों में रोते बैठे रहने से यह रौण्डशाही नहीं हटेगी। चुप रहने से उनके अत्याचार और बढ़ेंगे। इसकी प्रतिक्रिया स्वरूप पूना के कुछ युवकों के खून में उबाल आ गया और उन्होंने अंग्रेजों विशेषकर रैण्ड को सबक सिखाने का प्रण किया। इसके लिए चाफेकर बंधुओं ने प्राणों की परवाह न करते हुए रैण्ड पर गोलियों की बौछार कर उसे मौत के घाट उतार दिया। यहीं से विरोध के स्वर फूटे।

जनमानस में स्वराज्य के लिए शंख फूंकने वाले तिलकजी सर्वप्रथम नेता थे जिन्होंने सर्व प्रथम कांग्रेस को देश की स्वतंत्रता का युद्ध लड़ने के लिए राष्ट्रीय संस्था का रूप प्रदान किया। उनके कठिन प्रयासों से ही कांग्रेस जनता की प्रतिनिधि संस्था बनी थी इसके पूर्व तो कांग्रेस मात्र कुछ वकीलों, जमींदारों, ब्रिटिश हिमायतियों की ऐसी संस्था थी। जो उनके यशगान में ही अपना हित समझती थी। तिलकजी ने कांग्रेस को स्वराज्य की ओर मोड़ने में सफलता प्राप्त की। तिलक के कांग्रेस में प्रवेश के बाद ही उसका लक्ष्य स्वराज्य प्राप्ति निश्चित किया गया। वे सरकार के अत्याचारों अनयायपूर्ण कार्यों की कड़ी आलोचना करते थे। इससे उनकी लोकप्रियता केवल महाराष्ट्र में ही नहीं सारे देश में फैल गयी। 'केसरी' के एक अंक में तिलकजी ने कोल्हापुर के एक अंग्रेज दीवान की कड़े शब्दों में आलोचना की। इससे क्रुद्ध हो उसने केसरी पर मानहानि का मुकदमा किया जिसमें तिलकजी और उनके साथी आगरकरजी को चार माह की कैद हुई थी। उनके जेल से छूटने पर सारे महाराष्ट्र में जन जागरण की लहर फैल गयी। इतने से ही तिलक महाराज चुप बैठने वाले नहीं थे। वे महाराज शिवाजी के अनन्य भक्त थे। उनकी गौरव गाथाओं को जन-जन में प्रचलित करने के उद्देश्य से शिवाजी उत्सव का विशाल आयोजन किया। जिसके पीछे स्वाधीनता स्वाभिमान जागरण का उद्देश्य था। इसी प्रकार गणेश उत्सव द्वारा राजनीतिक चेतना उत्पन्न करना था। तिलक महाराज बम्बई धारा सभा और म्युनिसिपल कार्पोरेशन के भी सदस्य बने। इन पदों पर रहते हुए अनेक महत्वपूर्ण कार्य किए। रैण्ड हत्याकाण्ड प्रकरण पर उन्हें सोलह माह का कारावास मिला जिसकी देशभर में तीव्र प्रतिक्रिया हुई। तत्पश्चात बंग भंग का 1905 में कांग्रेस अधिवेशन में तीव्र विरोध किया। तिलकजी कांग्रेस के गरमदल के नेता थे जबकि गोखले, गांधी आदि नरमदल के नेता थे। मतभेद से खिन्न होकर कांग्रेस से अलग हो कार्य करते रहे। ब्रिटिश सरकार गरमदल को कुचलना चाहती थी। अतः क्रांतिकारी खुदीराम

बोस के दिनांक 30 अप्रैल1908 में अंग्रेज अफसर पर बम फेंकने की घटना के तार तिलकजी से जोड़कर उन्हें भी छह वर्ष के कालेपानी का दण्ड मिला जिसकी तीव्र प्रतिक्रिया के बाद गवर्नर ने सादे कैद की सजा में उन्हें अहमदनगर जेल भेज दिया। बाद में वर्मा के मांडले जेल भेजे गए। वहां के प्रतिकूल जलवायु में भी उन्होंने गम्भीर चिंतन-मनन कर 'द आर्कटिक होम इन द बेदाज' लिखा। तत्पश्चात नवम्बर 1910 में अत्यन्त महत्वपूर्ण ग्रंथ 'गीता रहस्य' लिखना प्रारंभ किया और पांच माह की अवधि में नौ सौ पृष्ठों की पाण्डुलिपि रची। इंग्लैण्ड के कतिपय विद्वानों के दबाव में विवश होकर सन् 1914 में सरकार ने उन्हें मुक्त कर दिया। जेल से जिस दिन छूटकर पूना पहुंचे सारे महाराष्ट्र में दीपावली मनायी गयी थी। सन् 1916 के लखनऊ अधिवेशन में तिलकजी का जोरदार स्वागत किया गया। 'स्वराज्य हमारा जन्मसिद्ध अधिकार है' यह तिलक महाराज ने जो भाषण दिया वह इतिहास में अमर हो गया। ओजस्वी शैली में उन्होंने सभी को बहुत प्रभावित किया। रौलट एक्ट के विरोध में गांधीजी के नेतृत्व में सारे देश में असहयोग आंदोलन चलाया गया। तिलक महाराज कांग्रेस अधिवेशन में भाग लेने अमृतसर जब पहुंचे तो उनके भाषण का एक वाक्य आत्मसात और अमर हो गया 'स्वतंत्रता मांगने से नहीं उसे छीनना पड़ता है'

देश की स्वतंत्रता के लिए अत्यंत कठिन परिश्रम तथा अनेक बार जेल यात्राओं और मंत्रणाओं से उनका स्वास्य जर्जर हो गया था। बम्बई में ज़ब उनकी तिरसठवीं वर्षगांठ मनायी जा रही थी तब सहसा उनका स्वास्य खराब हो गया। डॉक्टरों के अथक प्रयास के बाद भी उन्हें बचाया नहीं जा सका। दिनांक 31 जुलाई की रात्रि में जनता के परम प्रिय नेता लोकमान्य तिलक महाराज की गर्जना मौन हो गयी। निःसंदेह तिलक महाराज अंतिम सास तक जन-जन में स्वतंत्रता की अग्नि धधकाते रहे।

क्यों कहा गया उन्हें लोकमान्य

स्वराज्य मेरा जन्मसिद्ध अधिकार है' के उद्घोषक लोकमान्य बाल गंगाधर तिलक का भारत राष्ट्र के निर्माताओं में अपना एक विशिष्ट स्थान है। उनका जन्म 1857 की क्रान्ति से प्रायः एक वर्ष पूर्व हुआ। इससे लगभग 38 वर्ष पूर्व महाराष्ट्र में 1818 तक पेशवा शासन का अन्त हो गया था और इसके साथ ही देश के अन्य राज्यों की भांति महाराष्ट्र में भी अंग्रेजी शिक्षा तथा ईसाई धर्म का प्रचार-प्रसार आरम्भ हो गया था। तिलक के व्यक्तित्व को समझने के लिए इस पृष्ठभूमि की उपेक्षा नहीं की जा सकती।

उनका सार्वजनिक जीवन 1880 में एक शिक्षक और शिक्षक संस्था के संस्थापक के रूप में आरम्भ हुआ। इसके बाद केसरी और मराठा उनकी आवाज के पर्याय बन गए। इनके माध्यम से उन्होंने अंग्रेजों के अत्याचारों का विरोध तो किया ही, साथ ही भारतीयों को स्वाधीनता पाठ भी पढ़ाया। वह एक निर्भीक सम्पादक थे, जिसके कारण उन्हें कई बार सरकारी कोप का भी सामना करना पड़ा।

उन्होंने अपने सिद्धान्तों से कभी समझौता नहीं किया। लंबे समय तक वह भारतीय राजनेताओं में सर्वाधिक लोकप्रिय व्यक्ति रहे। उनके महनीय गुणों की भारतीयों ने ही नहीं, अपितु कई अंग्रेजों ने भी प्रशंसा की है।

बचपन का नाम केशव बाल गंगाधर तिलक था। बचपन से ही देशप्रेम की भावना उनमें कूटकूट कर भरी थी। प्रारम्भिक शिक्षा मराठी में प्राप्त करने के बाद गंगाधर को अंग्रेजी स्कूल में पढ़ने के लिए पूना भेजा गया। उन्होंने डेक्कन कॉलेज से स्नातक की पढ़ाई पूरी की। उनका सार्वजनिक जीवन 1880 में एक शिक्षक और शिक्षक संस्था के संस्थापक के रूप में आरम्भ हुआ। इसके बाद 'केसरी' और 'मराठा' जैसे समाचार पत्र उनकी आवाज के पर्याय बन गए। बाल गंगाधर तिलक समाज कल्याण के लिए शिक्षा पर जोर देते थे और इसके लिए उन्होंने खुद भी कई कदम उठाए थे। अपने समाचार पत्र के द्वारा उन्होंने अपनी आवाज और भारतीय संस्कृति को देश के कोने-कोने में फैलाने का निश्चय लिया था। 1890 में राष्ट्रीय कांग्रेस से जुड़ते समय वह पार्टी के नरमपंथी विचारों के काफी खिलाफ थे। 1894 में तिलक के प्रयासों से गणेश पूजन को सार्वजनिक गणेशोत्सव का रुप मिला और 1895 में उन्होंने शिवाजी जयंती को शिवाजी स्मरणोत्सव के नाम से एक सामाजिक त्यौहार घोषित कर दिया।

1896-97 में महाराष्ट्र में प्लेग नामक महामारी फैली और इस दौरान लोकमान्य तिलक जी ने खुद आगे आते हुए राहत कार्य किया। लेकिन वह महामारी के दौरान हुए ब्रिटिश प्रशासन की उपेक्षापूर्ण रवैये की सख्त आलोचना भी करते रहे। राहत कार्यों के दौरान लोगों से बदसलूकी के लिए कुख्यात अंग्रेजी अफसर रैंड की हत्या के बाद 'केसरी' और 'मराठा' में छपे लेखों और आलोचनाओं के चलते तिलक पर राजद्रोह का आरोप लगाकर गिरफ्तार कर लिया गया और एक साल की कैद की सजा दी गई। जेल से छूटने के बाद तिलक समाचार पत्रों के प्रकाशन में पुनः लग गए।

भारत के वाइसरॉय लॉर्ड कर्जन ने जब सन 1905 ई.। में बंगाल का विभाजन किया, तो तिलक ने बंगालियों द्वारा इस विभाजन को रद्द करने की मांग का जोरदार समर्थन किया।

भारतीय राष्ट्रीय कांग्रेस के नरम दल के लिए तिलक के विचार उग्र थे। नरम दल के लोग छोटे सुधारों के लिए सरकार के पास वफादार प्रतिनिधिमंडल भेजने में विश्वास रखते थे। तिलक का लक्ष्य स्वराज था, छोटे- मोटे सुधार नहीं और उन्होंने कांग्रेस को अपने उग्र विचारों को स्वीकार करने के लिए राजी करने का प्रयास किया। इस मामले पर सन 1907 ई। में कांग्रेस के सूरत अधिवेशन में नरम दल के साथ उनका संघर्ष भी हुआ। मामला इतना गरमाया कि नरम दल के नेताओं ने तिलक और उनके सहयोगियों को पार्टी से बाहर कर दिया। राष्ट्रवादी शक्तियों में फूट का लाभ उठाकर सरकार ने तिलक पर राजद्रोह और आतंकवाद फैलाने का आरोप लगाकर उन्हें छह वर्ष के कारावास की सजा दे दी।

कैद से वापस आकर 1914 में तिलक ने दुबारा सक्रिय राजनीति में हिस्सा लेना शुरु किया। 1916-18 में ऐनी बेसेंट और मुहम्मद अली जिन्ना के साथ अखिल भारतीय होम रुल लीग की स्थापना की। इसी दौरान वह दुबारा कांग्रेस पार्टी के साथ जुड़े। स्वराज हमारा जन्म सिद्ध अधिकार है और मैं इसे लेकर रहूंगा के नारे के साथ बाल गंगाधर तिलक ने इंडियन होमरूल लीग की स्थापना की। सन 1916 में मुहम्मद अली जिन्ना के साथ लखनऊ समझौता किया, जिसमें आजादी के लिए संघर्ष में हिन्दू-मुस्लिम एकता का प्रावधान था।

अपने राजनैतिक कार्यों से अधिक तिलक अपने समाज सेवा के कार्यों के लिए जनता में प्रसिद्ध थे। देश के इस महान नेता ने 1 अगस्त, 1920 को अपनी आखिरी सांसें लीं। उनकी मौत से दुखी होकर महात्मा गांधी ने उन्हें आधुनिक भारत का निर्माता और नेहरू जी ने भारतीय क्रांति के जनक की उपाधि दी थी। आज हमारे बीच लोकमान्य तिलक नहीं हैं लेकिन उनकी शिक्षा और उनके वचन आज भी हर भारतवासी को जोश से भर देते हैं।

क्या तिलक भारतीय अशान्ति के जनक थे?

सर वेलेन्टाइन शिरोल ने अपनी पुस्तक 'इण्डियन अनरेस्ट' (भारतीय अशान्ति) में तिलक को 'भारतीय अशान्ति का जनक' (Father of Indian Unrest) की संज्ञा दी है और कहा है कि वह कट्टर हिन्दू धर्म पर आधारित राष्ट्रवाद के महान् पुजारी थे तथा सरकार के प्रति जनता में द्वेष फैलाने वाले सबसे खतरनाक अग्रदूतों में से एक थे।

तिलक के चिन्तन, उनकी कार्य-शैली और उनके कार्यकलापों पर जो प्रकाश पूर्व पृष्ठों में डाला गया है, उससे स्पष्ट होता है कि तिलक का उद्देश्य किसी सशस्त्र

विद्रोह को फैलाना नहीं था। तिलक कोई हिंसक क्रान्ति पैदा नहीं करना चाहते थे। तिलक जनता को इस सीमा तक उग्र नहीं करना चाहते थे कि वह हथियारों का सहारा ले। तिलक को वैधानिक सीमाओं के भीतर रहकर भारतीय जनता में स्वराज्य के लिए अधिक से अधिक जागृति फैलाना चाहते थे और दमनकारी तथा अन्यायपूर्ण कानूनों से असहयोग करने के पक्ष में थे। पुनश्च, स्वराज्य से भी तिलक का तत्कालीन परिस्थितियों में यह आशय नहीं था कि भारत ब्रिटेन से सम्बन्ध विच्छेद कर ले। वे ब्रिटिश सरकार का देश की वैदेशिक नीति पर नियन्त्रण तक बने रहने देने के लिए तैयार थे। वे प्रान्तों को भाषा के आधार पर विभाजित करने के भी पक्ष में थे और भारत के लिए वे एक संघात्मक सरकार चाहते थे। तिलक ने अपने लेखों और भाषणों में बारम्बार इस बात को स्पष्ट किया कि उनका उद्देश्य सोती हुई भारतीय जनता को अपने राजनीतिक अधिकारों की माँग के लिए जगाना, स्वराज्य के लिए सरकार पर दबावकारी नीति का आश्रय लेना है पर किसी भी सूरत में हिंसा और क्रान्ति को प्रोत्साहन देना नहीं है। तिलक ने ब्रिटिश शासन को भारत से उखाड़ फैंकने के लिए सशस्त्र क्रान्ति का कोई सन्देश नहीं दिया, उन्होंने केवल भारतीय जनता में राष्ट्रवादी विचारधारा जाग्रत की और उदारवादियों की याचना पद्धति के स्थान पर उग्र दबावकारी नीति का पक्षपोषण किया। चूँकि उन्होंने देशवासियों को स्वतन्त्रता प्राप्ति के लिए प्रेरणा दी, अपना वाजिब हक माँगने के लिए जगाया, अपने अधिकारों के लिए संघर्ष करने का उनमें उत्साह पैदा किया, सरकार के अन्यायपूर्ण कार्यों की कटु आलोचना की, सरकार की मुस्लिम परस्त नीति को बुरा बताया, हिन्दुओं को अपने महान् अतीत का स्मरण करके जाग पड़ने को प्रेरित किया, अतः स्वाभाविक था कि अँग्रेज उन्हें भारतीय असन्तोष का जन्मदाता कहते। यदि स्वतन्त्रता प्राप्ति के लिए इच्छा रखना और उसके लिए अपने-अपने देशवासियों को जगाना अपराध है तो फिर अँग्रेजों के इतिहास में और अनेक दूसरे देशों के इतिहास में ऐसे महापुरुषों की कमी न होगी जिनके महान् कार्यों को अपराध की श्रेणी में रखा जाए। दुर्भाग्यवश ब्रिटिश चरित्र में यह बड़ी कमी रही है कि जिस किसी ने अपने अधिकारों की प्राप्ति के लिए उनके विरुद्ध आवाज उठाई, उनके साम्राज्य पर कुठाराघात का प्रयत्न किया, उसको ही उन्होंने विरोधी दृष्टि से देखा। तिलक को भारतीय अशान्ति के जनक की पदवी देना अंग्रेजों के इसी स्वभाव की अभिव्यक्ति कही जा सकती है। हम 'क्या तिलक क्रान्तिकारी थे? के शीर्षक के अन्तर्गत कह चुके हैं कि तिलक बाकुनिन, क्रोपोटकिन अथवा लेनिन की भाँति क्रान्तिकारी नहीं थे और यह भली प्रकार समझते थे कि निःशस्त्र भारत की तत्कालीन परिस्थितियों

में सशस्त्र क्रान्ति न सम्भव थी और न सफल हो सकती थी। उन्होंने तो राष्ट्रीय शिक्षा, स्वदेशी वस्तुओं के प्रचार, विदेशी वस्तुओं के बहिष्कार, निष्क्रिय प्रतिरोध एवं सांविधानिक आन्दोलनों द्वारा स्वराज्य प्राप्ति का मार्ग दिखाया। तिलक 'अशान्ति के जनक' नहीं थे क्योंकि वे एक ऐसे देशभक्त थे जिनका हृदय भारतीयों को दुर्दशा देख कर रोता था और जो यह कहते अघाते नहीं थे कि ''स्वराज्य मेरा जन्म-सिद्ध अधिकार है और मैं उसे लेकर रहूँगा।''

स्पष्ट है कि लोकमान्य तिलक भारतीय अशान्ति क जनक नहीं थे बल्कि भारतीय अशान्ति के जनक तो स्वयं अंग्रेज सरकार थी जिसने भारतीयों की स्वातन्त्रय इच्छा को कुचलने के लिए कठोरतम दमन नीति का आश्रय लिया, भारतीयों को सदैव आर्थिक और राजनीतिक शोषण की चक्की में पीसा, हिन्दू और मुसलमानों के बीच स्थायी वैर-भाव को फैलाया और हर प्रकार से भारतीयों में विदेशी हुकूमत के प्रति अधिकाधिक असन्तोष और घृणा का प्रसार करने वाली नीति अपनाई।

तिलक और अरविंद

तिलक और अरविंद दोनों ही राष्ट्रीय आन्दोलन के अग्रणी नेता थे और उग्रवादी चिन्तन के पोषक थे। वास्तव में तिलक ही वह पहले व्यक्ति थे जिन्होंने अरविंद को भारतीय राजनीति में एक नवीन शक्ति के रूप में देखा। अरविंद के उन लेखों से वे बड़े प्रभावित हुए जिनमें उन्होंने काँग्रेस की याचना पद्धति और कोरे विरोध प्रदर्शन की नीति की खिल्ली उड़ाई। भारत में बंग-भंग के समय से राष्ट्रवाद की जो अभिनव लहर बही, उसमें तिलक और अरविंद दो महान् शक्तियों के रूप में प्रकट हुए। तिलक ने महाराष्ट्र में तो अरविंद ने बंगाल में अपनी तूफानी क्षमताओं का परिचय दिया। तिलक ने 'केसरी' के माध्यम से तो अरविंद ने 'वन्दे मातरम्' के द्वारा राष्ट्रवाद और देशभक्ति की भावनाओं को जगाया तथा नवयुवकों में एक नवीन स्फूर्ति पैदा की।

तिलक ने अरविंद के आध्यात्मिक और बौद्धिक उपहारों के पुनः प्रस्थापन की चेष्टा की। अरविंद ने तिलक को महान् विवेकी और महान् राष्ट्रवादी माना। इन दोनों ही सेनानियों ने उदारवादियों की कार्य-पद्धतियों को 'भिक्षावृत्ति' की संज्ञा दी और जनता को इस बात के लिए प्रेरित किया कि राजनीतिक अधिकारों तथा स्वतन्त्रता प्राप्ति के लिए अपने ही प्रयत्नों पर निर्भर बनो। पर इन समानताओं के बावजूद दोनों नेताओं के चिंतन में एक महान् अन्तर था। जहाँ अरविंद मन और मस्तिष्क

से भावात्मक अधिक थे, वहाँ तिलक के विचारों में आध्यात्मिकता के साथ विचार और तर्क की प्रधानता थी। अरविंद कल्पना और भावात्मकता में अधिक डूबे हुए थे जबकि तिलक वास्तविकता और अस्तित्व पर विश्वास करने वाले थे अरविंद पर बंकिमचन्द्र की शिक्षाओं का अधिक प्रभाव था तो तिलक पर शिवाजी और नाना फड़नवीस की शिक्षाओं का। यह अन्तर दो प्रान्तों की परम्पराओं का भी अन्तर था। बंगाल की भावात्मकता अरविंद में साकार थी तो महाराष्ट्र की यथार्थता तिलक में। दोनों में एक और भी बड़ा अन्तर था। अरविंद देश की आजादी के लिए सशस्त्र क्रान्ति के साधन को उपयोगी मानते थे और उन्होंने गुप्त संगठनों के माध्यम से जनता को क्रान्ति के लिए तैयार करने का भी प्रयत्न किया। इसके विपरीत तिलक की दृष्टि में तत्कालीन परिस्थितियों में क्रान्ति अनुपयोगी थी, हालाँकि भविष्य में सशस्त्र क्रान्ति की सम्भावना से वे इन्कार भी नहीं करते थे। तिलक एक यथार्थवादी राजनीतिज्ञ थे जिनका विश्वास था कि भारत अभी उतना परिपक्व नहीं था कि वह क्रान्ति की पद्धति को अपनाता। इसीलिए तिलक ने अपनी सम्पूर्ण शक्ति जन-जागरण और जन-संगठन में केन्द्रित कर दी।

तिलक और अरविंद दोनों में राष्ट्र प्रेम की प्रबल ज्योति जल रही थी। हाँ, दोनों के मार्गों में कुछ भिन्नता थी। तिलक राष्ट्रीयता के मनोवैज्ञानिक पक्ष पर अधिक बल देते थे, जबकि अरविंद का आग्रह राष्ट्रीयता के धार्मिक और आध्यात्मिक पक्ष पर अधिक था। अरविंद भारत के आध्यात्मिक विकास में मानवता की मुक्ति के दर्शन करते थे जबकि तिलक की ललकार थी कि देश की स्वतन्त्रता और आजादी के लिए स्वराज्य आवश्यक है। इन अन्तरों के बावजूद दोनों ने ही निष्क्रिय प्रतिरोध में स्वदेशी और बहिष्कार के साथ अन्यायपूर्ण नियमों का विरोध भी सम्मिलित किया था।

विधाता ने अरविंद और तिलक को अन्ततोगत्वा अलग-अलग भूमिकाएँ अदा करने भेजा था। जहाँ तिलक मृत्युपर्यन्त सक्रिय रूप से राष्ट्रीय आन्दोलन में जूझते रहे वहाँ अरविंद की आध्यात्मिकता उन्हें राष्ट्रीय आन्दोलन से घसीट कर पाण्डिचेरी ले गई जहाँ उन्होंने आध्यात्मिकता में लीन रह कर राष्ट्रीयता के विकास में एक भिन्न रूप में अपना योग दिया।

तिलक और गोखले की तुलना

गोखले उदारवाद के नेता थे, जबकि तिलक उग्रवाद के। डॉ. पट्टाभि सीतारमैया ने इन दोनों की तुलना इस प्रकार की है, गोखले और तिलक दोनों उच्च कोटि के

देशभक्त थे। दोनों ने अपने जीवन में महान् त्याग किए, किन्तु दोनों का स्वभाव एक-दूसरे से नितान्त भिन्न है। गोखले उदारवादी थे और तिलक उग्रवादी। गोखले का उद्देश्य प्रचलित संविधान में सुधार करना, परन्तु तिलक इसका पुनर्निर्माण करना चाहते थे। गोखले के लिए नौकरशाही के साथ मिलकर काम करना आवश्यक था, जबकि तिलक की उससे मुठभेड़ होना जरुरी था। गोखले का मत था कि जहाँ तक सम्भव हो, सरकार को सहयोग दो और जहाँ तक आवश्यक हो, (उसका) विरोध करो। तिलक सरकार के कार्य में रोड़ा अटकाने की नीति के समर्थक थे। गोखले शासन प्रबन्ध तथा राष्ट्र निर्माण के कार्य को अपना प्रथम उद्देश्य मानते थे। गोखले का आदर्श था-सेवा और कष्ट झेलना। गोखले की कार्य प्रणाली का उद्देश्य विरोधियों के हृदय को जीतना था, तिकल उन्हें देश से बाहर निकलना चाहते थे। गोखले दूसरों की सहायता में विश्वास करते थे, तिलक स्वावलम्बन पर। गोखले उच्च वर्ग तथा बुद्धिवादियों की तरफ देखते थे, किन्तु तिलक सर्व-साधरण तथा करोड़ों की ओर। गोखले का अखाड़ा तो कौंसिल भवन, तो तिलक की अदारत थी गाँव की चौपाल। गोखले अंग्रेजी में लिखते थे, तिलक मराठी में। गोखले का लक्ष्य था-स्वशासन, जिसे योग्य लोग अपने को अंग्रेजों की कसौटी पर कसकर प्राप्त करें, परन्तु तिलक का लक्ष्य था-स्वराज्य, जो कि प्रत्येक भारतीय का जन्म-सिद्ध अधिकार है तथा जिसे वह विदेशियों की सहायता अथवा बाधा की परवाह न करते हुए प्राप्त करना चाहते थे। गोखले अपने समय के साथ थे, तिलक अपने समय से काफी आगे थे।

दोनों के नाम भारत के राष्ट्रीय स्वाधीनता संग्राम के इतिहास के पन्नों में स्वर्णाक्षरों में अंकित हैं। दोनों ने शिक्षक रूप में अपना जीवन आरम्भ किया, एक ही मंच के इस जीवन का प्रारम्भ हुआ, दोनों ही काँग्रेस के आजीवन सदस्य रहे और दोनों को ही लोकप्रियता तथा ख्याति प्राप्त हुई। पर ये ऊपरी समानताएँ थीं, अन्यथा दोनों के विचारों में बुनियादी मतभेद थे और इसी कारण वे एक-दूसरे से बिलकुल भिन्न थे। ''यह मतभेद व्यक्तिगत स्वभाव से लेकर राजनीतिक सिद्धान्तों और आदर्शों के क्षेत्र तक फैला था। गोखले नम्र और भावुक व्यक्ति थे, तिलक स्वेच्छासम्पन्न सिद्धान्तवादी थे। गोखले गंगा के समान थे किन्तु तिलक अथाह महासागर के समान थे जिसमें कूदना खेल नहीं था। गोखले को रानाडे का शिष्य होने का गर्व था, पर तिलक किसी को भी अपना गुरु मानने को तैयार नहीं थे। गोखले अपने आप तो ठीक मार्ग पर रहते, किन्तु जब फिरोज शाह मेहता गलत रास्ते पर होते, तब यह जानते हुए भी उनका साथ देते थे, किन्तु तिलक स्वयं जो सोचते थे, उसे ही सही समझते थे। गोखले प्रशंसा के लिए लालायित रहते थे, किन्तु तिलक

कर्त्तव्य को ही अपना पुरस्कार मानते थे। शास्त्री के शब्दों में गोखले उस कोमल वल्लरी के समान थे जिसे फैलाने के लिए किसी वृक्ष के सहारे की जरूरत पड़ती है और तिलक स्वयं एक ऐसे विशाल बरगद के वृक्ष के समान थे जिसमें से निकली अनेक शाखाएँ चारों ओर फैलती रहती हैं।''

राजनीति में गोखले उदारवादी थे, वे राजनीति का आध्यात्मीकरण चाहते थे। दूसरी ओर तिलक उग्रवादी थे जिनका विचार था कि राजनीति दुनियादार लोगों का एक खेल है। ''गोखले समझते थे कि ब्रिटिश सम्पर्क नियति का विधान है और भारत के हित में है। तिलक भारत पर ब्रिटिश विजय को न्यायोचित ठहराने के लिए इस प्रकार की दैवी इच्छा और नियति पर विश्वास करने वाले नरम दल वालों की तीव्र भर्त्सना करते थे। गोखले अनुनय विनयपूर्वक समझाने-बुझाने, अपील करने और वैधानिक ढंग से विरोध प्रकट करने में विश्वास करते थे। तिलक आत्म-सम्मान, आत्म-निर्भरता और शक्ति पैदा करने की कोशिश करते थे।''

इन असमानताओं के होते हुए यह आश्चर्य नहीं कि अपने सार्वजनिक जीवन के प्रारम्भ से ही तिलक और गोखले ने अपने को दो परस्पर विरोधी खेमों में बँटा पाया हो। तिलक की राजनीतिक ज्यों-ज्यों अधिकाधिक उग्र होती गई, त्यों-त्यों गोखले अपने उदार विचारों के घेरे में बँधते चले गए। गोखले और तिलक दोनों ने राष्ट्रीय आन्दोलन में अपनी-अपनी भूमिकाएँ ईमानदारीपूर्वक निभाई और वे एक-दूसरे के कार्यों में पूरक बने। ''अतः यह सोचना बेकार है कि यदि उन दोनों ने मिलकर काम किया होता तो बहुत कुछ करके दिखाया होता। जीवनपर्यन्त परस्पर विरोध के बावजूद, वे दोनों एक-दूसरे की उत्कृष्ट देशभक्ति और महती प्रतिभा के कायल रहे।'' वास्तव में दोनों में मतभेद राजनीतिक संकटों को लेकर उतना नहीं था, जितना कि सैद्धान्तिक विचारों को लेकर, पर दोनों परस्पर एक-दूसरे के हाथ मजबूत करते थे।

तिलक और गाँधी

एन. जी. जोग ने लिखा है कि ''तिलक या गाँधी–किसी के भी सर पर किसी का सेहरा नहीं बँधा था। नेपोलियन की तरह, जिसने अपनी तलवार के बल पर राजमुकुट प्राप्त किया था, उन दोनों ने भी राष्ट्रीय नेतृत्व अपने प्रयास और प्रतिभा से ही प्राप्त किया था। अतः गाँधीजी और तिलक की राजनीतियों में साम्य और समन्वय दिखाने की कोशिश करना निरी बौद्धिक अटकलबाजी होगी, क्योंकि दोनों ने अपने अलग-अलग भागों का अनुसरण किया था।'' इसके अतिरिक्त तिलक और

गाँधीजी ने केवल लगभग साढ़े पाँच वर्ष तक ही साथ-साथ काम किया और इस अवधि में भी तेरह मास तक तिलक देश से बाहर इंग्लैण्ड में रहे। साढ़े चार वर्षों की अवधि में भी दोनों नेता कुछ अवसरों पर ही एक-दूसरे से मिले।

तिलक जन्म-योद्धा थे और राजनीति में उनकी आस्था 'जैसे को तैसा' की नीति में थी। राजनीति में उनके आदर्श श्रीकृष्ण, कौटिल्य, शिवाजी और पेशवा जैसे थे। 28 जनवरी, 1920 को अपने एक पत्र में गाँधीजी को स्पष्ट लिखा था कि "राजनीति दुनियादार लोगों का खेल है न कि साधु-सन्तों का, अतः बुद्ध के इस उपदेश–क्रोध को प्यार से जीतो–के स्थान पर मैं श्रीकृष्ण के इस उपदेश पर आस्था रखता हूँ कि–जो मुझे जिस रूप और जिस मात्रा में पूजते हैं, उसी रूप और उसी मात्रा में मैं उन्हें पुरस्कृत करता हूँ।" तिलक का राजनीति के प्रति बराबर ऐसा ही दृष्टिकोण रहा। वे ब्रिटिश शासन के कटिल स्वभाव को भली-भाँति समझते थे और ब्रिटिश न्यायप्रियता में उनका कोई विश्वास नहीं था। अतः उनका सन्देश था कि भारतीयों को स्वराज्य पाने के लिए ब्रिटिश शासकों से डट कर संघर्ष करना है। उनका मत था कि यदि हमारे आदर्श और साध्य श्रेष्ठ हैं तो उन्हें प्राप्त करने के लिए हमें स्वेच्छानुसार साधनों का प्रयोग करना चाहिए। फिर भी यह अवश्य है कि तिलक ने हिंसा और सशस्त्र क्रान्ति को कभी प्रोत्साहन नहीं दिया।

तिलक के विपरीत महात्मा गाँधी स्वभाव से राजनीतिज्ञ नहीं बल्कि धार्मिक पुरुष थे। उनकी मान्यता थी कि धर्म को राजनीति से पृथक् नहीं किया जा सकता। यद्यपि प्रारम्भ में ब्रिटिश न्यायप्रियता में विश्वास करने वाले गाँधीजी को भी आगे चलकर विश्वास हो गया कि अँग्रेजों से भारतीयों को स्वराज्य दान के रूप में नहीं मिल सकता और उसे पाने के लिए संघर्ष करना होगा, तथापि तिलक के विपरीत गाँधीजी की मान्यता थी कि श्रेष्ठ साध्य की प्राप्ति के लिए श्रेष्ठ साधनों का ही प्रयोग होना चाहिए। गाँधीजी साध्य और साधन की अभिन्नता में विश्वास करते थे और तिलक के इस विचार से सहमत नहीं थे कि यदि हमारे आदर्श श्रेष्ठ हैं तो उन्हें पाने के लिए हम स्वेच्छानुसार साधनों का प्रयोग कर सकते हैं। गाँधीजी की दृष्टि में सत्य का साधन देश-भक्ति से ऊपर था जबकि तिलक देश-भक्ति के लिए सत्य का बलिदान कर सकते थे। इसका आशय यह नहीं है कि गाँधीजी देश-भक्त नहीं थे वरन् इसका अर्थ यह है कि गाँधीजी की देश-भक्ति सत्य पर आधारित थी और सत्य तथा अहिंसा के आधार पर ही वे स्वाधीनता संग्राम चलाना चाहते थे।

तिलक के मन में सत्याग्रह की जो रूपरेखा थी वह विशुद्ध रूप से एक राजनीतिक अस्त्र क रूप में ही थी। लेकिन गाँधीजी ने जिस सत्याग्रह की खोज की और जिसका उन्होंने दक्षिण अफ्रीका में प्रयोग-परीक्षण किया, वह अपेक्षाकृत अधिक महत्त्व का था। इसी प्रकार हालाँकि गोखले ने ही सर्वप्रथम 'राजनीति के आध्यात्मीकरण' की बात की थी, लेकिन गाँधीजी ही ऐसे पहले व्यक्ति थे जिन्होंने उसे अमली जामा पहिनाया। यह भी ध्यान रहना आवश्यक है कि तिलक को सत्याग्रह की व्यावहारिक उपयोगिता पर सन्देह था। उन्होंने आध्यात्मिक दृष्टि से उसकी सराहना भले ही की हो लेकिन एक राजनीतिज्ञ के नाते उन्होंने इसे कभी भी अंगीकार नहीं किया। मूलतः उनके लिए राजनीति एक प्रकार का युद्ध थी, ठीक उसी तरह, जैसे क्लाज-विट्ज के लिए युद्ध राजनीति का विस्तार था। अतः उनका विश्वास था कि कोई भी युद्ध निश्चित ठिकानों से नहीं लड़ा जा सकता। उपलब्ध साधनों के आधार पर ही युद्ध-नीति निर्धारित करनी चाहिए और बदली हुई स्थिति के अनुसार ही अपनी व्यूह रचना करनी चाहिए। यदि युद्ध जीतना है, तो आगे बढ़ने के लिए कभी पीछे भी हट जाना चाहिए। गाँधीजी का राजनीति के ऐसे भौतिकवादी और व्यावहारिक दृष्टिकोण से मौलिक मतभेद था। उनकी राजनीति उनके धर्म के अनुरूप थी–"आपको यह समझ लेना चाहिए कि मैं राजनीति को अपने जीवन की गहनतम वस्तुओं से, जो सत्य और अहिंसा से अभिन्न रूप में जुड़ी हुई है, अलग नहीं कर सकता।" "इसी तरह उनकी देश-भक्ति भी मानवता के साथ एकाकार थी।"

भारतीय संस्कृति के प्रति तिलक और गाँधी दोनों ही में अगाध श्रद्धा थी, लेकिन जहाँ तिलक कठोर हिन्दू थे और उनका हिन्दू धर्म आक्रामक हिन्दू धर्म था वहाँ गाँधीजी सर्व धर्म समन्वय में विश्वास करते थे और धार्मिक विश्वासों में उन्हें पुराण-प्रियता कतई पसन्द न थी। इसी प्रकार, गाँधीजी मनसा-वाचा-कर्मणा अहिंसा में विश्वास करते थे जबकि तिलक अहिंसा के शस्त्र को निरंकुश और अविचलित रूप में नहीं देखते थे। तिलक का विश्वास 'सांख्य' में था जबकि गाँधीजी 'सांख्य' में उतना विश्वास नहीं करते थे और यह मानते थे कि यदि एक व्यक्ति की राय सत्य है तो बहुमत की राय की अपेक्षा उसे अधिक महत्त्व देना चाहिए।

स्पष्ट है कि तिलक और गाँधी में बहुत भिन्नता थी। पर इसमें सन्देह नहीं कि कुछ बातों में तिलक के विचारों और कार्यों को गाँधीजी ने आगे बढ़ाया। तिलक ने गाँधीजी से वर्षों पूर्व ही स्वदेशी बहिष्कार और राष्ट्रीय शिक्षा जैसे कार्यक्रमों को देश के सामने रख दिया था और महात्मा गाँधी ने अपने ढंग से तिलक के कार्यक्रम को आगे बढ़ाया। तिलक ने राष्ट्रीय आन्दोलन को मध्यम वर्ग तक फैलाया और

उसके क्षेत्र को अत्यधिक विस्तृत कर दिया। गाँधीजी ने तिलक के काम को आगे बढ़ाया और राष्ट्रीय आन्दोलन को एक जबर्दस्त जन-आन्दोलन में बदल दिया। यह भारत का दुर्भाग्य था कि जब महात्मा गाँधी ने राष्ट्रीय आन्दोलन में सक्रिय रूप से प्रवेश किया तभी तिलक का स्वर्गवास हो गया।

हिन्दू राष्ट्रवाद के पितामह

हिन्दू राष्ट्रवाद के पितामह माने जाने वाले लोकमान्य बाल गंगाधर तिलक देश के अग्रणी क्रांतिकारियों, समाज सुधारकों तथा स्वतंत्रता सेनानियों में गिने जाते हैं। देश को सबसे पहले पूर्ण स्वराज्य का नारा देने वाले लोकमान्य बाल गंगाधर तिलक ही थे। स्वराज मेरा जन्मसिद्ध अधिकार है और मैं इसे लेकर रहूँगा का नारे देने वाले तिलक ने दखखन कॉलेज से अपनी स्नातक की पढ़ाई पूरी की। ये आधुनिक कालेज शिक्षा पाने वाली पहली भारतीय पीढ़ी में थे। स्नातक के बाद इन्होंने कुछ समय तक स्कूल और कालेजों में गणित पढ़ाया। अंग्रेजी शिक्षा के ये घोर आलोचक थे और मानते थे कि यह भारतीय सभ्यता के प्रति अनादर सिखाती

है। इन्होंने दक्खन शिक्षा सोसायटी की स्थापना की ताकि भारत में शिक्षा का स्तर सुधरे।

तिलक ने शिक्षक का काम छोड़ कर एक पत्रकार के रूप में मराठी में मराठा दर्पण व केसरी नाम से दो दैनिक समाचार पत्र शुरू किये जो जनता में बहुत लोकप्रिय हुए। तिलक ने अंग्रेजी शासन की क्रूरता और भारतीय संस्कृति के प्रति हीन भावना की बहुत आलोचना की। इन्होंने माँग की कि ब्रिटिश सरकार तुरन्त भारतीयों को पूर्ण स्वराज दे। केसरी में छपने वाले उनके लेखों की वजह से उन्हें कई बार जेल भेजा गया।

तिलक ने अपने राजनीतिक जीवन की शुरूआत भारतीय राष्ट्रीय कांग्रेस में शामिल हो कर की, लेकिन जल्द ही वे कांग्रेस के नरमपंथी रवैये के विरूद्ध बोलने लगे। 1907 में कांग्रेस गरम दल और नरम दल में विभाजित हो गयी। गरम दल में तिलक के साथ लाला लाजपत राय और बिपिन चन्द्र पाल शामिल थे। इन तीनों को लाल-बाल-पाल के नाम से जाना जाने लगा। 1908 में तिलक ने तन्तिकारी प्रफुल्ल चाकी और खुदीराम बोस के बम हमले का समर्थन किया जिसकी वजह से उन्हें बर्मा (अब म्यांमार) की जेल भेज दिया गया।

तिलक ने भारतीय समाज में कई सुधार लाने के प्रयत्न किये। वे बाल विवाह के विरूद्ध थे। उन्होंने हिन्दी को सम्पूर्ण भारत की भाषा बनाने पर जोर दिया। महाराष्ट्र में उन्होंने सार्वजनिक गणेशोत्सव की परम्परा प्रारम्भ की ताकि लोगों तक स्वराज का सन्देश पहुँचाने के लिए एक मंच उपलब्ध हो सके। भारतीय संस्कृति, परम्परा और इतिहास पर लिखे उनके लेखों से भारत के लोगों में स्वाभिमान की भावना जागृत हुई।

सन 1919 ई. में कांग्रेस की अमृतसर बैठक में हिस्सा लेने के लिये स्वदेश लौटने के समय तक तिलक इतने नरम हो गये थे कि उन्होंने मॉन्टेग्यू-चेम्सफोर्ड सुधारों के जरिये स्थापित लेजिस्लेटिव कौंसिल (विधायी परिषद) के चुनाव के बहिष्कार की गांधी की नीति का विरोध ही नहीं किया। इसके बजाय तिलक ने क्षेत्रीय सरकारों में कुछ हद तक भारतीयों की भागीदारी की शुरूआत करने वाले सुधारों को लागू करने के लिये प्रतिनिधियों को यह सलाह अवश्य दी कि वे उनके प्रत्युत्तरपूर्ण सहयोग की नीति का पालन करें।

आधुनिक भारत के निर्माता

भारतीय स्वतंत्रता संग्राम में ऐसे कई महानायक हैं जिन्होंने अपने महान कार्यों से देश को स्वतंत्र कराने में अहम भूमिका निभाई है। ऐसे ही एक महान नेता हैं

लोकमान्य बाल गंगाधर तिलक. बाल गंगाधर को आधुनिक भारत का निर्माता कहा जाता है स्वतंत्रता के साथ देश को आगे बघने के लिए शिक्षा पर जोर दिया था। लाल-बाल-पाल के बाल गंगाधर तिलक को देश लखनऊ समझौता और केसरी अखबार के लिए भी याद करता है।

उनका सार्वजनिक जीवन 1880 में एक शिक्षक और शिक्षक संस्था के संस्थापक के रूप में आरम्भ हुआ। इसके बाद केसरी और मराठा उनकी आवाज के पर्याय बन गए। भारत के वाइसरॉय लॉर्ड कर्जन ने जब सन 1905 ई. में बंगाल

का विभाजन किया, तो तिलक ने बंगालियों द्वारा इस विभाजन को रद्द करने की मांग का जोरदार समर्थन किया और ब्रिटिश वस्तुओं के बहिष्कार की वकालत की, जो जल्दी ही एक देशव्यापी आंदोलन बन गया।

भारतीय राष्ट्रीय कांग्रेस के नरम दल के लिए तिलक के विचार उग्र थे। नरम दल के लोग छोटे सुधारों के लिए सरकार के पास वफादार प्रतिनिधिमंडल भेजने में विश्वास रखते थे। तिलक का लक्ष्य स्वराज था, छोटे- मोटे सुधार नहीं और उन्होंने कांग्रेस को अपने उग्र विचारों को स्वीकार करने के लिए राजी करने का प्रयास किया। इस मामले पर सन 1907 ई. में कांग्रेस के सूरत अधिवेशन में नरम दल के साथ उनका संघर्ष भी हुआ।

सन 1908 में सरकार ने उन पर राजद्रोह का आरोप लगाकर मुकदमा चलाया। तिलक का मुकदमा मुहम्मद अली जिन्ना ने लड़ा, परंतु तिलक को 6 वर्ष कैद की सजा सुना दी गई। तिलक को सजा काटने के लिए मांडले, बर्मा भेज दिया गया

1907 में कांग्रेस गरम दल और नरम दल में विभाजित हो गई। गरम दल में तिलक के साथ लाला लाजपत राय और बिपिन चन्द्र पाल शामिल थे। इन तीनों को लाल-बाल-पाल के नाम से जाना जाने लगा। 1908 में तिलक ने क्रांतिकारी प्रफुल्ल चाकी और खुदीराम बोस के बम हमले का समर्थन किया जिसकी वजह से उन्हें बर्मा (अब म्यांमार) जेल में भेज दिया गया। जेल से छूटकर वे फिर कांग्रेस में शामिल हो गए और 1916-18 में ऐनी बेसेंट और मुहम्मद अली जिन्ना के साथ अखिल भारतीय होम रुल लीग की स्थापना की।

"स्वराज हमारा जन्म सिद्ध अधिकार है और मैं इसे लेकर रहूंगा" के नारे के साथ बाल गंगाधर तिलक ने इंडियन होमरूल लीग की स्थापना की। सन 1916 में मुहम्मद अली जिन्ना के साथ लखनऊ समझौता किया, जिसमें आजादी के लिए संघर्ष में हिन्दू- मुस्लिम एकता का प्रावधान था। बाल गंगाधर तिलक बाल विवाह के विरुद्ध थे उन्होंने अपने कई भाषणों में इस सामाजिक कुरीति की निंदा की। वह एक अच्छे लेखक भी थे। उन्होंने मराठी में केसरी और अंग्रेजी में द मराठा के माध्यम से लोगों की राजनीतिक चेतना को जगाने का काम शुरू किया था। बाल गंगाधर ने बंबई में अकाल और पुणे में प्लेग की बीमारी के दौरान देश में कई सामाजिक कार्य किए जिनकी वजह से लोग उन्हें आज भी याद करते हैं।

1 अगस्त, 1920 को मुंबई में लोकमान्य तिलक की मृत्यु हो गई। उन्हें श्रद्धांजलि देते हुए महात्मा गांधी ने उन्हें आधुनिक भारत का निर्माता और नेहरू जी ने भारतीय क्रांति के जनक की उपाधि दी।

असल मायनों में आधुनिक भारत की नींव रखने वाले लोकमान्य तिलक को देश आज भी याद करता है। आज के नेताओं को इस महान शख्स से सबक लेने की जरुरत है।

आधुनिक शिक्षा का प्रचारक

गंगाधर में गजब का आत्मविश्वास था। उनकी बातें सुनकर उनके पिता बड़े आश्वस्त होते थे। गंगाधर के नेक विचार, आदतें और अदम्य साहस को देखकर उन्हें यही लगता था कि एक दिन उनका बेटा जीवन में बहुत बड़ी उपलब्धि प्राप्त करेगा और अपने कुल तथा देश का नाम रोशन करेगा।

जब से उन्होंने अपने बेटे का विवाह किया था, तब से उनकी तबीयत खराब रहने लगी थी। होनी टल न सकी। मूक बना कालचक्र सब कुछ देखता रहा, बड़ी-बड़ी दवाएं फेल हो गईं। ऐसे में गंगाधर के पिता ईश्वर को प्यारे हो गए।

पिता की मृत्यु से गंगाधर पर मुसीबतों का पहाड़ टूट पड़ा। इस असीम दुख ने उन्हें तोड़कर रख दिया। उनके भाई-बहन बड़ी मुश्किल से इस दुख को बरदाश्त कर पाए। गंगाधर की चाची-रोते-रोते बेहोश हो गईं। दुखद सूचना पाकर तापी के पिता उसे लेकर गंगाधर के घर पहुंचे। गंगाधर की चाची के कहने पर वे तापी को छोड़कर वापस चले गए।

उपसंहार

लोकमान्य तिलक की मृत्यु के साथ ही 'भारतीय इतिहास का महान् युग' गुजर गया। तिलक के चिन्तन और कार्यों की इस रूपरेखा से प्रकट है कि उन्होंने अपनी मृत्यु-पर्यन्त राष्ट्रीय आन्दोलन में महत्त्वपूर्ण भूमिका अदा की और उसमें नूतन प्राणों का संचार किया। उन्होंने काँग्रेस में प्रविष्ट होकर उसके स्वरूप को ही बदल दिया और एक शान्त, विनम्र तथा प्रार्थनावादी आन्दोलन को एक सशक्त, उग्रवादी और निर्भीक आन्दोलन में तब्दील कर दिया। ब्रिटिश चरित्र को उन्होंने ठीक से समझा, स्वराज्य-प्राप्ति के लिए देशवासियों में संगठन की लहर व्याप्त की और तत्कालीन परिस्थितियों में कृष्ण और कौटिल्य की भूमिका अदा की। तिलक ने राष्ट्रीय आन्दोन के सभी महत्त्वपूर्ण पहलुओं को स्पर्श किया। एक विचारक के रूप में उन्होंने हमें राष्ट्रीयता का नूतन सिद्धान्त प्रदान किया। डॉ. वी. पी. वर्मा के शब्दों में तिलक ने राजनीति के लिए आदर्शवादी या अमूर्त चिन्तन का स्वरूप नहीं

अपनाया। वे तो यथार्थवादी पन्थ के अग्रणी थे, लोकतन्त्र पर विश्वास करने वाले थे और जन-समुदाय पर उनक अद्वितीय प्रभाव था। उनके राजदर्शन को हम 'लोकतान्त्रिक यथार्थवाद' कह सकते हैं जिसका कि आधार राष्ट्रीयता है। तिलक वास्तव में नवीन भारत के निर्माता थे और इस रूप में हम उन्हें सदैव याद करते रहेंगे।